종교
　　너머
도시

일러두기

● 이 책에 등장하는 인명, 지명 등 고유명사는 현재 통용되는 국립국어원 외래어 표기법에 따라 표기하는 것을 원칙으로 삼았으나, 국립국어원 표기법이 현지 발음과 현저히 차이 날 경우에 한해 필요한 경우 아랍어, 튀르키예어, 힌디어, 말레이어, 우즈베크어 등 현지어 발음을 살려 표기했다.
예) 수니 → 순니, 아바스 → 압바스, 쿠란 → 꾸란, 카타크 → 까탁 등

● 아랍어 인명과 지명에 사용하는 관사 알(al)과 다음 단어는 띄어쓰기를 원칙으로 표기했다.
예) 알 아즈하르, 알 꾸드스, 알 마으문

● 본문에서 아랍어 영어 전사 kh와 q의 우리말 표기는 원음에 가깝게 했다. Kh는 ㅋ(예: 칼리파)로, q는 ㄲ(예: 꾸란)으로 표기하는 것을 원칙으로 하되, 이미 익숙해진 표기는 현행대로 유지했다. 특히 kh가 포함된 인명과 지명은 그 고유명사의 출처가 이란인 경우에는 ㅎ(예: 호라산)으로 표기했고, 아랍인 경우에는 ㅋ(예: 칼리파)로 표기했다.

문명이 만난 도시
이슬람이 만난 문명

종교
너머
도시

김수완 지음

쑬딴스북

종교
너머
도시

1쇄 발행 2023년 5월 19일

지은이 : 김수완
펴낸이 : 김영경
펴낸 곳 : 쑬딴스북
출판등록 : 제2021-000088호(2021년 6월 22일)
주소 : 경기도 파주시 탄현면 헤이리마을길 82-91 B동 202호
이메일 : fuha22@naver.com
ISBN : 979-11-976974-4-9 03900

*이 책은 수림문화재단의 지원을 받아 제작되었습니다.

내 삶의 모든 것 되시는 그분에게 바칩니다.

　　•• 도시는 인류의 가장 위대한 발명품 중 하나다. 단순히 물리적인 환경이나 체계화된 시스템으로 구성된 공간이 아니라 인생 주기가 있는 유기체처럼 태어나고 성장하고 소멸하는 흥망성쇠의 과정을 거친다. 인간의 삶에 가장 많은 영향을 미치는 존재로서 역사의 시간과 도시라는 공간은 날줄과 씨줄로 오랜 시간 엮이며 문명으로 발전해왔다.

　　•• 문명의 발전과 함께 진화해온 인류는 도시를 이루며 사회, 제도, 문화, 경제, 정치를, 그리고 예술과 종교를 발전시켰다. 인류 최초의 문명인 메소포타미아문명과 이집트문명은 유프라테스강과 티그리스강 그리고 나일강이 흐르는 곳에 위치하면서 건조기후대에 있는 지역에서 발달했다는 공통점이 있다. 도시의 기원은 문명의 기원과 밀접하게 관련되어 있다. 고대문명은 대부분 고대도시에 기반하며, 도시의 발달은 문명의 탄생과 발전에 영향을 받았기 때문이다.

　　•• 쇼버그(G. Sjoberg)는 문명과 도시 발달을 3단계로 제시했다. 첫 번째는 도시 이전 단계인 부족사회로 수렵, 채집경제를 기반으로 자급자족하는 소규모 부족사회다. 두 번째 단계는 전산업 사회로 정착과 함께 농업 기반의 경제체계가 자리 잡음으로써 부를 축적할 수 있었고 계급이 생겨나 수직적 사회구조가 생겨났다. 이 시기에 곡식의 양을 기록하기 위한 수단으로 인류 최초의 문자인 수메르문명의 쐐기문자가 생겨났고, 법률과 제도, 학문이 발전했고, 관개를 통해 수력 에너지를 사용함으로써 인류의 대규모 정주 공간이 도시로 발전했다. 도시가 발전하고 문자 체계와 교통수

단이 발달하게 됨에 따라 다른 지역, 다른 시대의 사람들과 교류하면서 문명 발달의 속도는 가속화되었다. 세 번째 단계는 산업사회다. 산업혁명 이후 새로운 기술 발전으로 현대화가 진행되면서 상업의 힘이 세지고 소비자 계층이 탄생하면서 일반 시민들도 다른 지역의 문화를 접할 수 있었다. 본격적인 식민지 시대가 열리면서 산업과 결합을 통해 세계 경제를 하나로 묶는 계기가 되었고, 타문화와의 교류를 통한 문화적 융합은 그 어느 때보다도 활발하게 진행되었다.

➧➧ 최초의 도시는 약 5,500년 이전 메소포타미아 문명 지역에서 발생한 우르, 우루크, 에리두, 라가쉬, 키쉬 등으로 추정된다. 비옥한 토양과 온화한 기후 그리고 풍부한 수자원이 공급되는 지역에 위치한 이들 초기 도시는 교통의 요지에 입지했고, 이곳에 자연스럽게 새로운 사고, 지식, 발명이 모이고, 종교, 철학, 과학, 의학 등이 발전되는 혁신의 중심지가 되었다.

➧➧ 도시 발전의 전제 조건은 농업 잉여, 사회제도, 문자 발명 등이다. 인간은 언어, 문자 등의 상징을 통해 사고를 발전시켰으며 도구, 기술 발명을 통해 물질적 발전을 이루었다. 이런 정신적인 면과 물질적인 면 발전의 상호작용을 통해 복잡한 문명을 발전시켰고 이 발전 성과가 저장, 누적되는 공간이 필요해졌다. 이렇게 형성하고 발전된 도시는 끊임없는 인지를 통해 공간을 상징화하고, 의미를 부여하며 다양한 가치를 누적시키며 발전해 왔다.

●● 인류 역사에서 메소포타미아 문명과 이집트문명이라는 걸출한 고대문명이 탄생하고, 유럽 르네상스의 기초를 제공한 중세 이슬람 문명이 화려하게 꽃을 피웠던 중동·이슬람 지역의 중요성과 가치는 서양 문명의 그림자에 묻혀 그 찬란함과 깊이가 퇴색되었다. 인류가 문명을 이루고 도시를 형성하며 문화를 발전시켜 오는 과정에서 중동·이슬람 지역의 도시들은 시간과 공간의 유기체로 생성되고 발전하며 사라져 갔다.

●● 우리가 가지고 있는 대부분의 가치관은 18세기 근대 계몽주의의 산물로 서구적 관념과 사고에 지배되었다. 역사 속에서 새로운 문화와 생각의 시작은 위기와 다름에서 출발했다. 위기와 다름은 때로는 갈등과 충돌을 야기하지만 융합과 화합이라는 과정을 통해 기존의 차원을 뛰어넘는 새로운 시각과 세계를 창조한다. 중동 지역과 이슬람은 갈등과 충돌이라는 프레임으로 늘 서양 문명과 서구 세계와 대척점에 서 있는 것으로 묘사되었다. 그러나 문명의 발달과 도시 문화의 발전 과정에서 바라본 중동·이슬람 도시는 동서양의 문화가 교류되면서 새로운 문화와 생각을 만드는 중요한 매개체로의 역할을 충실히 이행했다.

●● 이 책은 도시라는 프레임을 넘어 중동·이슬람 지역의 역사, 문화, 종교, 문학, 과학, 예술 등 다양한 분야의 탐구를 시도했다. 오랜 시간에 걸쳐 차곡차곡 기록되고 쌓인 중동·이슬람 도시 문화는 어떤 경우에 불완전한 파편과 흔적으로 남기도 하지만, 우리들의 삶과 행태 그리고 가치관과 사고에 영향을 주며 태어나고 성장하고 쇠퇴하는 과정을 통해 진

화해왔다. 우리가 간과했던 그 찬란하고 유구한 중동 · 이슬람 도시문화의 세계에 여러분을 초대하고자 한다.

＊＊ 이 책이 나오기까지 많은 분의 지원과 협업이 있었다. 우선 수림문화재단에 깊은 감사의 뜻을 전한다. 평소 품고 있었던 중동 · 이슬람 지역 도시 문화에 대한 집필의 바람을 수림문화재단의 지원으로 실현할 수 있었다. 쑬딴스북에 감사의 마음을 전한다. 출판사 선정으로 고민하던 중 한국외국어대학교 후배로 아랍어과 총동문회 총무를 맡고 있는 쑬딴스북 서종오님과의 협업을 떠올렸다. 약간의 떨림으로 시작했던 협업은 이내 믿음으로 이어졌고 출판사의 적극적인 추진력을 거쳐 책은 빛을 발했다. 그 노고와 열정에 깊은 감사를 드린다. 방대한 정보와 사진 자료를 정리해 이 책의 토대를 놓아준 정미순 박사에게 진심 어린 감사를 보낸다. 언제나 순수한 영혼으로 나의 학문과 믿음의 여정을 깨끗하게 해주는 동역자다. 각 국가와 도시의 내용을 상세히 감수해주신 교수님들이 계셨기에 이 책의 완성도가 한층 높아질 수 있었다. 이란과 튀르키예 도시 관련 내용을 감수해주신 신양섭 교수님, 인도 아그라 집필에 도움을 주신 최종찬 부총장님, 말레이시아 쿠알라룸푸르 원고를 살펴주신 송승원 교수님, 우즈베키스탄 사마르칸트 원고를 꼼꼼하게 챙기신 이지은 교수님의 노고에 심심한 감사를 드린다. 끝으로 내 삶의 롤모델이며 나의 정신적 지주이신 사랑하는 어머니의 변함없는 헌신과 사랑에 깊은 감사를 드린다.

2023년 5월
김수완

≪ 차 례

들어가는 글

2장 | 문학과 지혜의 탑을 쌓다

4장 인간의 욕망과
만나는 기술

#1

역사와 만나는 도시

인류의 문명이 시작되고 세계 거대 종교들이 탄생한 곳, 그 선상에 도시와 문화가 서로 사상을 주고받으며 철학과 과학, 언어와 종교를 발전시킨 곳, 5,000년 전에 동방과 서방의 가교역할을 한 도시들이 발달했고 거대 제국들이 등장하고 사라진 곳, 그곳이 바로 중동 지역이다.

비단과 향료가
닿는 곳,
다마스쿠스

길이 모이고 퍼지는 곳

다마스쿠스는 현존하는 도시 중 역사가 가장 오래된 도시로, 인간이 연속적으로 거주한 세계에서 가장 오래된 도시다. 메카, 메디나, 예루살렘과 함께 이슬람 문화의 4대 도시 중 하나이자 메소포타미아와 이집트를 연결하는 대상 무역로이기도 했던 다마스쿠스는 십자군 원정 당시 이를 저지하는 전략적 요지의 역할을 했으며, 《신약성경》에 사도 바울이 기독교인을 탄압하던 시절 예수의 음성을 듣고 기독교로 개종한 역사적 사건의 배경이 된 도시다.

현재 시리아의 수도 다마스쿠스는 예로부터 시리아 지방의 중심 도시로, 외곽에 있는 텔 라마드에서 발굴된 유물은 기원전 8천 년 내지 기원전 1만 년부터 이곳에 사람이 거주했음을 증명해준다. 오랜 세월을 거쳐 오면서 역사적으로 많은 문명이 이곳에서 태동했으며, 이 문명이 빚은 과학과 예술은 오늘날까지 인류의 등불 역할을 한다. 이 도시

카시윤산에서 내려다본 다마스쿠스 전경(사진 출처: 개인 소장)

의 방대한 역사는 수천 년에 걸친 건축과 도시계획을 비교하는 역사적
인 자료이기도 하다.

　이슬람의 선지자 무함마드는 대상의 행렬과 함께 예루살렘으로 향하
던 도중 다마스쿠스의 어귀에서 도시를 내려다보며 나무가 많아 푸르
른 도시의 아름다움에 반해 천국과 같은 곳이라고 극찬했으며, 다마스
쿠스의 아름다움에 매료되어 천국을 사모하는 마음이 줄어들지 않을까

염려해 다시는 다마스쿠스를 방문하지 않겠다고 선언한 일화가 전해질 만큼 도시의 명성이 자자했다.

지정학적으로 중국에서 시작한 '비단길(Silk road)'과 아라비아반도 남부 지역에서 시작된 '향료길(Incense road)'이 끝나는 지점에 위치한 다마스쿠스는 동서남북을 잇는 교통의 요충지였다. 그러므로 자연스럽게 문화와 상업의 중심지가 되었고, 동서 교류에 중추적인 역할을 담당했다. 반면에 잦은 외세의 침략으로 인한 속국이나 위임 통치의 상황에서 지배국의 문화를 수용할 수밖에 없는 상황에서도 새로운 문화에 대한 수용 정도가 비교적 높아 다양한 문화가 융합되고 재탄생하는 역할을 하기도 했다.

다마스쿠스는 지리적으로는 시리아의 남서부 안티레바논산맥 동쪽의 오아시스에 자리하고 있으며, 도심부는 해발고도 약 680미터에 위치한다. 서쪽으로는 해발고도 1천 미터가 넘는 카시운산이 높이 솟아 있고, 동쪽으로는 596평방킬로미터의 거대한 알 구타 오아시스가 사막과 경계를 이루며, 시내를 관통해 바라다강이 흐른다. 지중해 연안의 베이루트까지 서쪽으로 146킬로미터, 시리아의 제2대 도시 알레포까지는 북쪽으로 360킬로미터, 요르단의 수도 암만까지 남쪽으로 221킬로미터 떨어져 있다.

여름철은 기온이 높고 일교차가 크며 겨울철은 비교적 온난한 기후로 가끔 비가 내린다. 바라다강과 아와즈강을 타고 흐르는 물을 이용해 사과, 배, 복숭아, 포도 등의 과일은 물론 밀, 올리브, 각종 채소 등을 재배하는 수많은 마을이 강 옆으로 형성되어 있다.

바라다강과 오아시스

《구약성서》의 〈열왕기하〉 5장 12절에는 다마스쿠스 두 강의 이름이 등장한다. 아람 군대의 고위 장교 나아만이 이스라엘의 선지자 엘리사에게 자기가 앓는 나병을 고쳐달라고 하자 엘리사는 나아만에게 이스라엘의 요단강에 가서 몸을 씻으라고 말한다. 그러자 그 말을 들은 나아만이 분노하며 "다메섹 강 아바나와 바르발은 이스라엘 모든 강물보다 낫지 아니하냐. 내가 거기서 몸을 씻으면 깨끗해지지 아니하랴"라고 말하는 장면이 나온다.

첫 번째 강은 아바나라고 언급된 바라다강으로, 셈어로 '차가운'을 의미하는 바리드(barid)에서 파생된 것으로 여겨진다. 다마스쿠스에서 북서쪽으로 약 27킬로미터 떨어진 아인 알 피자의 카르스트 샘에서 발원한 강물이 알 라브웨라고 불리는 가파르고 좁은 협곡을 따라 내려가 다마스쿠스로 흘러 들어가며, 강의 총 길이는 약 90킬로미터다. 알 구타 오아시스에 관개수를 공급하는 일곱 갈래의 물줄기로 나뉜다. 낮은 강우율에서 비롯된 심각한 가뭄, 인구 증가로 인해 물 부족으로 심한 고통을 받고 있으며, 바라다강 물이 바짝 말라 도시 내 악취를 유발하는 등 여름에 심각한 오염 문제를 겪고 있다.

두 번째 강 바르발은 오늘날 아우즈강이라 불리며, '휘어진' 또는 '구부러진'의 뜻이다. 이 강은 바라다강보다 훨씬 작으며, 다마스쿠스 남서쪽의 헤르몬산에서 동쪽으로 흘러 사막 인근의 습지 마르지 호수로 들어간다.

시내 중심가의 포시즌호텔 정면으로 흐르는 바라다강. 평소에 바닥을 보이던 모습과는 달리 많은 물이 흐르고 있다.

다마스쿠스는 오아시스에 둘러싸여 있다. 알 구타 오아시스의 구타는 아랍어로 '과수원' 또는 '정원'을 의미하며 바라다강이 카시윤산 동쪽으로 흐르면서 다마스쿠스를 둘러싸 오아시스를 형성했다. 알 구타 오아시스의 동쪽과 남쪽으로는 좁은 들로 이루어진 마르지 평야가, 남쪽으로는 하우란 평야가 자리하고 있다. 역사학자 바샤라 두마니에 따르면 알 구타는 역사적으로 레반트 지역에서 가장 유명한 '녹색지대'이며, 구시가지 경계에서 최대 10킬로미터까지 뻗어 있는 광활한 대지에 정원, 과수원, 포도원이 자리잡고 있었다고 한다.

아쉽게도 1980년대부터 도심 인구의 급격한 증가로 인한 무분별한 도시 확장, 광범위한 고속도로 건설 및 장기간의 시리아 내전으로 인한 파괴로 알 구타 오아시스 면적이 크게 줄었으나 여전히 푸르른 녹음을 자랑하고 있다.

다마스쿠스라는 명칭의 기원인 디마스카는 기원전 3천 년경 앗시리아인들의 서판에 처음 등장하며, 뒤이어 에블라 서판과 기원전 2500년경의 마리 서판에도 기록되어 있다. 기원전 1480년경의 것으로 추정되는 이집트의 파라오 투트모세 3세의 상형문자판에는 타마시코와 다마시크가 이집트에 의해 정복된 도시 중 하나로 언급되어 있다.

후대에 이르러 히타이트인들은 아품으로, 아람인들은 우피라고 불렀고, 그 후 도시는 아람, 디마시카 또는 '물을 댄 땅'을 의미하는 다르마이사크 등 다양한 명칭으로 불렸다. 프톨레마이오스와 헬라인들은 아르시노이아로, 그리스인은 데메트리아스, 로마인들은 다마스쿠스로 불렸다.

아랍어로는 디마시크 또는 앗 샴이라고 부르는데, 영어와 라틴어로 발음한 다마스쿠스는 고대 아람어로 '물이 좋은 땅'을 의미하며, 그리스어에서도 같은 뜻으로 사용된다. 그리스도교 성경에도 꾸준하게 등장하는 지명으로 보통 히브리어 이름인 다마섹으로 부르는데, 아랍어로 디마시크는 '신속'이라는 의미가 있지만, 그 어원은 오랜 셈족 방언의 아랍어로 '생명을 주는 물'이라는 뜻의 알 다르 알 마스키에서 유래된 것으로 보인다.

문명은 이곳에서 시작했다

아랍어로 텔이라 불리는 지역은 도시와 문자가 발견되기 이전부터 인류가 정착한 장소다. 처음에는 소규모 마을이었다가 시간이 흐르면서 읍을 형성해 생존을 위한 대규모 공동체로 발전했다. 고고학자들은 이런 텔에 남겨진 여러 유적 및 유물을 통해 고대 시대 사람들의 의식주를 비롯한 생활 모습은 물론 경제 규모, 기술 정도, 사회체계까지도 파악할 수 있었다.

다마스쿠스에서 남서쪽으로 20킬로미터 외곽에 위치한 텔 라마드, 즉 라마드 언덕에서 발굴된 유적과 유물 들은 기원전 1만 년에서 기원전 8천 년부터 이 지역에 인류가 거주했음을 보여준다. 텔 라마드 유적은 6,200평의 작은 마을 규모로, 기원전 6250년에서 기원전 5500년까지 신석기시대의 흔적이 세 개의 시대 층으로 분포되어 있다.

이곳 유적에서는 초기 농경사회의 모습이 보이는데, 인류가 당시 밀, 보리, 아마를 재배했고, 야생 채집을 통해 피스타치오, 아몬드, 무화과와 돌배를 먹었다는 것도 알 수 있다. 그들은 군락을 이루어 원형, 직사각형 또는 정사각형 모양의 작은 오두막집을 지어 살았고, 중앙 부분에 오목하게 들어간 부분을 만들어 난로와 오븐으로 사용했다. 후기 유적에서는 많은 가축의 뼈가 발굴되어 초기 농업 위주의 정착 사회가 가축을 기르는 이동식 목축 사회로 전환했음을 보여주고 있다.

이곳에서는 중석기와 신석기 시대를 아우르는 공동 매장 풍습, 조상 숭배와 관련된 장례 의식을 보여주는 유물들이 발견되었는데, 사람이 죽으면 두개골을 분리해 마른 점토나 석고를 바르고 짙은 빨간색으로 칠한 다음 집의 내부 바닥에 구멍을 파고 그 안에 보관하거나 자신들과 가까운 곳에 두었는데, 이는 죽은 조상에 대한 예의를 표현한 것으로 추정된다.

텔 아스와드는 고대 근동의 '토기 없는 신석기 시대 B'(PPNB, Pre-Pottery Neolithic B)에 대한 중요한 사료로, 다마스쿠스에서 동쪽으로 20킬로미터의 거리에 자리하며, 2001년부터 2007년까지 프랑스의 D. 스토더 박사 팀에 의해 발굴된 근동의 초기 농업 공동체의 기원 및 발전 과정을 잘 보여주는 인류 최초의 유적지 중 하나다. 여기에서는 진흙 벽돌을 이용한 다양한 건축 방식 형태, 뼈로 만든 각종 생활 도구, 부싯돌 및 흑요석 도구, 마석과 바구니 세공품, 밧줄 및 직조 기술을 보여주는 다양한 유물이 발굴되었다.

무엇보다 이 유적이 갖는 큰 의미 중 하나는 이 유적에서 문자의 기

텔 아스와드에서 나온 회반죽 두개골들

원으로 불리는 물표(物票)를 사용한 흔적이 발견된 것이다. 인류는 자신들이 수확하거나 기르는 가축들을 효과적으로 관리하기 위해 진흙 위에 일정한 기호를 표시했는데, 이것이 물표다. 초기의 형태는 동그라미나 세포 같은 도형으로 동물이나 사람의 숫자나 하루 노동의 분량 등을 표시했고, 나중에는 기하학적인 모형을 넣어 점점 복잡한 모습으로 진화하며 문자가 등장한 기원전 3100년까지 계속 사용되었다.

특히 농경사회가 농업의 쇠퇴와 함께 신석기 후기에 가축을 길들이

는 이동 목축 사회로 바뀌면서 이 물표의 쓰임새는 더욱 커졌다. 1970
년대부터 물표를 연구한 고고학자 드니스 슈만트-베세라트는 물표가
문자의 모체이며, 추상적인 사고의 도약이라고 주장했다.

그에 따르면 물표는 다음의 세 가지를 통해 문자와 문명의 탄생을 위
한 발판이 되었다. 첫째 셈하기로, 물표는 인류에게 숫자와 셈이라는
개념을 만들어주었다. 둘째, 물표는 문명 활동의 핵심인 경제의 등장과
일치한다. 경제는 기원전 8천 년경에 농업이 시작되면서 등장했다. 물
표는 자신들이 수확한 농산물이나 축산물을 관리하고, 자신이 속한 공
동체가 이를 공동으로 관리하는 과정에서 공동체 정신을 함양하는 수
단이 되었다. 단순한 물표는 물건과 거래 물품을 위한 상징이고, 복잡
한 물표는 마을과 도시 생활을 위해 산출된 다양한 물건을 표시하고 저
장하는 행정체계의 기반이 되었다. 셋째, 인류가 인식의 혁명인 추상
(抽象)을 자신의 삶에 유입했다는 사실이다. 인류는 물표의 사용으로
야만에서 문명으로, 마을에서 도시로, 구체에서 추상으로 도약했다.

다마스쿠스는 어떻게 만들어졌을까

12세기 다마스쿠스의 역사가 이븐 아사키르는 노아의 대홍수 이후
꾸란의 예언자 후드가 둑을 세워 건설한 최초의 도시가 다마스쿠스라
고 주장했지만 이 주장은 다소 신화적이며 고고학적 증거를 뒷받침하
기 어렵다.

다마스쿠스에 인류가 정착했다는 고고학적 증거는 선사시대의 기원전 1만 년경으로 거슬러 올라간다. 사람들은 바라다강 유역의 비옥한 알 구타 오아시스 주변과 주요 무역로가 교차하는 지점 주변에 정착하기 시작했다.

기원전 2천 년 중반부터 아람인들은 작은 도시의 중심에 왕궁과 하다드 신전을 짓고 가로 1,500미터와 세로 750미터, 면적 1,105헥타르에 달하는 직사각형 성벽으로 둘러쌓았다. 기원전 333년 도시는 페르시아를 정복한 알렉산더대왕에 의해 그리스 문명의 영향권 아래에 놓였고, 다마스쿠스 성벽은 그리스시대에 1차 복원되었다가 2세기 말 아랍(리비아 트리폴리) 출신인 로마 황제 셉티미우스 세베루스와 그의 아들 카라칼라에 의해 도시를 동서로 가로지르는 도로 데코마누스, '곧은 거리'와 일곱 개의 성문이 있는 현재와 유사한 상태로 복원되었다. 일곱 개의 성문 중 북쪽에 위치한 세 개는 바라다강이 내려다보였고, 두 개는 남쪽에, 두 개는 동쪽과 서쪽에 있었다. 로마인들은 아람인들이 세운 하다드 신전을 자신들이 섬기는 주피터 신전으로 보수했고 송수로를 설치해 도시 내의 관개 시스템을 정비했다.

오늘날의 다마스쿠스 형태는 로마식 설계에 기초하고 있는데, 고대 로마인들은 도시를 건설할 때 강력한 격자 구조의 설계를 도입해, 도시를 남북으로 가로지르는 카르도와 동서로 가로지르는 데쿠마누스가 십자로 교차하는 형태로 설계했다.

성서의 〈사도행전〉에는 초대 그리스도교의 사도인 바울과 관련해 '곧은 도로'가 등장하는데, 이 도로의 현재 공식 명칭은 미드하트 파샤

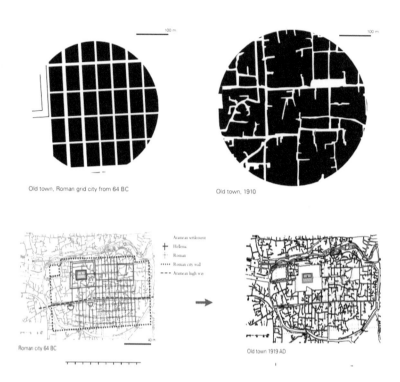

다마스쿠스 도시 구조도

로이고, 도로를 따라 줄지어 서 있던 기둥들 중에서 아치 하나는 여전히 남아 있어 고대 로마의 전형적인 도시 건축 체계를 잘 보여준다.

로마제국이 무너지고 상대적으로 행정력이 약한 비잔틴제국의 지배 아래에 놓이자 격자 형태의 도시체계는 서서히 무너졌다. 비잔틴제국이 집주인과 교회에 건물을 확장할 자유를 허락하자 로마식 도시체계는 서서히 무너지기 시작했다. 395년에는 주피터 신전을 세례자 성 요한 기념 대성당으로 바꾸었다.

더불어 뒤를 이은 이슬람 제국도 이웃의 재산을 해치지 않는 범위에서 집과 모스크의 증축이 허가되었으므로 자연스럽게 도시계획의 틀을 벗어나 규모의 확장이 빈번해졌다. 우마이야왕조는 세례자 성 요한 기념 대성당을 우마야드 대사원으로 개조했다. 뒤를 이어 압바스왕조가 권좌에 오른 후 도시 구조에는 큰 변화가 일어났다. 도심은 더 이상 유기적인 역할을 하지 못했고, 자치 구역으로 나뉘어 각각 사원, 공중목욕탕, 시장, 경찰 등의 시설을 갖추었다. 아울러 대사원을 중심으로 수 세기에 걸쳐 장인과 상인 길드가 형성되었고, 기독교 소수 집단은 도시 북동쪽 구역의 성 바울 교회와 보존 구역 주변에 모여 기반을 굳혔다.

종교적으로 이슬람이 강력한 의례적인 생활방식을 요구하자 국가의 공식적인 제도는 상대적으로 불필요해졌고, 사회 내부의 역동을 불러오는 아고라 같은 열린 장소는 서서히 자취를 감추었다. 그리고 바퀴 병거나 마차를 선호해 넓은 도로를 많이 건설했던 로마제국과는 달리 낙타, 양, 당나귀처럼 떼로 다니는 동물을 선호하는 이슬람문화에서 더는 도심부에 넓은 도로를 건설할 필요도 사라졌다. 차츰 도시를 격자형으로 가로지르던 넓은 로마식 도로는 도시 내에서 사라지고 이슬람식의 구불구불하고 좁은 길이 구시가지 내에 생겨났다.

오스만제국 안에서 다마스쿠스는 이슬람과 왕성한 무역 활동을 통해 확장되었다. 당시 순례객들은 이슬람 세계의 대도시에 모여 큰 무리를 이룬 뒤 여행길에 올랐다. 가장 큰 규모의 순례단은 카이로와 다마스쿠스에서 출발했으며, 특히 아나톨리아, 이란, 이라크, 시리아의 순례객들은 보통 다마스쿠스를 집결지로 선택했다. 이들은 다마스쿠스의 통치자가 조직한 대상과 함께했는데, 앨버트 후라니의 《아랍인의 역사》에 따르면 그들의 순례 여행은 보통 30일에서 40일 정도가 소요되었으며, 규모는 약 2만 명에서 3만 명 정도였다. 오스만제국의 확장과 함께 순례자의 수도 증가해 1년에 두 번 다마스쿠스 외곽의 미단 지역에서 2만5천 명에서 최대 6만 명이 모였다.

이런 많은 순례객의 유입으로 인구가 30퍼센트 이상 증가하고 교외 지역이 빠르게 확장했다. 그러자 다마스쿠스는 메카로 가는 길을 따라 남쪽으로 확장되었고, 도로를 따라 구시가지 인근에는 미단과 살리히예 같은 대규모 정착촌이 생겨났다. 이와 함께 다마스쿠스는 대상무역 항해의 큰 정류장으로, 서쪽으로의 여정을 계속하기 전에 2천 마리의 낙타가 태운 대상의 무리 두세 대가 매년 다마스쿠스에 경유했다.

그러나 순례 이주민을 수용하기 위해 발전시킨 외곽 지역 중 하나인 알 무하자린을 비롯해 다마스쿠스의 북부 지역이 발전하기 시작하자 부유한 사람들은 복잡한 구시가지 대신 현대적인 교외로 떠나기 시작했고, 역사와 전통의 구시가지는 개발에서 제외된 채 도시빈민 거주지역으로 전락했다. 그러자 오스만제국은 개발계획에 착수했고, 특히 제국의 마지막 6년은 유럽의 영향을 받은 행정 개혁과 근대화의 시기로 제국은 거리와 도로 확장, 기하학적 패턴이 새로운 도시계획 설계, 목조가 아닌 석조 건물 건설이라는 세 가지 목표를 세우고 도시 발전에 힘을 쏟았다.

프랑스 위임 통치 기간에는 19세기에 오스만제국이 시작한 도시 개발계획을 계속 진행했다. 정부의 첫 번째 도시 개발계획은 지역 전통을 완전히 무시하고 구시가를 제외했으므로 주민들의 거센 반발에 맞닥뜨려 별다른 성과를 거두지 못했다. 그러자 프랑스의 건축가 당제르와 에코샤드는 도시 내의 혼잡도를 완화하고 문화유산도 보존할 방법을 제안했는데, 그것은 구시가지를 둘러싸는 고리 형태의 새로운 도로 시스템을 구축하는 것이었다. 그의 이런 제안은 1960년에 채택되어 1994년까지 공사가 완료되었다.

1950년대 이후 2000년대 초반까지 이라크와 팔레스타인 난민의 유입으로 다마스쿠스의 인구는 급격하게 증가했다. 난민의 공식적인 통계는 430만 명으로, 대다수가 다마스쿠스 시내가 아닌 외곽 지역에 거주한다.

오늘날 다마스쿠스 거주민의 30퍼센트는 불법 정착 지역에 산다. 부유 계층은 구시가지를 떠나 두마를 비롯한 현대 교외 지역으로 이주했는데, 두마는 다마스쿠스 북서쪽의 외곽에 있는 중산층 거주지로 현대식 고급 주택들이 즐비하다. 다마스쿠스 내 불법 주거 지역은 13곳으로, 이런 불법 주거지는 녹음지대인 알 구타 오아시스를 파괴하는 주요 원인이 되기도 한다. 이 중 이라크 난민이 가장 많이 거주하는 자라마나 지역은 도시 전체에 서비스를 제공하되 정부의 공식적인 경제활동에는 집계되지 않는다.

2008년 4월 다마스쿠스 구시가지는 유네스코 세계문화유산에 등재되었으며, 이를 통해 무분별한 문화 유적의 보수 및 파괴를 막고 인류의 보편적인 문화유산을 제대로 보존할 발판을 마련했다.

현재 다마스쿠스 도심지역은 구시가지를 중심으로 15개 행정구역으

로 나뉘고, 대도시 권역으로 확대하면 외곽으로 두마, 하라스타, 다라
야, 알 탈, 자라마나 지역까지 포함된다. 다마스쿠스는 도시의 동서 방
향을 가로지르며 흐르는 바라다강을 기준으로 남북으로 나뉘는데, 남
쪽 지역은 구시가지가 중심이 되며 성채, 사원, 시장 등이 많은 유적이
있어서 주요 관광지를 형성한다. 동쪽에는 기독교인이 주로 거주하고,
남쪽에는 소수 유대교인의 집단 거주지가, 남쪽 외곽 지역은 무슬림이
거주한다. 다마스쿠스 북쪽 지역은 제2차 세계대전 이후 개발이 시작
된 곳으로 고급 상가, 관청, 호텔, 병원 등이 밀집되어 있다. 서쪽으로
는 1924년 창립한 다마스쿠스대학교가 소재하며, 대학교 북쪽으로는
고급 주택지가 형성되어 있다.

다마스쿠스를 찾는 사람들

다마스쿠스 지역은 시리아에서도 경제적으로 부유한 지역 중 하나이
며 역사적으로 중요한 무역 중심지로 여겨졌다. 밀, 포도, 올리브, 채
소 등을 주로 재배하는 농경지가 분포하고, 견직물, 융단, 가죽 세공,
금은 세공, 장식품 등 전통적인 수공업 작업장과 시장이 형성되어 있
다. 중세 시대에는 수공업 중심지로 번창했으며, 특히 검과 레이스 제
작으로 유명했다.

저명한 이슬람 역사가 라피두스에 따르면 중세 다마스쿠스에서는 금
과 은, 황동 및 구리로 만든 고급 가정 장식품, 기구 및 보석을 가공하

는 기술이 발달했다. 비단, 면, 린넨, 수놓은 의복, 텐트 등 직조 기술이 뛰어나 의류 제품의 거래도 매우 활발했다. 비잔틴제국이나 중국에서 오는 무늬 새긴 견직물은 실크로드 서쪽의 종점 도시인 다마스쿠스를 지나 유럽으로 운반되었기 때문에 영어로 '다마쉬크 직물'이라는 말도 생겨났다.

도시의 장인들은 사분면과 천체 관측기와 같은 정밀 기기와 무기를 만들었고, 고도의 건축 기술을 자랑하는 장인이 많았다. 다마스쿠스의 미장공, 석공, 대리석 작업자, 벽돌 제조업자들은 카이로를 비롯한 이슬람 제국의 주요 건축과 장식을 담당했다. 금박을 입힌 램프, 꽃병, 물병, 그릇을 만드는 도자기 기술자들은 물론 다마스쿠스의 정교하고 아름다운 유리 공예 역시 명성이 자자했다. 가죽 가공 기술도 매우 앞서 있었고, 고급 과자들이 만들어져 제국 전역과 해외까지 전해졌다.

그중 도시의 이름이 더해져 오늘날까지 그 명성이 이어지는 것이 다마스쿠스 검과 다마쉬크 상감 기술이다. 다마스쿠스 검은 역사상 유럽의 다른 강철 검보다 뛰어난 검으로 정평이 나 있으며, 비단 손수건을 칼 위에 떨어뜨리면 저절로 베어질 만큼 예리할 뿐만 아니라 탄력성이 커서 바위를 내리쳐도 구부러지거나 부러지지 않는다고 전해진다. 그 신비로운 아름다움과 놀랄 정도로 우수한 성능, 그리고 비밀리에 전수되는 생산 방법 때문에 십자군과 유럽에서는 악마가 검을 만드는 기술을 가르쳐주었다고 신비화되기도 했다. 십자군의 사자왕 리처드가 이슬람의 위대한 영웅 살라홋딘 왕을 만나는 장면을 묘사한 문학작품에서도 서로 칼 자랑을 하면서, 리처드 왕이 유럽인은 상상도 하기 힘들

13세기 페르시아에서 다마스크 기법으로 제작된 검의 표면

정도로 우수한 이슬람의 다마스쿠스 검을 처음으로 보고 마법이나 속임수라고 크게 놀라는 장면이 등장한다.

이 다마스쿠스 검의 표면에 금이나 은으로 선을 박고 닦아내어 무늬를 특유의 미세한 소용돌이나 물결 장식을 넣는 것을 다마쉬크 기법이라고 부른다. 이런 무늬로 검에 아름다움이 더해져 검객들뿐만 아니라 수집가와 문화재 애호가들에게도 높은 평가와 인기를 누린다.

다마스쿠스는 다른 중동 국가의 도시들보다 식료품, 섬유, 화학, 제당, 유리, 시멘트 등 근대 공업도 발달했다. 1954년부터는 매년 가을 연례 국제 무역 박람회를 개최하기도 했고, 특히 2000년대는 관광산업의 활성화로 구시가지에 호텔과 카페 등 관광 관련 시설이 건설되며 관광객을 유치했다. 2000년대 초반은 무역 자유화가 본격적으로 시행되면서 국가 주도 산업시설의 민영화를 시작해 경제 부흥을 시도했다.

하지만 2011년 튀니지의 아랍 민주화 운동의 영향을 받아 발발한 내전이 장기화하면서 많은 인구가 도시를 떠났고, 2017년 이후 일부 경제지표가 안정화되는 듯했으나 전체적인 경제는 침체한 상황이다.

고대에서 비잔틴까지

다마스쿠스 외곽 지역 텔 라마드와 텔 아스와드 유적을 탄소연대측정법으로 살펴보면 대략 기원전 7천 년 후반에서 기원전 6300년경부터 사람들이 거주한 것을 알 수 있다. 바라다강 유역 분지 가운데 일부 지역은 기원전 1만 년 전 인류의 흔적이 남아 있다. 다마스쿠스 구도심 지역에 사람들이 정착한 것은 기원전 2천 년경으로 추정한다. 초기 이집트 기록에 따르면 기원전 1350년경 이 지역에 대한 기록이 남아 있으며, 기원전 1260년에는 다마스쿠스 지역에서 전쟁이 일어났고, 기원전 1259년 람세스 2세가 다마스쿠스를 점령했다. 기원전 1200년경 다마스쿠스 지역은 철기시대로 진입하기 시작했다.

그러나 그 후 아라비아반도에서 유입된 셈족계 유목민족인 아람인이 등장한 기원전 11세기까지 다마스쿠스가 중요한 도시로 기록된 적은 없다. 아람인들은 다마스쿠스에 아람 다마스쿠스라 불리는 강력한 국가를 세우고 바라다강의 편이성을 최대한 활용한 운하와 관개수로를 건설해 농업을 발전시켰다. 이들이 건설한 관개 시스템은 로마인들과 이슬람왕조에서도 그대로 사용했으며 심지어 현대에도 다마스쿠스 구시가지의 수도 시설의 기초가 되었다.

아람왕국 이후에는 신앗시리아의 영향권에 놓이면서 기원전 732년 앗시리아의 왕 티글라트−필레세르 3세(《구약성경》〈열왕기하〉의 디글랏 벨레셀)의 지배를 받았다. 그 뒤 기원전 572년 네부카드네자르 2세에 의해 신바빌로니아왕국에 지배받다가 기원전 539년 키루스 2세가 이끄는 아케메네스왕조의 페르시아제국 군이 도시를 점령해 제국령 시리아 주의 주도(州都)로 쓰였다.

기원전 330년 알렉산더대왕에게 함락되어 그리스의 영향 아래 놓였으나 323년 알렉산더대왕이 죽고 나자 다마스쿠스는 셀레우코스왕조와 프톨레마이우스왕조 사이의 세력 다툼 사이에 놓였고 기원전 85년 나바티아인들이 다마스쿠스를 점령하면서 쇠퇴했다.

기원전 64년 폼페이우스가 이끄는 로마군이 그리스 서부를 병합하면서 처음으로 다마스쿠스가 로마의 통치하에 놓였다. 로마인들은 다마스쿠스를 점령하고 데카폴리스라고 명명한 10개 도시 연합에 다마스쿠스를 포함시켰다. 이는 다마스쿠스가 그리스 · 로마 문명의 주요 중심지였다는 것을 상징한다.

서기 37년 로마 황제 칼리굴라는 다마스쿠스를 나바티아왕국의 지배하에 두었고 나바티아의 왕 아레타스 4세 피로파토리스는 수도 페트라에서 다마스쿠스를 지배했다. 그러나 106년경 나바티아왕국은 로마인들에게 정복당하고, 다마스쿠스는 다시 로마의 지배하에 들었다.

2세기 초까지 거대 도시의 하나로 존재하던 다마스쿠스는 222년 로마 황제 셉티미우스 세베루스에 의해 식민 도시인 콜로니아로 격상되었다. 팍스 로마나라는 이름의 제국의 태평성세가 찾아오자 다마스쿠스와 로마령 시리아도 다른 로마령들과 함께 번영을 누렸다. 남아라비아, 팔미라, 페트라로 이어지는 교역로와 중국에서 오는 비단길까지 모두가 다마스쿠스를 거치자 다마스쿠스는 대상들의 도시로 중요성이 두드러졌고 동양에서 오는 교역품으로 로마인들의 수요를 채웠다.

로마 건축의 흔적이 남아 있지는 않지만 옛 시가지의 도시계획은 오랫동안 그 효과를 드러냈다. 로마인 건축가들은 그리스와 아람의 도시 기반을 토대로 성벽을 쌓고, 길이는 1,500미터 세로 750미터의 새로운 레이아웃에 융합시켰다. 성벽에는 일곱 개의 문이 있었는데, 동문은 로마시대에 지어진 그대로 현재까지 남아 있다. 로마시대의 다마스쿠스는 대부분 현재의 도시의 5미터 이내 지하에 묻혀 있다.

다마스쿠스는 초기 기독교 역사에서 매우 중요한 역할을 했다. 잘 알려지지 않은 타르수스 출신 유대인인 다소의 사울이 예루살렘의 기독교인을 박해하기 위해 가던 중에 기적적으로 기독교로 개종한 곳이 다마스쿠스 외곽이기 때문이다. 극적인 회심 이후 사울은 다마스쿠스의 기독교 공동체에 합류해 사도 바울이 되었고, 근동을 두루 다니며 수년 동안 그리스도교 복음을 전파한 후 다시 다마스쿠스로 돌아왔다. 그러나 이런 그의 복음 전파 활동은 먼저 유대인들의 많은 핍박을 받아야 했고, 급기야 그는 바구니에 담겨 다마스쿠스 성벽 아래로 피신해 도망쳐야 했다.

그의 회심 및 복음 전파, 그리고 박해를 둘러싼 일들은 초기 기독교에서 가장 중요한 사건이다. 헬레니즘과 로마의 영향 아래 고도로 국제적인 면모를 갖추고 있던 다마스쿠스에서 바울은 팔레스타인의 변방에서 탄생한 그리스도교를 로마인들과 헬레니즘 문화의 영향 아래 있는 모든 사람에게 전파하려 했다. 사도 바울의 이런 노력은 그리스도교가 훗날 전 세계로 뻗어 나가는 데 중요한 시금석을 놓았다. 즉 그리스도교가 탄생한 곳은 예루살렘이더라도 세계 종교의 체계가 형성되기 시작한 곳은 다마스쿠스였다.

4세기 말까지 다마스쿠스 인구 대부분이 그리스도교를 받아들였으며, 이로써 다마스쿠스는 안디옥 다음으로 두 번째인 주교구로 자리매김했고, 많은 교회와 수도원이 지어졌다. 그중 379년 로마 황제 테오도시우스 1세가 당시 고대 주피터 신전이 있던 자리에 건축한 세례자 성 요한 기념 대성당은 특히 주목할 만하다. 이후 660년까지 비잔틴제국의 지배를 받았는데, 특히 다마스쿠스의 구시가지인 밥 투마 지역에는 현재까지 비잔틴제국의 흔적이 많이 남아 있다.

제국의 그늘에서 벗어났지만

622년 이슬람이 탄생한 후 제2대 정통 칼리파 우마르의 통치 기간 동안 다마스쿠스는 서서히 함락되었고, 634년 이슬람의 장군인 칼리드 이븐 알 왈리드에게 완전히 함락되었다. 제3대 칼리파인 오스만은 조카인 무아위야를 다마스쿠스의 총독으로 임명했고, 제4대 칼리파 알리가 암살당하자 무아위야가 칼리파로 선출되었다. 무아위야가 전통적인 선출 방식이 아닌 세습으로 자기 아들에게 칼리파 직을 세습하면서 우마이야왕조가 시작되었다. 우마이야왕조의 수도는 무아위야 1세가 총독으로 다스리던 다마스쿠스로 지정되었다. 무슬림이 다마스쿠스를 점령했을 때 다마스쿠스에는 메카, 메디나, 시리아사막 출신의 무슬림 공동체와 동방정교회를 따르는 기독교인이 뒤섞여 살고 있었다.

다마스쿠스는 궁정, 정부, 군대 등이 필요로 하는 잉여 물자를 충분히 제공하는 입지를 확보하고 있었고 메디나보다 훨씬 손쉽게 지중해 동부 해안지대와 동쪽으로 뻗은 내륙 지방을 통제하는 이점을 지니고 있었다. 당시 칼리파의 통치 영역은 계속 확대일로에 있었기 때문에 이것은 매우 중요했다. 이곳을 거점으로 무슬림 군대는 서쪽으로는 마그립 지역을 가로질러 스페인까지, 동쪽으로는 후라산을 넘어 옥서스강 유역까지 진격하는 기반을 마련할 수 있었다.

685년 압드 알 말리크의 칼리파 직 계승과 함께 우마이야왕조는 전성기를 맞았다. 이슬람 주화 체계가 재편되었고, 이슬람 세계의 물품은 다마스쿠스로 모여들었다. 아랍어가 공식 행정 언어이자 표준어로 정해짐에 따라 다마스쿠스 주변 지역에서 아랍어 방언인 시리아어의 사용이 감소하기 시작했다. 706년 여섯 번째 칼리파인 알 왈리드는 다마스쿠스 구시가지에 있던 세례 요한의 성당을 개축해 이슬람 사원으로 개조했다.

이슬람의 도래와 함께 다마스쿠스는 661년부터 750년까지 우마이야왕조의 수도로서 전 이슬람 제국의 중심지로 우뚝 섰다. 거대한 제국의 모든 자원이 집중된 수도라는 장점 외에도 다마스쿠스로 통하는 모든 무역로를 관리, 통제하는 것으로 경제적인 번영을 누릴 수 있었다.

744년 우마이야왕조의 칼리파 마르완 2세는 수도를 메소포타미아 북부에 위치한 자지라의 하스란으로 옮겼고, 이후 다마스쿠스는 그때까지의 정치적 중요성을 회복하지 못했다.

750년 이라크 지역을 중심으로 압바스왕조가 세워지면서 우마이야왕조는 멸망했다. 압바스조왕조는 바그다드를 새로운 수도로 삼았고 다마스쿠스는 압바스왕조에 종속되었다. 858년 칼리파 알 무타와킬은 수도를 사마라에서 옮겨 올 생각으로 잠시 다마스쿠스에 거처를 두었지만 곧 생각을 접었다. 압바스왕조가 기울면서 다마스쿠스 방면은 불안정해졌고, 지방정권이 수립되어 다마스쿠스를 지배했다.

제국이 불안한 틈을 노려 878년에서 879년 이집트 최초의 독립 왕조였던 툴룬왕조는 다마스쿠스를 점령해 906년까지 통치했다. 이후 이 도시는 이집트에서 성장한 파티마왕조와 시리아 북부의 함단왕조의 영향을 받았다.

11세기 후반 셀주크왕조는 다마스쿠스를 다시 수도로 삼았고, 특히 다마스쿠스에 법원을 설립하면서 시아파 이슬람에 맞서 순니파 이슬람법의 발전을 이끌었다. 이후 1126년에 십자군의 공격을 받았으나 무슬림들은 다마스쿠스를 수성했고, 1148년 제2차 십자군의 공성전도 견뎌냈다. 1154년에 십자군의 숙적인 누르 앗딘에게 정복되고, 누르 앗딘 사후에는 아이유브왕조의 살라홋딘이 다마스쿠스를 수도로 삼아 다마스쿠스 성채를 재건했다. 그의 통치 안에서 외곽 지역도 도시나 다름없을 정도로 넓어졌다. 12세기 안달루시아의 여행가 이븐 주바이르의 기록에 따르면 살라홋딘의 치세에 다마스쿠스에는 많은 대학교가 세워졌고, '방해받을 걱정 없는 연구와 은둔'을 위해 세계에서 모여든 근면한 젊은이와 지식인들을 환영했다.

그러나 살라훗딘이 죽은 뒤 아이유브왕조는 내분으로 차츰 기울어졌고, 1258년 이슬람 세계를 침공한 몽골제국이 1260년 다마스쿠스를 점령했다. 같은 해 9월 3일 이집트에 왕조를 건설한 맘루크왕조가 아인 잘루트 전투에서 몽골에 승리를 거두었고 5일 후 다마스쿠스를 함락했다. 이후 다마스쿠스는 이집트 맘루크왕조의 지방 주도가 되었다.

1348년에서 1349년 발병한 페스트로 인해 다마스쿠스 인구의 절반이 사망했으며, 1400년 티무르왕조가 다마스쿠스를 함락하자 도시민들은 티무르왕조의 수도인 사마르칸트로 이송되거나 도시 안에서 학살당했다. 이후 티무르가 도시를 떠나면서 1516년까지 다마스쿠스는 맘루크왕조의 지방 도시로 자리했다.

1516년 오스만제국이 맘루크왕조에 대한 정복 전쟁을 시작하면서 9월 21일 다마스쿠스를 점령했다. 오스만제국의 통치가 시작된 1516년 당시 다마스쿠스 인구는 약 8천 가구, 5만5천 명으로 추정되며, 오스만제국의 주도 아래 여러 차례 행정구역 개편이 이루어졌음에도 다마스쿠스는 주도의 위치를 유지했다. 이는 다마스쿠스가 알레포와 함께 제국의 경제적 요충지였기 때문인데, 특히 무슬림의 메카 순례를 위한 순례객들의 출발지였기 때문이다.

오스만제국은 1832년에서 1840년까지 이집트의 이브라힘 파샤에게 다마스쿠스 통치권을 잠시 빼앗긴 것을 제외하고 약 400년 동안 다마스쿠스를 지배했다. 18세기 이래 서서히 쇠퇴하기 시작한 오스만제국의 통치하에서 19세기 후반부터 20세기 초 다마스쿠스는 차츰 서구적 인프라를 정비해갔다.

이때까지 다마스쿠스는 지역 내에서 정치 및 군사 중심지로서 부동의 입지를 유지했으나 경제적인 측면에서는 신흥 항구도시 베이루트로부터 그 위치를 위협받기 시작했다. 이는 수에즈운하가 개통되면서 히자즈로 가는 여행객이나 화물이 이전처럼 다마스쿠스를 거칠 필요 없이 베이루트에서 직접 배로 이동과 운송이 가능해졌기 때문이다. 이런 상황에 위기감을 느낀 다마스쿠스의 상인들은 대항 수단으로 철도 건설을 강하게 추진했고, 중앙정부에 몇 차례 진정을 올린 결과 1900년부터 다마스쿠스를 기점으로 하는 히자즈 철도가 건설되었다. 그러나 이런 노력에도 불구하고 베이루트에 빼앗긴 지역경제의 주도권을 되찾아오지는 못했다.

다마스쿠스는 프로이센이 근동에 자국의 세계 정책을 펼치는 무대이기도 했다. 1898년 다마스쿠스를 방문한 독일 황제 빌헬름 2세는 "독일 황제는 세계 3억의 무슬림의 친구"라고 연설하며 프로이센 제국과 오스만제국의 우호적인 관계를 강조했다. 더불어 그는 우마이야 대사원 입구에 마련된 살라훗딘의 영묘를 방문해 나무로 된 그의 소박한 관을 보고 감동하면서 대리석으로 만든 관과 금속으로 만든 꽃장식을 선물했다. 꽃 장식은 훗날 T.E. 로렌스가 다마스쿠스에 입성했을 때 가져갔다고 하며, 살라훗딘의 영묘에는 현재까지도 빌헬름 2세가 기증한 관이 남아 전시되어 있지만 그의 시신은 여전히 기존의 나무 관에 안치되어 있다.

큰 영향을 행사하던 명망가 계층이 철도 건설 등을 통해 이스탄불 궁정과 직접 연결되어 있었던 탓에 다마스쿠스는 베이루트보다 민족주의의 태동이 상당히 늦었다. 그러나 20세기 초 전 세계를 휩쓴 민족주의는 다마스쿠스에도 그 손길을 미쳐 처음에는 문화적 민족주의였던 것이 차츰 정치적 색채를 띠기 시작했다. 베이루트를 중심으로 일어난 민족주의는 초기부터 오스만제국으로부터의 독립을 요구하는 색채가 강했던 반면에 다마스쿠스에서 일어난 아랍 민족주의의 운동은 비교적 늦은 시기까지 제국의 지배를 인정하면서 그 안에서 자치를 요구하는 온건한 경향을 띠었다.

1916년 영국과 프랑스는 비밀리에 서아시아 지역에 대한 분할권을 합의한 사이크스-피코 협정을 체결했다. 1918년 파이살 이븐 후세인이 시리아의 왕으로 선포되기도 했으나 재위 기간은 넉 달에 그쳤다. 프랑스는 시리아 지역을 장악하고 다마스쿠스를 수도로 삼았다. 프랑스의 간접 통치는 1946년까지 이어졌고, 1946년 프랑스 군대가 시리아에서 완전히 철수하면서 시리아공화국이 건국되고, 다마스쿠스는 시리아의 수도가 되었다.

2011년 반정부 시위로 촉발된 시리아 내전이 12년째 이어지고 있다. 미국과 러시아의 대리전의 장이 된 시리아의 수도 다마스쿠스는 역사적 영화를 뒤로 한 채 현재도 내전의 포화 속에서 신음하고 있다.

역사가 공존하는
랜드마크,
카이로

나일강을 품은 '세상의 어머니'

중동과 아프리카, 유럽을 잇는 길목에 위치한 이집트의 수도인 카이로는 고대 이집트 문명의 요람이자 초기 기독교 문명의 모판으로, 또한 이슬람 문명이 확장하는 전초기지로서 인류의 과거와 현재를 생생하게 이어주고 있다. 고금을 막론하고 카이로만큼 세상을 손에 넣으려는 야망에 불탄 권력자, 세상의 모든 속박에서 벗어나 자유로움을 얻으려는 명상가, 세상을 주유하며 삶의 의미를 찾고자 하는 여행가들을 부단히 매료시키는 도시는 없다.

그러기에 고대로부터 이집트인들은 자신의 나라를 '세상의 어머니'라는 의미의 움 둔야라고 불렀다. 현재까지도 카이로는 지중해 지역의 경제 및 문화의 중심지이며 아랍문화의 최전선에 있다. 근대사에서 프랑스와 영국이 카이로를 차지하기 위해 치열하게 다툰 것도 카이로가 지정학적으로 유리한 고지에 있을 뿐만 아니라 아랍 지역의 부가 모이는 경제의 수도이며 지역 패권의 각축장이기 때문이었다.

아랍어로 '승리자'를 뜻하는 카이로는 나일강 삼각주의 아랫부분과 사막 지역이 만나는 지점에 자리하고 있다. 오늘날의 도심은 나일강의 양쪽과 중간의 섬인 게지라, 로다 섬을 기준으로 정방향으로 펼쳐져 있는데, 처음에는 강 오른쪽에서 도시가 출발했다.

시내는 구시가지와 유럽식 신시가지로 나뉘는데, 구시가지는 카이로의 대표적인 사원인 알아즈하르 사원을 중심으로 남북으로 길게 자리하고 있다. 구시가지는 옛 성채와 많은 이슬람 사원, 궁전과 같은 건축물과 이집트 문명과 이슬람 문명의 역사를 전시한 박물관, 그 밖의 문화시설이 있어 관광자원으로서 중요한 역할을 한다. 도시 남쪽으로 뻗은 신시가에는 정부청사, 회사, 은행, 호텔 등이 있다. 특히 영국인들이 보호 통치 시절에 건설한 마아디 지역에는 한국인을 포함한 외국인들이 다수 거주하고 있다. 고대 7대 불가사의이자 유네스코 세계문화유산인 피라미드나 스핑크스와 같은 고대 유적들은 대부분 카이로가 아닌 카이로 외곽 남서쪽 기자 지역에 있으며, 카이로 국제공항 역시 북동쪽 외곽 사막에 있다.

카이로 사람들은 대부분 이집트인으로 순니 무슬림들이다. 역사적으로 카이로는 이슬람교의 중심지이지만 이집트 정교인 콥틱구교의 본산이기도 한데, 카이로에는 이슬람 유입 훨씬 이전부터 기독교인들이 거주하고 있었다. 오늘날 카이로는 인구 2,175만 명(2022년 기준)을 웃돌아 세계에서 가장 인구가 밀집된 도시 중 하나로도 꼽히며 전형적인 개발도상국의 대도시의 모습을 띠고 있다.

카이로타워에서 내려다본 시내 전경

거리는 20~30년 이상 된 낡은 차들이 뿜어 대는 매연 때문에 숨쉬기 힘들 정도로 공기가 오염되어 있으며, 주택난과 교통체증, 인프라와 학교 부족 등 도시 생활 기반이 열악하고 때로는 식료품 같은 생필품 품

귀 현상도 일어난다. 반면에 아랍 최고 명문대학교, 최대 규모를 자랑

하는 도서관, 최다 판매 부수를 자랑하는 일간지를 보유한 곳도 카이로

다. 유럽과 아시아를 잇는 항공의 허브로서 두바이, 아부다비와 함께

중동 지역 경제의 중심지이자 메트로폴리스의 면모도 갖고 있다. 패션을 비롯해 최첨단의 유행을 배우기 위해 요르단, 시리아, 이란에서 온 아랍인들을 포함해 매해 천만 명이 넘는 관광객들이 카이로를 찾는다.

1월 평균기온은 12.7도, 7월 평균기온 27.7도에 연평균 강수량 25밀리미터의 사막기후로, 연간 한두 차례 적은 양의 비가 내리는 정도이지만, 그럼에도 불구하고 엄청난 인구가 생활할 수 있는 것은 나일강의 혜택 때문이다. 사막기후라고는 하지만 위도가 높은 편이고 건조하기 때문에 아라비아반도의 사막이나 이집트 남부 아스완 같은 지역에 비하면 견디지 못할 정도의 더위는 아니다. 오히려 따뜻하고 쾌적한 편이어서 유럽 관광객들이 많이 찾을 정도다.

도시의 시작과 이슬람

카이로가 위치하고 있는 일대는 나일강 하류의 전략적 중요성으로 인해 이슬람이 전파되기 훨씬 이전부터 도시가 형성되었는데, 현재 확인되는 가장 오래된 기록은 기원전 3000년경 지금의 카이로에서 20킬로미터 떨어진 곳에 파라오 메네스에 의해 건립된 고대 이집트의 수도 멤피스다. 이후 기원전 2000년경부터는 현재 카이로 북쪽 지역의 헬리오폴리스가 로마제국이 이 지역을 점령하는 기원전 26년경까지 파라오제국의 수도였다. 로마제국이 기독교를 국교로 채택한 이후에는 멤피스 일대에도 기독교 문화의 유산들이 유입되었는데, 당시의 멤피스는 큰 도시는 아니었으나 나일강을 사이에 두고 기자와 짝을 이루는 쌍둥이 도시로 자리매김했다. 610년경 동로마제국과 페르시아제국 사이의 전쟁터가 된 멤피스는 두 세력이 서로 빼앗고 빼앗기는 혼전의 한가운데에 놓인 중요한 요새가 되었다.

이슬람의 제2대 정통 칼리파 우마르의 치세하에 이슬람제국의 영토는 확장을 지속해갔으나 이집트까지 밀려난 비잔틴제국의 군대가 여전히 시리아를 자주 침범하자 639년 칼리파 우마르는 아므르 빈 알 아스에게 4천 명의 군대를 주어 이집트 정벌을 명했다. 당시 비잔틴제국 통치하의 이집트인들은 경제적, 종교적으로 어려운 상황에 놓여 있었다. 비잔틴제국은 이집트인들에게 20가지 이상의 과중한 세금을 부과하고 기독교 단성론을 신봉하던 대부분의 이집트인을 교리적인 이유로 박해했다.

비잔틴제국의 군대 역시 오랜 전쟁에 지쳐 전세가 현저히 기울어진 탓에 아므르는 별다른 어려움 없이 이집트 땅을 점령했다. 그는 나일강 동쪽에 이슬람제국 확장을 위한 아랍 정복군의 베이스캠프이자 아라비아반도로 연결되는 교차로의 역할을 감당할 도시를 건설하고 아랍어로 '야영' 혹은 '캠프'를 뜻하는 푸스타트라고 명명했다. 현재 이집트의 아랍어 국가명인 미스르(Misr)는 푸스타트의 또 다른 이름인 미스르 푸스타트에서 유래했다.

아므르는 푸스타트에 수도를 정한 후 요새 동북쪽에 아프리카 대륙 최초의 이슬람 사원을 세우고 새 도시를 본격적으로 건설하기 시작했다. 아므르에 의해 세워진 이 신도시는 오래지 않아 이슬람제국의 주요 도시 중 하나가 되었다. 처음에는 주로 단순한 단층 건물들이 들어섰으나 점점 번화해지면서 규모가 커지고 5층, 7층짜리의 높은 건물도 세워졌다. 이 도시는 행정수도이자 상업의 중심지로서 수많은 상점이 들어서고, 나일강을 통해 유통되는 상품들을 저장하는 창고들이 즐비했다. 이렇게 세워진 병영 도시 푸스타트는 963년 새로 등장한 파티마왕조에 의해 점령되었다.

이집트에 발을 들여놓은 새로운 왕조는 높은 성벽으로 둘러싸인 요새 도시 카이로를 수도로 정했다. 칼리파는 백성 앞에 자신의 권위를 확립할 필요가 절실했으므로 군대와 신하를 앞세운 대규모 행렬을 자주 시행하고, 화려하고 웅장한 궁전과 도시 시설들을 건설했다. 카이로의 성벽 안에는 큰 궁전과 작은 궁전이 마주보고 있었는데, 두 궁전은 지하로 연결되어 있었다. 각 궁전에는 자체 출입문과 높은 담을 설치해 삼엄하게 경비하고 다른 지역과 철저히 분리했는데, 푸스타트의 주민들이 카이로의 주민과 뒤섞이는 것을 막기 위해서였다. 두 궁전 사이에는 거대한 경기장이 있어 한꺼번에 1만 명 가까운 병사들의 사열을 받을 수 있었다.

일반 주택가는 왕궁에서 떨어져 있었고, 인종과 부족에 따라 거주 지역이 달랐다. 주택의 높이는 대략 4~7층이었고 14층이나 되는 건물도 있었다고 한다. 대부분의 가구들마다 온수가 배급되었고, 수도와 낙타를 이용해 식수가 공급되고 하수구 시설도 갖추어져 있었다. 인구도 당시 이슬람 세계의 어느 도시보다 급격히 팽창해 처음 1만8천 명 정도에서 약 20~30만 명 정도까지 늘어났다.

피지배 속에서도 저물지 않는 곳

파티마왕조 시기 카이로에는 이슬람 문명이 찬란히 꽃피웠으며 학문, 문학, 예술, 건축, 수공업, 음악 등 여러 방면에서 발전했다. 특히 이슬람 세계에서 역사에 남을 위대한 학문과 교리의 전당으로 여겨지는 신앙과 지성의 중심지 알 아즈하르 대사원(972년 건축)은 이 시기에 지어진 가장 위대한 업적으로 꼽힌다. 카이로 신도시의 건설이 파티마왕조의 승리와 서부 이슬람 세계의 통치 주권을 상징한다면, 알 아즈하르의 건설은 파티마왕조가 신봉하던 시아 이스마일파 교리의 종교적 지배와 권위를 상징했다. 그러므로 사원은 주기적으로 확장되었고, 칼리파는 물론 고위관리와 부유한 상인들이 재산을 기부해 교수와 학생들을 위한 편의시설이나 장학금 등의 지원도 아끼지 않았다.

이런 환경 속에서 알 아즈하르는 이슬람 신학의 중심 센터로 확고하게 자리 잡을 뿐만 아니라 신학 이외에도 역사, 철학, 수학, 아랍어학, 천문학 분야에서도 눈부신 업적을 남겼다. 12세기 말 순니파 교리를 따르는 새로운 지배층에 의해 순니파 교육기관으로 바뀌었고, 근대에 이르러 유럽식 교육제도 도입으로 전통적인 이슬람 교육이 서구식 제도에 흡수되었음에도 알 아즈하르는 예외로 남아 세계에서 가장 오래된 대학교로 존중받으며 이슬람 학문의 본산이자 권위의 상징으로 지금도 그 역할을 변함없이 수행하고 있다.

예술의 경우에도 자기, 유리, 보석 공예와 같은 수공업이 매우 발달했으며 각종 아름다운 공예품들이 이 당시에 생산되었다. 이 시기의 유

알아즈하르 대사원&대학교

리 공예품에는 정교한 문양이 새겨져 있어 매우 아름다우며, 목공예도 발달해 사원의 문, 설교단의 판, 벽감, 창문의 격자나 창살에도 아름다운 문양이 새겨진 것은 물론 목재, 상아, 뼈, 자개를 이용해 만든 다양한 상자들도 유행했다. 투르크 용병들이 8대 칼리파 알 무스탄시르의 궁전을 정복할 당시 금과 보석으로 제작된 잉크통, 체스 말, 꽃병, 새와 나무 모양 장식품 등의 진귀한 물건이 산더미처럼 쏟아져 나왔고 유명한 왕들을 금실로 수놓은 커튼도 있었다고 한다. 아울러 알 무스탄시르의 재상이 사용하던 천막을 만드는 데만 150명이 9년 동안 3만 디나르의 비용을 들여 작업해 세상에 존재하는 모든 동물을 그려 넣었다고 한다.

11세기 페르시아 시인 나시르 쿠스라우는 1046년부터 1049년까지 4년 동안 카이로에 머물며 흥미 있는 기록을 남겼는데, 그중에는 카이로에서 제작된 도자기가 얼마나 섬세하고 투명한지 바깥에 손을 대고 봐도 안에서 다 보일 정도라고 감탄한 내용이 등장한다.

학문도 눈부시게 발전했다. 특히 1004년 제6대 칼리파 알 하킴은 '지식의 집'이라는 뜻을 지닌 종합 학문 연구 기관 다르 알 일룸을 세워 꾸란과 하디스 및 철학, 천문학에 이르는 방대한 장서를 갖춘 도서관을 만들고 그곳에서 수많은 학자를 양성했다. 약 100년이 넘는 동안 이곳은 수많은 천문학자, 수학자, 문법학자, 수사학자, 의학자, 문헌학자, 법학자들이 연구 및 강의를 하며, 서로 지식을 교류하는 학문의 중심지였다.

이 시기에 활동한 가장 유명한 학자로는 이븐 유누스와 오늘날 우리

파티마왕조 시대의 도자기

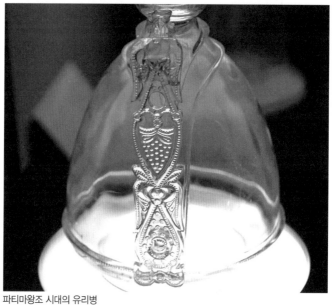

파티마왕조 시대의 유리병

에게 알 하젠이라는 라틴식 이름으로 친숙한 이븐 알 하이삼이 있다. 이븐 유누스는 이슬람 세계 최고의 천문학자 중 한 명으로 별의 움직임 및 주기를 관찰해 〈하킴의 천문표〉를 완성했고, 황도 경사각, 춘분점 세차, 태양 시차의 값 등을 꽤 정확하게 계산했다. 이븐 알 하이삼은 다양한 종류의 거울과 렌즈를 만들고, 빛과 눈의 관계 및 착시 현상을 체계적으로 정리했다. 광학과 시지각을 다룬 그의 연구는 사후 12세기에 라틴어로 번역되었고, 1572년 《광학의 서》로 출판되었다.

건축술도 파티마왕조 시대에 카이로에서 놀랍게 발전했다. 오늘날 카이로에 남아 있는 역사적인 건축물들 가운데 가장 주목할 만한 것은 사원들이다. 카이로에 건축된 최초의 이슬람 사원은 아므르 빈 알 아스 사원으로 642년 가로 29미터, 세로 17미터 규모로 지어졌다. 그러나 18세기 맘루크왕조에 의해 파괴된 후 여러 차례 복원 및 재건축을 거쳐 오늘날의 모습을 갖추었다.

이와 같이 대부분의 사원들이 전쟁과 정치적 보복으로 파괴된 데 비해 이븐 툴룬 사원은 그 형태가 온전하게 유지되어 이집트 최고의 사원으로 독립국으로서의 위상을 드높인다. 879년 지어진 이 사원은 압바스 건축의 보기 드문 예로, 카이로에서 규모가 가장 큰 사원이며 외관이 아름다운 것으로 유명하다. 나선형으로 이어져 올라가는 외부 계단으로 된 첨탑(미너렛)이 있는 이 사원은 전체적으로 이라크 건축예술과 예술의 영향을 받았고, 웅장하고 장엄하면서도 섬세함이 조화를 이루는 중세 이집트의 대표적인 건축예술로 평가받고 있으며, 현재까지 그 형태가 온전히 보존되어 당대 건축예술의 높은 수준을 그대로 보여주

이븐 **툴룬 모스크**

고 있다.

　이 밖에도 무이즈 거리 동쪽에 있는 알 하킴 사원, 1126년 완공된 아
크마르 사원, 1016년 지어진 루루아 사원 등 파티마왕조 시기에 지어
진 대표적인 사원들이 남아 있다.

　11세기 후반에는 셀주크왕조가 세운 셀주크제국이 이슬람 세계의 대
부분을 차지했으며 십자군의 공격 이후 이집트는 아이유브왕조를 창건

카이로에 위치한 대상의 숙소 알-구리

올드 카이로의 시장 칸 알 칼릴리

한 살라홋딘의 통치하에 놓였다. 이후 1257년까지 맘루크왕조의 지배 기간에 인구가 크게 늘고 경제가 성장하면서 카이로는 전성기를 누렸다. 카이로의 수많은 역사적 건축물들이 이 시기에 지어졌는데, 거대한 돔으로 치장한 최초의 맘루크 사원은 1266년 술탄 바이바르스가 건설했으며 대부분은 1250년에서 1517년 사이의 맘루크왕조 시대에 지어졌다. 맘루크왕조의 술탄과 지배계층은 종교와 학문의 열렬한 수호자였기 때문에 당시에 사원과 교육기관인 마드라사, 수피들을 위한 모임 장소였던 칸카, 물 공급 시설인 사빌, 공동묘지 등으로 이루어진 단지들이 활발히 건축되었다.

맘루크왕조와 후기 오스만제국 시기에는 카이로의 경제에서 중요한 부분을 차지했던 무역과 상업을 장려하기 위해 장거리를 이동하는 상인들이 머물 수 있는 위칼라를 건축했다. 보존 상태가 가장 뛰어난 것으로 유명한 위칼라 알 구리는 1505년에 지어졌으며 넓은 직사각형의 안뜰을 중앙에 두고 있는 5층 규모의 건물이다. 아래의 두 층은 돌로 지어졌으며, 위의 세 층은 벽돌로 지어졌는데, 아치형의 문과 규칙적인 모양으로 배열된 창문들이 특징이다. 알 아즈하르 사원 인근에 위치한 칸 알 칼릴리는 맘루크 시대에 조성된 시장이자 상업 중심지로 오늘날에도 전통 공예품 및 수공예품을 생산하는 이집트의 장인들과 공방의 본거지로 유명하다.

중세 이슬람 도시 문화의 배꼽

11세기 페르시아의 시인 나시르 쿠스라우는 1046년부터 1049년까지 약 4년 동안 카이로에 머물면서 자신이 목격한 푸스타트와 카이로에 관한 흥미로운 기록을 남겼다. 쿠스라우의 기록 후 얼마 지나지 않아 푸스타트 전체가 화재로 폐허가 되었기 때문에 그의 기록은 당시의 상세한 시대상을 알 수 있는 매우 중요한 사료로 간주된다.

그의 기록에 따르면 당시 카이로에는 약 2만 가구가 있었고, 집은 거의 전부가 벽돌로 지어졌으나 외견상으로는 마치 석재로 지은 것처럼 보였다. 건물들은 5층 또는 6층으로 이루어졌으며, 주변은 정원이나 과수원으로 둘러싸여 있었다. 카이로의 상점들은 대략 2만 개였는데, 상점들은 지배자의 소유물로 여겨졌으며, 상점에서 나오는 연간 총수입은 125만 디나르에 달했다. 아울러 도시에 하수구 시설을 정교하게 갖춰 도시 전체의 공기가 항시 맑고 청결했다. 하수구 입구가 곳곳에 설치되어 있어서 그곳을 통해 날마다 소독용 석회분을 쏟아부었다. 이미 페르시아와 이라크의 화려한 도시와 문화생활에 익숙했던 그에게도 파티마왕조의 수도 카이로는 이슬람 세계의 어느 도시보다 가장 화려하고 번화했다고 자신의 경험담을 말하고 있다.

쿠스라우는 당대의 칼리파와 왕궁, 그리고 그 주변을 꽤 상세하게 묘사했다. 칼리파 궁에는 12개의 별관과 10개의 문이 있었으며, 3만 명의 하녀가 있었다고 한다. 아울러 카이로시는 10개 지역으로 분할되었는데, 칼리파 궁은 그 중심부에 자리하고 있었다. 칼리파의 경호원은 기마병 500명과 일반 군인 500명 등 1천 명 이상으로 구성되어 있었다. 이들은 저녁 예배 시에 트럼펫과 드럼, 심벌을 울리면서 칼리파의 행차를 호위했고, 야간에는 새벽녘까지 칼리파 궁을 원을 그리며 경비했다. 카이로에서 열린 운하 기공식에서 칼리파 알 무스탄시르가 손수 굴을 채집했던 장면을 이 시인은 다음과 같이 전하고 있다.

"칼리파는 1천 명의 기마병들을 앞세우고 행사장으로 떠났다. 칼리파가 탄 말은 화려하게 치장되어 있었다. 기마병들은 장식품을 가득 단 낙타와 금박의 갑옷을 입은 노새들을 타고 끌면서 칼리파를 동행했다. 칼리파는 우아한 모습으로 깨끗하게 수염을 다듬었고, 하얀 색깔의 긴

예복을 입고 있었다. 신발을 신지 않은 페르시아인 300명이 그리스에서 들여온 화려한 비단옷을 입고 칼리파를 호위하고 있었다. 고관들은 칼리파 옆에서 햇빛을 가리기 위해 양산을 받치고 서 있었으며, 내시들은 양손에 향을 피우는 향료를 들고 있었다. 칼리파가 운하 입구에 세워진 천막에 들어서자 모든 사람이 고개를 숙였고, 칼리파가 창을 댐에 던지자 모두가 곡괭이와 삽을 들고 달려갔다. 그리고 나일강 물이 흘러들어왔다. 얼마 후 귀멀고 눈먼 이들을 태운 배 한 척이 행운을 기원하기 위해 강을 항해했다."

이런 도시의 매력에 사로잡힌 그는 카이로를 신앙의 중심지로 묘사하면서 파티마왕조의 칼리파가 이슬람 세계의 수장이 되어야 한다는 주장을 피력하기도 한다.

다른 한편, 중세 카이로는 당대 최고의 부와 규모를 자랑하는 최대 인구의 수도이자 무역과 순례의 도시였다. 이 도시는 종교와 인종에 상관없이 자유로이 교역 활동이 펼쳐지는 다국적 문명의 집산지였다. 십자군으로부터 예루살렘을 탈환한 이슬람의 영웅 살라훗딘은 1171년 파티마왕조를 무너뜨리고 아이유브왕조의 통치자가 된 후 카이로를 일반 시민에게 개방했다. 도시 둘레가 거의 13킬로미터에 달하는 성벽으로 둘러싸인 카이로는 알 카히라, 북쪽과 남쪽 지역, 살라훗딘의 시타델 지역, 이렇게 세 개의 큰 지역으로 나뉘어 거대 도시로 점점 확장되었다. 왕궁과 고관과 장수들의 대저택, 각종 관저, 조폐국, 법원, 병영, 마구간 등이 줄지어 들어섰으며, 사원과 시장, 공중목욕장 같은 생활공간들이 들어선다. 카이로는 이로써 '천 개의 첨탑을 가진 도시'라는 별칭을 갖게 되었다.

이 도시에서는 종교나 신분과 관계없이 누구나 행정 시설, 의료, 문화 시설을 자유로이 사용할 수 있었는데, 당시 카이로는 베네치아 보다 네 배는 크고, 서기 1483년경에는 프랑스 파리보다 일곱 배가 크며, 말을 타고 한 바퀴를 도는 데 꼬박 12시간이 걸렸다는 기록이 전해진다. 서기 1348년경에는 인구가 50만 명에 달하고, 관광객들이 바글대는 도로 양쪽으로 높은 건물들이 세워졌으며, 수천 명씩 거주하는 대단지 거주지가 지어졌다. 물을 길어 파는 일꾼들, 음식과 땔감장수들이 각기 1만 명이 넘는 도시였다.

상업 시설로는 1만2천여 개의 점포, 87개 시장에서 각종 모피, 활과 사슬 갑옷, 금과 은으로 장식한 보검, 악기, 마구, 원단 등의 사치품이 거래되었다. 당대 최고의 인력 시장 중에는 매년 1만 명에 달하는 노예들이 거래되는 노예시장이 있었고, 자유직업과 사유재산을 가질 수 있었던 그들은 무사, 무희, 관리직 등을 맡으며 도시의 노동시장을 담당했다. 카이로에는 학교, 수도원과 함께 여러 자선병원이 운영되었으며, 가난하고 약하고 힘 없는 자들을 먼저 치료한다는 봉사 정신을 유지했다.

카이로는 사치와 향락의 도시이기도 했다. 강변에는 술집, 유람선이 번성해 음악, 대마초, 아편, 와인이 소비되고, 매춘이 성행했으며, 시내 중심부와 나일강 사이에 있는 정원은 귀족, 귀부인, 대상들이 천국에 머무는 듯한 기분을 만끽하는 장소였다. 호수나 성벽 바깥쪽에는 점

쟁이, 그림자극을 조종하는 사람, 이야기꾼, 곡예사, 입에서 불을 뿜는
사람, 돌을 삼키는 사람들이 행상들과 어울려 거리를 가득 메웠다.

아랍의 전설적인 여행자 이븐 바투타의 여행기에도 카이로에 대한
놀라움의 연속이 가득하다.

"광활한 지방과 기름진 땅을 소유하고 있으며, 온갖 건축물이 끝도 없
이 늘어서 있다. 아름다움과 화려함에 있어 비길 데가 없는 이곳은 배
운 자와 무지한 자, 음울한 자와 쾌활한 자, 신중한 자와 경솔한 자,
고귀한 자와 미천한 자 모두를 포용한다. 마치 바다에 이는 파도와 같
이 그 위치와 능력으로도 다 버텨내지 못할 만큼 거대한 인파가 밀려
든다. 지나온 날은 무수히 많지만 늘 새로운 젊음이 용솟음친다. 도시
의 수호성은 행운의 별자리에서 절대 벗어나지 않는다."

레바논 태생의 중동 역사학자 앨버트 후라니 역시 14세기 초반 카이
로에 거주했던 인구는 도시의 규모나 공공건물의 수와 크기 등을 근거
로 어림잡아 약 25만 명으로 추산하면서 카이로의 위용을 뒷받침했다.

물론 거대 도시라는 특성에 자연스럽게 따라붙는 열악한 주거 문제,
쓰레기, 불법적인 상거래, 퇴폐 문화와 같은 불편함도 당시 카이로의
모습 중의 하나였다. 그럼에도 불구하고 중세의 카이로는 동서남북으
로 무역과 순례행렬이 넘쳐나던 지리적 요충지였으며 현대 도시들을
능가하는 상업, 교육, 의학, 문학과 예술, 종교 문화가 꽃핀 이슬람 최
고의 문명 도시로 자리했다.

도시의 변화와 근대화

맘루크왕조가 끊임없는 반란과 전염병, 기근, 신항로 개척으로 인한 경제적 쇠퇴로 세력을 잃어가자 자연스럽게 카이로도 점차 쇠퇴하기 시작했다. 1517년 오스만제국의 셀림 1세가 맘루크왕조를 멸망시키자 카이로는 오스만제국의 일개 속주의 주도로 전락했으며 인구 역시 30만 명 이하로 감소했다. 그러나 수 세기에 이르는 오스만제국의 지배 동안에도 카이로는 경제와 종교의 중심지로 지속적으로 발전했다. 귀족과 부유층의 저택 등 오늘날 카이로에서 볼 수 있는 많은 건축물 역시 오스만제국의 통치 기간에 지어졌다.

오스만제국의 이집트 총독이던 무함마드 알리는 이집트의 근대화를 위해 애썼으며, 이는 수에즈운하의 건설과 유럽의 영향을 받은 신도시의 개발로 이어졌다. 1830년에서 1848년

성채 위에 건설된 무함마드 알리 사원

에 거쳐 그는 카이로가 내려다보이는 성채 위에 무함마드 알리 사원을 건축했는데, 이 사원은 거대한 돔 지붕과 두 개의 첨탑이 특징으로 도시의 어느 곳에서나 보이는 중요한 랜드마크다.

그 후 1798년 나폴레옹의 이집트 원정으로 이집트와 카이로가 유럽에 다시 알려진다. 1798~1801년 프랑스 점령 시대에는 시가가 확장되었는데, 이후 영국과 오스만터키 연합군이 카이로를 프랑스에서 탈환했다. 다시 오스만제국의 주권 하에 놓인 카이로는 무함마드 알리 왕조의 수도가 되어 빠르게 발전하기 시작했고 나일강 서쪽으로 확장되었다. 19세기 무함마드 알리 왕조 안에서 근대 도시 카이로가 정비되어 오늘날의 모습을 갖추었다.

약속의 땅으로
가는 길,
예루살렘

누구나 순례하고 싶은 곳

'하나의 신이 사는 집, 두 민족의 수도, 세 종교의 사원.'

이보다 예루살렘을 잘 묘사하는 표현이 있을까?

예루살렘은 이스라엘 자국법상 수도로 이스라엘 중부 유대 평야 남단에 위치한다. 이스라엘과 팔레스타인은 각자 예루살렘을 자국의 수도라고 주장하지만 국제연합(UN) 결의안 194조에 의거해 예루살렘은 국제법상 어느 나라의 소유도 아니다. 예루살렘은 유일신을 섬기는 유대교, 기독교, 이슬람교의 주요 성지 중 하나다. 유대교인에게는 솔로몬 왕이 하느님을 위해 지은 성전산이 있는 곳이며, 그리스도교인에게는 예수가 인간을 위해 고난받고 십자가에 못 박혀 승천한 성지이며, 이슬람교도에게는 무함마드가 승천해 선지자와 알라를 만나고 내려온 성스러운 장소인 것이다. 그러기에 전 세계 인구의 약 절반인 30억 명이 예루살렘을 자신들의 신앙적 중심, 언젠 가 한 번은 순례하고 싶은

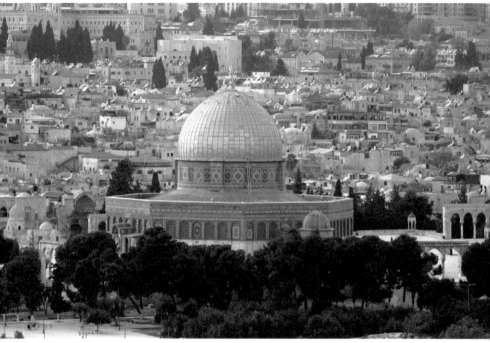

예루살렘의 황금 돔 사원

목적지로 여긴다.

　오늘날에도 동예루살렘이라 불리는 구시가지의 미로처럼 복잡한 좁은 길을 걷다 보면 검은 모자와 검은 두루마기를 입고 긴 수염을 달고 거리를 활보하는 정통파 유대인들, 다양한 모습의 기독교 종파의 성직자들, 땅에 닿을 듯한 길이의 하얀 통옷을 입고 머리에는 이슬람식 두건을 두른 무슬림들이 시시각각 교차하는 모습을 늘 마주할 수 있다. 유대인의 안식일인 토요일이 되면 자동차가 다니지 않는 거리 풍경을 목격할 수 있고, 하루 다섯 번 이슬람 사원의 첨탑에서 울리는 기도 시간을 알리는 아잔 소리와 인근의 교회 종탑에서 은은하게 울려 퍼지는 종소리를 함께 들을 수 있는 곳도 예루살렘이다.

예루살렘의 어원에 대해서는 의견이 다양하다. 가나안 시대로 알려진 기원전 14세기에 예루살렘은 '평화의 도시' 라는 의미의 우루살림으로 불렸다. 성서에서는 예루샬라임이라는 이름으로 등장한다. 성경학자 스티븐 빈츠는 저서 《예루살렘, 거룩한 도성》에서 '예루' 는 수메르어로 '토대', '거주', '지역' 을 뜻한다고 주장한다. 고대 가나안 신앙에 등장하는 평화의 신인 샬림을 모시는 사원이 이 지역에 있었기 때문에 '살렘' 이 '평화' 라는 의미에 대부분 동의한다.

이런 해석을 바탕으로 예루살렘은 '예루' (터, 기초)와 '살렘' (평안, 평강)의 합성어로 '평화의 기초', '평안의 토대' 의 의미로 해석되어 일반적으로 '평화의 도시' 로 이해되고 있다. 덧붙여 고대 이집트 기록에

예루살렘 구시가지의
보수 유대인

예루살렘 구시가지 무슬림 구역

예루살렘 구시가지 기독교인 구역

예루살렘은 우루살리뭄과 루살리뭄이라는 지명으로 등장하는데, 두 지명의 '우루' 또는 '루' 도 '토대' 라는 의미를 지닌다. 오늘날은 히브리어로 예루샬라임, 아랍어로는 '신성한 도시' 를 의미하는 알 꾸드스라고 불린다.

그러나 평화의 도시라는 의미와 달리 예루살렘에서는 과거부터 현재에 이르기까지 분쟁이 끊이지 않고 있다. 미국 유대교 잡지《모멘트 매거진》2008년 6월호에 따르면 예루살렘은 두 번 완전히 파괴되고, 23

회 포위되었으며, 52회 공격을 받았고, 44회 점령과 탈환을 반복했다
고 한다. 고대 예루살렘의 거의 모든 사건은 성벽의 안쪽, 즉 구시가
지에서 일어났다. 이처럼 약 3천 년의 역사를 품은 예루살렘은 기원전
부터 현재까지 종교 및 영토의 분쟁이 끊임없이 일어나 동서양의 문명
사와 글로벌 정세에 지속적으로 중대한 영향을 끼쳐 왔다. 오늘날에도
20세기 중반부터 시작된 이스라엘과 팔레스타인 간 영토 분쟁이 여전
히 전 세계의 안보를 위협하고 있다.

하나의 신이 사는 집

고고학자들의 발굴에 의하면 기원전 4000년경부터 예루살렘에는 사
람들이 거주한 흔적이 보이며, 중기 청동기시대에 마을이 형성되었다.
예루살렘은 유대 산맥의 남쪽 기슭의 고원상에 위치하며, 예루살렘의
구시가지인 올드시티 구역의 평균 해발고도는 대략 760미터 정도다.

예루살렘은 골짜기로 둘러싸인 지리적 조건으로, 외부 침략으로부터
방어가 유리한 전략적 요충지다. 동쪽에는 키드론 계곡이, 서쪽과 남
쪽에는 힌논 계곡이 천연의 해자(垓子)를 이루어 성을 보호하고 있으며
북쪽에는 높은 성벽을 쌓아 성을 지켰다. 한편, 주요 무역로인 해안길
과 '왕의 대로'를 연결하는 주요 통로인 동시에 남유다와 북이스라엘
을 이어주는 중간 지점에 위치하고 있었기에 정치적으로도 매우 중요
한 역할을 할 수 있었다.

군사적으로도 사방이 계곡으로 둘러싸여 도시를 방어하기에 매우 유리했다. 성서에 보면 다윗이 예루살렘으로 가서 그곳에 살고 있던 여부스족으로부터 예루살렘을 빼앗고자 했을 때 여부스족이 "맹인과 다리를 저는 자라도 너를 물리치리라"(〈사무엘하〉 5장 6절)며 호언장담했다는 기록이 있을 정도다. 예루살렘 중에서 방어가 가장 취약한 곳은 북쪽 방면이었는데, 이런 약점을 극복하기 위해 이중 삼중의 성벽을 이곳에 쌓았다.

다만 고지대인 까닭에 물의 공급이 문제였는데, 예루살렘이 가지고 있던 가장 큰 장점은 수로를 파서 인근의 샘물을 성안으로 끌어들일 수 있었다는 것이다. 예루살렘의 북쪽에 자리한 기혼 샘은 예루살렘 성이 세워질 수 있는 기초가 되었으며, 왕들은 왕위에 오를 때 이곳에서 기름을 머리에 붓는 의식을 행한 후에 왕위에 올랐다. 현재도 고대 수문 시설들이 도시 곳곳에서 발견된다. 기혼 샘 외에도 예루살렘은 능선 비탈에 위치했기 때문에 도시 안으로 흐르는 중앙 계곡 주변에 많은 물웅덩이를 만들어 겨울철에 내리는 빗물을 모아 일 년 내내 쓸 수 있다는 엄청난 장점이 있었다.

성서에 예루살렘이라는 이름이 처음 등장하는 것은 기원전 18세기경 아브라함 시대에 살렘 왕 멜기세덱이 먹을 것으로 아브라함을 대접한 때(〈창세기〉 14장 18절)다. 이후 여호수아가 가나안 땅을 점령했지만 여부스족이 살던 예루살렘은 점령하지 못했다(〈여호수아〉 15장 63절). 하지만 기원전 1000년경 다윗 왕이 전투에서 승리하고 이곳을 점령한 후 헤브론에서 예루살렘으로 수도를 옮겼다. 그는 성벽을 수축하고 왕궁과 거주지를 새로 지었는데, 주로 페니키아에서 백향목과 목수와 석수를 수입해 지었으며, 제의를 행하는 사제들과 성전 관리들을 임명했다. 이때부터 공식적인 유대인의 통치가 시작되었다.

다윗은 하느님을 위한 성전 건축을 간절히 염원했으나 그의 아들 솔로몬 대에 이르러서야 다윗 성 북쪽 모리아 산상에 성전이 건축되었다. (〈창세기〉 22장 2절). 그때부터 예루살렘은 매년 명절마다 백성들이 모여드는, 이스라엘의 정치 및 종교적 생활의 중심지가 되었다. 그러나 솔로몬 왕이 죽은 뒤 이스라엘은 왕위 다툼으로 결국 북이스라엘과 남유다로 나뉘고 예루살렘은 남유다의 수도로 명맥을 유지했다.

기원전 586년 바빌로니아왕국의 침략을 받은 남유다왕국의 예루살렘은 폐허가 되었고 유대인들은 바빌론으로 끌려가 노예가 되는데, 이때부터 히브리인들을 '유다 사람들'이라는 뜻의 유대인이라고 부르기 시작했다. 기원전 538년 바빌로니아왕국을 정복한 페르시아 왕 키루스의 칙령에 따라 유대인들은 예루살렘으로 귀환해 무너진 성벽과 성전을 재건한다. 기원전 331년경 알렉산더대왕의 침공으로 예루살렘은 또다시 무너지고 이후 헬레니즘의 영향을 받아 예루살렘의 건축물과 생활 풍속은 많은 변화를 겪는다. 기원전 129년 유대 국가인 하스모니아 왕조가 다시 세워져 약 100년 동안 솔로몬 시대에 버금가는 번영을 누리고 예루살렘은 다시 유대인의 수도로 기능한다.

'통곡의 벽'에 남은 역사

기원전 63년 폼페이우스에 의해 예루살렘은 로마제국의 지배하에 들어갔고, 이스라엘은 로마제국의 한 주로 편입된다. 로마에 의해 이스라엘의 왕으로 임명된 헤롯 1세는 성전을 다시 지었는데, 예루살렘성전 내 북서쪽 모퉁이에 있던 요새를 재건하고 그 외에도 새 왕궁과 원형극장 등 많은 건축 사업을 펼쳤다. 이 시대에 베들레헴에서 예수가 탄생했고, 그를 메시아로 믿고 따르는 초기 기독교가 생겨났다.

헤롯 1세가 죽은 뒤 이스라엘 땅을 직접 통치하기 시작한 로마가 유대인의 관습과 종교를 인정하지 않자 유대인들은 여러 차례 반란을 일으켰다. 로마제국은 베스파시아누스가 황제에 등극한 후 그의 장남 티투스를 앞세워 유대 열심당원들의 반란 본거지인 예루살렘 공략에 나섰고, 수차례 공방 끝에 서기 70년 8월경 예루살렘을 완전히 장악하고 성전과 기타 건축물들을 모조리 파괴해 도시를 초토화시키고 만다. 이 결과 유대인들은 전 세계로 뿔뿔이 흩어지는데, 로마군이 휩쓸고 간 자리에 남은 것은 솔로몬이 하느님을 위해 건축한 성전의 서쪽 벽 일부였다. 유대인들은 당시 파괴된 성전 중 유일하게 남은 서쪽 성벽에 찾아와 통탄하는 풍습이 생겨나 남은 서쪽 벽은 '통곡의 벽'으로 불렸다.

로마에 멸망당했던 예루살렘은 콘스탄티누스 대제 때 비로소 기독교 도시로 바뀌었다. 313년 2월 로마제국의 공동 황제인 콘스탄티누스 대제와 리키니우스가 밀라노에서 칙령을 발포해 모든 사람에게 기독교를 포함해 자신이 원하는 종교를 따를 수 있는 자유를 보장해, 로마제국에서 기독교가 보호되고 장려되는 발판이 마련되었다. 콘스탄티누스 대제는 밀라노 칙령을 계기로 자신의 정치적 정당성을 확보하고 기반을 넓히기 위해 그리스도교를 최대한 장려했다. 교회와 성직자들에게 각종 특권을 주었고 각지의 교회 설립을 지원했다. 그리고 325년에는 니케아공의회를 열어 교리를 체계화했다.

콘스탄티누스 대제의 비잔틴 시대가 열리면서 예루살렘은 638년까지 비잔틴제국의 지배를 받아 기독교의 중심지가 되었다. 베들레헴, 갈릴리와 더불어 기독교 성지인 예루살렘에 성묘교회와 주기도문교회, 성 시온 교회, 승천교회 등 교회와 수도원이 건설되었다.

그러나 7세기 초 동로마제국인 비잔틴제국과 페르시아와의 전쟁이 발발하고 614년 샤흐르바라즈 장군이 이끄는 페르시아 군대가 기독교도들에게 차별 받던 유대인들의 적극적인 호응을 받으며 예루살렘에 입성했다. 티투스가 성전을 파괴한 지 600여 년 만에 예루살렘을 다시 탈환할 수 있다는 사실에 유대인들은 페르시아군과 함께 도시에 대한 대대적인 파괴를 자행했고, 기록에 따르면 무려 9만 명의 기독교도가 살해되었다고 한다. 이때 성분묘 교회는 화재로 일부 파괴되었고 성십자가는 빼앗겼다. 이에 629년 동로마제국의 이라클리오스 황제가 반격해 페르시아 사산왕조를 물리치고 성십자가를 되찾아 다시 예루살렘의 골고다에 봉안했다. 비록 예루살렘을 탈환했지만 콘스탄티누스 대제부터 유스티니아누스 대제 때까지 세워진 수많은 유서 깊은 교회들은 상당수 파괴된 후였고 교회 대부분은 이후 복구되지 못했다. 이 과정에서 페르시아에 협조했던 유대인에 대한 치밀한 보복과 학살도 가해졌다.

634년 예루살렘 총대주교로 임명된 성 소프로니우스는 승천교회와 성묘교회를 복구했다. 당시 동로마와 페르시아는 긴 전쟁을 마무리하고 전쟁 이전으로 국경을 원상 복귀시켰으나 양측 모두 수십 년 동안 서로의 수도를 위협하는 총력전을 펼친 터라 지쳐 있었다. 그리고 아라비아반도에서는 신흥 종교인 이슬람 안에서 역사상 처음으로 통일된 아랍인들이 대팽창을 준비하고 있었다.

고향을 찾아 먼 길을 돌아왔지만

이슬람의 예언자 무함마드가 632년에 사망한 후 내부를 정비한 아랍인들은 634년부터 동로마제국을 침공하기 시작했다. 페르시아와의 기나긴 전쟁과 내부의 종교적 이념 갈등으로 쇠약해진 동로마의 시리아 군대는 636년 야르무크 전투에서 이슬람 군대에 무참히 패배했고, 이라클리오스 황제도 사실상 시리아를 포기하기에 이르렀다. 예루살렘 총대주교 소포로니우스는 앞서 도시가 614년에 페르시아군에 당했던 신성모독과 학살의 전철을 밟지 않으려고 항복의 길을 택했다.

638년 2월 초기 이슬람 정통 칼리파 중 제3대 칼리파 우마르가 예루살렘에 입성했고, 7세기와 8세기에 예루살렘성전 내에 바위 사원과 알 아크사 사원이 건립되면서 예루살렘은 메카와 메디나에 버금가는 이슬람교의 성지가 되었다. 유대인 공동체는 '보호받는 백성'인 딤미의 지위를 받아 자유를 보장받는 대신 특별 인두세와 토지세를 내야 했다.

그 후로 약 400년 동안 아랍왕조의 지배가 이어졌다.

1099년에는 성지 팔레스타인과 성도 예루살렘을 이슬람교도의 손에서 해방시켜야 한다는 교황 우르바누스 2세의 주장에 따라 연합한 유럽 기독교 국가들이 파견한 십자군이 예루살렘을 점령하고 예루살렘왕국을 세웠다. 당시 예루살렘에 거주하던 비기독교인과 유대인들은 학살당하고 십자군은 끊임없이 이슬람의 군대와 싸워야 했다. 결국 여덟 차례나 원정이 이어졌으나 1291년, 당시 이집트와 시리아 일대를 통치하던 맘루크왕조의 군대에 패함으로써 십자군 지배기는 종식되었다. 그러나 십자군 원정으로 인해 유럽에서 예루살렘까지의 교통로가 열리며 많은 유대인이 그 길을 따라 고향으로 돌아올 수 있었다.

1517년부터 다시 이슬람 세력인 오스만제국의 통치가 시작되었다. 당시 이스라엘은 4구역으로 분할되었고 행정구역상 다마스쿠스 소속으로 이스탄불의 지배를 받았다. 유대인의 유입으로 예루살렘의 인구밀도가 높아지자 19세기부터 성벽 밖에 유대인 거주지가 형성되기 시작했다. 올드시티의 통곡의 벽이 재건되어 오늘날의 구조를 갖추었으며, 19세기에 올드시티는 아르메니안, 크리스천, 유대인, 무슬림 쿼터로 구분되었다. 19세기 서구 열강의 중동 진출로 1892년에 텔아비브와 예루살렘을 잇는 최초의 철로가 건설되었다. 예루살렘에 영국, 프랑스, 러시아, 오스트리아, 미국 영사관이 개설되었으며, 1917년에 영국군이 예루살렘을 점령하면서 오스만제국의 지배는 종결되었다.

영국 군대가 예루살렘을 점령한 뒤 많은 유대인들과 아랍인들이 예루살렘에 정착하면서 전체 인구수는 1922년 5만2천 명에서 1948년 16

만5천 명으로 늘었다. 영국은 예루살렘을 수도로 정하고 올드시티 서쪽과 북쪽에 새로운 거주 지역을 건설했다. 유대인들의 계속된 유입과 함께 1917년 영국의 밸푸어 선언으로 인해 아랍 폭동이 발생하기도 했지만 1947년 UN이 당시 팔레스타인 영토를 유대인지구와 아랍인지구로 분할하는 결의안을 채택함으로써 아랍인과 유대인 간의 갈등은 더욱 심화되었다. 당시 팔레스타인 지역에서 유대인이 소유한 땅은 전체 토지의 약 6퍼센트에 불과했지만 분할 후 유대인은 팔레스타인 지역의 56퍼센트의 토지를 차지했다. 이런 상황에서 1948년 5월 14일 영국 위임 통치가 종료되면서 이루어진 이스라엘 독립선언은 주변 아랍 국가들이 참전한 아랍·이스라엘분쟁(제1차 중동전쟁)으로 이어졌다.

제1차 중동전쟁은 예루살렘의 분리를 초래하고 말았다. UN은 예루살렘을 UN의 관리 하의 중립 지역이자 국제도시로 계획했으나 결국 올드시티와 동예루살렘은 요르단에, 서예루살렘은 이스라엘에 분할되었다. 당시 유대인과 아랍인의 주거지 이동이 이루어졌으며, 3만 명 이상의 팔레스타인 난민이 발생했다. 이스라엘은 건국과 동시에 예루살렘을 수도로 선언한 한편 요르단은 1950년에 동예루살렘을 공식 병합해 1953년에 요르단의 제2수도로 선언했다. 1967년에 발생한, 6일전쟁이라고도 불리는 제3차 중동전쟁에서 이스라엘이 동예루살렘을 점령하면서 국회의사당과 대법원 등 주요 정부 기관을 예루살렘으로 이전함으로써 예루살렘을 수도로 주장했다.

그러나 예루살렘은 국제법상 어느 쪽의 영토도 아니므로 지금까지 논쟁거리로 남아 있다. 미국과 남미 일부 국가를 제외한 대부분의 나라가 1967년 이전의 서예루살렘 지역만을 수도로 인정하며 이스라엘 주재 대사관을 텔아비브에 두고 있다. 2017년 12월 미국 트럼프 정부가 예루살렘을 이스라엘의 수도로 인정하고 대사관을 이전하겠다는 예루살렘 선언을 발표한 후, 2018년 이스라엘 주재 미국 대사관을 예루살렘으로 이전하면서 예루살렘 지위에 대한 논란이 재점화되었다.

두 민족의 수도, 세 종교의 성지

역사적으로 특별한 산업에 의존하지 않고 종교적인 기능으로 도시가 유지되어 왔다고 말할 수 있을 만큼 예루살렘은 종교의 도시이자 순례의 도시였다. 하나의 신을 섬기며 아브라함을 믿음의 조상으로 둔 세 종교가 각각 예루살렘을 차지했던 시대를 구분해본다면, 유대인이 지배하던 시대가 약 550년, 기독교도가 다스리던 기간이 약 400년, 무슬림이 통치하던 기간이 약 1,200년이며, 나머지는 외세에 의한 통치가 이루어졌다.

가장 먼저 이 도시의 기초를 쌓고 주체적으로 다스린 것은 유대인이었다. 기원전 1000년경 다윗 왕은 여부스인들을 몰아내고 천혜의 혜택을 지닌 예루살렘 남동쪽 오펠 언덕의 경사면에 도시를 건설하고 자신의 이름을 따 '다윗의 도시'라 명했다. 다윗의 아들 솔로몬 왕은 북쪽의 모리야 언덕에 20년에 걸쳐 왕궁과 신전을 건설했는데, 도심부는 신전을 중심으로 남쪽에 국한되었다가 점차 북쪽으로 확장되어 이스라엘의 중심지로 성장했다.

현재 예루살렘의 골조를 이루는 헬레니즘 문화의 축을 갖춘 것은 서기 30년경, 예수의 십자가 처형 이후로 보고 있다. 예수가 못 박힌 골고다 언덕을 중심으로 40년경부터 헬레니즘 양식의 건축물과 성벽이 지어졌고 이후 여러 민족과 시대를 거치면서 성전, 성벽, 건물이 지어졌다 허물어지기를 반복했다. 예루살렘은 기독교의 성지순례지로 잘 알려져 있다. 예수를 믿지 않는 사람도 예루살렘을 이야기할 때면 가장 먼저 성경을 떠올린다.

325년 니케아 종교회의를 통해 유대인을 몰아냈던 로마인들이 예수를 믿고 기독교인이 되면서 예루살렘은 기독교의 성지로 서서히 탈바꿈한다. 가장 큰 공을 세운 인물은 콘스탄티누스 대제로, 그는 권력과 부가 아닌 종교적인 열망으로 예루살렘을 채우기 시작했다. 예수가 못 박히고 묻혔던 자리에 현재의 성묘교회가 세워졌다. 많은 교회와 수도원들이 생겨나면서 예루살렘은 자연스럽게 기독교 순례자들의 명소로 자리매김했다.

634년 이슬람 제2대 칼리파 우마르가 예루살렘 구시가지 성전산에 이슬람 사원을 세웠는데, 이 사원이 예루살렘 최초의 사원인 알 아크사 사원이다. 638년에 예루살렘은 이슬람교를 믿는 아랍인들에게 결국 함락되었는데, 이때부터 본격적인 이슬람 지배의 시대가 시작되었다. 이슬람교도들에게도 초기부터 예루살렘은 매우 중요한 도시였다. 이슬람을 창시한 사도 무함마드가 624년 2월 아랍어로 키블라라고 부르는 예배의 방향을 지금의 사우디아라비아 메카로 바꾸기 전까지 이슬람 공동체는 이곳 예루살렘을 향해 예배를 드렸다. 691년 우마이야왕조의 압드 알 말릭이 현존하는 이슬람 유적 중 최고의 건축물로 평가되는 바위의 돔 사원을 알 아크사 사원 맞은편에 건설했다. 사원 건물은 팔각형으로 되어 있으며 돔 지붕이 얹혀 있는데, 이 돔은 오스만제국 시대에 약 500킬로그램의 황금으로 덧입혀져 이때부터 '황금 돔 사원'이라는 별칭으로 불렸다.

알 아크사 사원과 바위의 돔 사원이 있는 성전산은 무슬림들에게도 중요한 성지로, 이곳은 이슬람의 사도 무함마드가 꿈속에서 천사 가브리엘에게 이끌려 알 부라크라는 백마를 타고 메카에서 예루살렘으로 날아와 하늘로 올라갔다고 알려진 장소다. 무함마드는 영적 초월 세계인 하늘의 일곱 층을 다니면서 예수, 요셉, 에녹, 아론, 모세와 아브라함을 만나 깨우침을 얻고 알라로부터 무슬림이 해야 할 예배의 의무에 대한 명을 받은 후 메카로 다시 돌아온다. 이런 배경에서 이슬람에서는 메카, 메디나와 함께 예루살렘을 이슬람의 3대 성지로 여기는데, 지금도 아랍 무슬림들 사이에서는 예배 장소의 중요도로 '예루살렘이 열, 메디나가 스물, 메카가 서른'이라는 말이 종종 오간다.

같지만 전혀 다른 삶, 올드시티

이스라엘 예루살렘 동쪽 지역의 웅장한 성벽으로 둘러싸인 올드시티는 유대교, 기독교, 이슬람교의 성지로 약 220여 개의 역사적 기념물이

올드시티의 지도

산재해 있다. 이런 가치를 인정해 올드시티는 1981년 유네스코 세계유
산에 지정되었는데, 어느 나라의 유산인지는 밝히지 않고 도시명과 함
께 '요르단이 제안한 유적'이라고 덧붙였다. 이 지역을 실제 관장하는
국가는 이스라엘이지만 유네스코에 문화유산 등재를 신청한 것은 요르
단이었다. 실제로 예루살렘의 세계유산 지정은 요르단의 요청으로 이
루어졌는데, 당시 미국 정부는 예루살렘은 이스라엘이 사실상 지배하
고 있으므로 요르단은 신청 자격이 없다고 반대했으나 유네스코는 요

르단의 손을 들어주었다. 그러나 예루살렘은 1982년 이래 '위험에 처한 세계유산' 중 한 곳으로 등재되기도 했는데. 너무 많은 관광객, 난개발, 도시 관리 정책 미흡 등이 지적되었다.

다윗과 그의 아들 솔로몬이 세운 성벽이 바빌로니아와 로마에 의해 부서지고 다시 건설되기를 반복하던 중 1244년 타타르 군대가 쳐들어와서 기독교 지배자들로부터 예루살렘을 빼앗은 이래로 이 도시에는 성벽이 없었다. 지금의 성벽은 1535년부터 1538년까지 오스만제국의 술레이만 대제가 옛 시가지 주변에 새로운 성벽을 다시 쌓은 것으로 약 500년의 역사를 가지고 있다. 성벽의 길이는 4킬로미터이고, 평균 높이는 17미터로, 34개의 망루에 새문, 다마스커스문, 헤롯문, 사자문, 황금문, 분노문, 시온문, 야파문 등 총 여덟 개의 출입문이 있다.

무슬림 구역은 구시가의 북동쪽 사분면에 있는, 가장 넓고 인구가 많은 곳인데, 예루살렘 인구의 3분의 1이 아랍인으로 아랍인 인구는 계속 증가하고 있다. 무슬림 구역이기는 하지만 기독교 관련 종교 시설도 꽤 있는데, 성 안나 교회, 채찍질 교회, 시온의 자매수녀원 등이 대표적인 기독교 관련 종교 시설이다.

기독교인 구역은 구시가의 북서쪽 사분면에 있다. 무리스탄 시장이 있고, 예수가 십자가에 못 박힌 뒤 그 시신이 묻힌 장소로 기독교 성지 중 하나가 된 성묘교회와 골고다언덕이 이곳에 있다. 그 외에도 라틴 총대주교좌, 정교회 총대주교좌, 세례자 요한 성당 등의 명소가 있다.

아르메니아인 구역은 구시가의 남서쪽 사분면에 있고, 면적이 가장 작다. 상당히 유서 깊은 구역으로, 아르메니아가 세계 최초로 기독교를

알-아크사 사원(왼쪽)과 황금돔 사원(출처: AFP)

공인하고 나서 아르메니아 수도자들이 성지인 예루살렘에 정착해 형성
한 디아스포라를 기원으로 한다. 아르메니아인도 기독교 신자이기는
하지만 기독교인과는 별도의 구역으로 구분되고 있다. 이것은 예루살
렘 내의 구역들이 확정되던 오스만제국 시대에 정교회 신자들과 아르
메니아인을 서로 다른 밀레트로 구분했기 때문이다. 아울러 예루살렘
에 있는 기독교인들은 대부분 팔레스타인인인 데 반해 이곳만 아르
메니아인이라서 생긴 민족적인 이질감도 구역 분리에 한 몫을 했다. 그

러나 아르메니아 사도 교회의 총대주교좌가 있기 때문에 중요성 면에서는 뒤지지 않는다. 그 외에 성 야고보 대성당, 다윗 탑과 성채 등의 명소가 있다.

올드시티의 남동쪽에 자리한 유대인 구역에는 통곡의 벽이 있으며, 일 년 내내 벽을 향해 기도하는 유대인들을 볼 수 있다. 성전산에는 이슬람 성지이자 이스라엘의 아이콘 역할을 하는 바위 돔과 알 아크사 사원이 있다.

올드시티가 네 개의 지역으로 나뉘어 있다고 해서 눈에 보이는 구획이나 테두리가 있는 것은 아니다. 각 종교와 민족이 모여 자신들의 신앙과 문화를 지키며 살아가고 있는데, 각자의 지역에 있는 성지나 유적의 의미가 다르다. 이 중 유대인들은 그들의 전통 율법을 가장 엄숙히 지키며 살고 있다. 율법을 지키기 위해 두꺼운 검은색 코트 카프탄을 입고 그 위에 기도할 때 두르는 천 탈릿을 두르고 머리에는 작은 빵모자 키파를 쓰고 그 위에 털모자 슈트라이멜을 덮어 쓴다. 그리고 하나같이 페오트라고 불리는 구레나룻을 길러 자신들의 굳은 신앙을 드러낸다.

모두 하나 되는 땅을 위하여

19세기 중반, 성벽 안은 인구 과밀과 비위생 상태로 관리가 어려워졌다. 이를 본 영국 유대인 모세 몬테피오르는 성 밖으로 사람들을 이주시키기 위해 낮은 세율, 일자리 제공과 같은 혜택을 제공한다. 성안을 고집하던 사람들은 전염병을 피하고 혜택을 누리기 위해 예민 모세로 향했다. 현재 이 동네는 예루살렘에서 집값이 가장 비싼 구역이다. 조용하고 깨끗한 주거 지역, 성벽과 가까운 거리가 특징이며, 지중해에 면한 야파항과 연결되는 도로를 따라 나할라트 시바, 메아 셰아림과 같은 유대교도 주거 구역이 탄생하고, 러시아 조계를 비롯해 기독교 여러 종파의 종교 시설들도 들어섰다.

　서예루살렘 지역에 연이어 외국에서 귀환한 유대인들을 위한 정착지 및 시설들이 건설되고 기독교 순례자들이 유입되면서 지역이 확장되어 갔다. 19세기 말부터는 독일·콜로니, 그리스·콜로니, 카타몬 등 정원으로 둘러싸인 주택지가 개발되기 시작했다. 1948년 이스라엘 건국 후에는 신시가의 확대가 현저해져, 국회의사당이나 박물관, 극장, 콘서트홀, 홀로코스트를 기억하기 위한 야드 바셈 등 많은 초현대식의 건물들이 계속 들어섰다.

　예루살렘의 동쪽으로 올리브산, 북동쪽으로 스코푸스산, 남쪽으로 올드시티가 위치한다. 예루살렘은 크게 올드시티, 동예루살렘, 서예루살렘으로 구분된다. 1967년 제3차 중동전쟁 후 이스라엘이 동예루살렘을 점령하면서 도시의 경계는 남쪽으로 팔레스타인 베들레헴의 서안 지구와 동쪽으로 헤르즐산, 엔 케렘까지 빠르게 확장했다. 동예루살렘과 올드시티에는 주로 아랍인들이 거주하는 반면에 서예루살렘에는 주로 유대인이 거주하고 주택, 상업 시설, 의료 시설, 문화 시설, 대학교, 관공서 등이 밀집한 신시가지가 형성되었다.

하늘에서 본 야드 바셈 전경

야드 바솀의 홀로코스트 희생자 사진

이스라엘은 유대교의 생활방식을 존중하지만 종교의 자유가 보장된 나라로 공식적으로 15개의 종교를 인정한다. 종교로 인한 분쟁이 일어나지 않기 위해 선교는 금지한다. 그러나 분쟁은 지금도 예루살렘 한복판에서 계속되고 있다. 3천 년 전, 현재 팔레스타인 땅에는 에게해에서 넘어온 이주민들이 살고 있었다. 모세가 이끄는 유대 민족은 원래 주민들을 쫓아내고 이 땅에 이스라엘왕국을 세운다. 왕국의 역사는 기원전 722년에 막을 내리고, 이후 아랍 민족인 팔레스타인 사람들이 이곳에 거주하기 시작했다.

1800년대 후반 전 세계에 흩어진 유대인 사이에서는 팔레스타인 땅을 되찾아야 한다는 시오니즘 운동이 일어나기 시작했고, 1948년 유대인들은 드디어 팔레스타인에 유대 민족 국가를 건설했다. 팔레스타인과 이스라엘 사이의 긴장감이 더해진 것은 1974년, 이곳에 팔레스타인 해방 기구(PLO)가 수립되면서부터다. 이후에도 이스라엘과 팔레스타인의 분쟁이 지속된 상황에서 1993년 팔레스타인은 오슬로협정으로 자치권을 인정받지만 독립국가를 수립하려는 팔레스타인의 노력과 이런 시도를 부정하는 유대인들이 팔레스타인을 압박하면서 이스라엘-팔레스타인 문제는 중동 지역이 안고 있는 가장 큰 난제가 되었다.

아이러니한 것은 이런 분쟁의 한 축에 나치의 공격을 받은 유대인이 있다는 점이다. 제2차 세계대전 당시 독일 나치의 유대인 학살로 인해 수백만 명의 유대인이 홀로코스트로 희생되었다. 예루살렘에 위치한 야드 바셈은 이스라엘 정부가 세운 홀로코스트기념관이다. 야드 바셈은 〈이사야〉 56장 5절 "기념물과 이름을 주어 영원히 끊어지지 않게 할 것이며"라는 성경 구절에 나오는 기념물과 이름에 해당하는 히브리어 단어로 홀로코스트로 희생된 이들의 이름을 기억하고자 하는 뜻이 담겨 있다.

하나의 신과 세 개의 종교가 공존하는 예루살렘은 평화가 아닌 갈등이, 이해가 아닌 반목이, 사랑이 아닌 미움이 상존하는 도시가 되었다. 각자의 상흔을 보듬어주며 함께 공존하는 하느님의 도시 예루살렘을 꿈꿔본다.

#2

문학과 지혜의 탑을 쌓다

아리스토텔레스는 모든 앎의 최상의 단계를 '지혜'로 규정했고, 부처님 말씀의 핵심인 《반야심경》에서 '반야'는 최고의 지혜를 일컫는다. 동서양을 막론하고 모든 종교와 사상을 통해 지혜는 인간이 앎에 이르는 최고의 단계로 정의되었다. 이슬람 문명은 중세 황금기에 문학과 예술, 종교를 통해 꽃피운 찬란한 지혜의 탑을 쌓았다.

천일야화의
고향,
바그다드

《천일야화》와 함께한 문명

오늘날 세계사는 여전히 서양 중심으로 흐르고 있다. 동양은 서양 그늘에 가려진 지 오래이며 우리가 누리는 대부분의 기술과 사상은 서양으로부터 유입된 것이다. 그러나 인류 역사상 서양이 본격적으로 세계사의 중심으로 떠오른 것은 그리 오래되지 않았다. 15세기에 이르러 포르투갈이 인도 신항로를 개척하기 전, 중동과 중앙아시아, 동아시아는 이미 독자적인 문화를 이룩하며 전성기를 누리고 있었다. 그 중심에 지금의 이라크 수도, 바그다드가 있었다.

바그다드는 고대 메소포타미아에서 가장 오래된 도시이자 문명의 중심지였으며 티그리스강과 유프라테스강이 지나는 넓은 충적 평야에 위치한다.

티그리스강의 동쪽에 위치한 지역을 리사파, 서쪽에 위치한 지역을 카르흐라고 부르기도 하며, 유프라테스강은 바그다드 국제공항에서 서

바그다드 시내를 휘감고 흐르는 티그리스강

쪽으로 약 20킬로미터 정도 떨어진 곳에서 흐른다. 티그리스강의 지류인 디얄라강은 바그다드의 동부 경계를 따라 흐르다가 도시의 남동부에서 티그리스강과 합류한다. 티그리스강이 관통하는 넓은 충적 평야에 위치한 바그다드는 카이로, 테헤란, 이스탄불에 이어 중동에서 네 번째로 큰 대도시이자 이라크의 수도로 고대 메소포타미아에서 가장 오래된 도시이자 문명의 중심지였다.

바그다드가 메소포타미아 지역의 심장부에 위치했음은 틀림없으나 문명의 대도시의 역할은 고대 이래로 바빌론과 크테시폰이 수행해왔다. 바빌론은 바빌로니아의 도읍으로 번창했고, 크테시폰은 아르사케스왕조 파르티아제국과 사산왕조 페르시아제국의 도읍으로 번영했다. 651년 사산왕조가 멸망하면서 크테시폰은 도읍지로서의 기능을 상실했고, 아라비아반도에서 새롭게 등장한 이슬람의 첫 왕조인 우마이야왕조는 제국의 수도로 현재 시리아의 수도인 다마스쿠스를 선택했다.

바그다드는 서기 762년 압바스왕조의 제2대 칼리파 알 만수르에 의

해 압바스왕조의 수도로 세워졌으며, 8~9세기에는 상업적으로 상당히 번영해 동서의 무역상들에게 중요한 거점지가 되었다. 찬란한 영광은 《천일야화》에 나타나 있으며 이 이야기의 아랍어본에는 제5대 칼리파 하룬 알 라시드 통치하에서 압바스왕조의 전설적인 전성기가 잘 드러나 있다. 당시 바그다드의 도로는 동쪽으로는 페르시아 및 인도까지 통했는데, 에스파냐의 코르도바가 이슬람제국의 서쪽 중심부였다면 바그다드는 동쪽 제국에서 이슬람의 문화적, 정치적 중심을 이루었다.

그 중요성만큼이나 명칭 역시 다양해 본명 이외에 한 개의 공식 명칭과 20여 개의 별칭을 갖고 있다. 칼리파 알 만수르는 바그다드를 수도로 정한 뒤 원형 도시를 건설하고 '평화의 도시'라는 뜻의 마디나트 알 살람으로 명명했으며, 페르시아어로는 '신의 정원'이라는 뜻의 바그다드라고 불렸다. 이후 바그다드는 '평화의 집', '이슬람의 돔', '이라크의 어머니' 등 다양한 이름으로 불렸다.

고대문명의 발상지답게 바그다드는 지구라트, 바빌론의 공중정원 등 인류 문명의 보고서와도 같은 고대 유적들은 물론 함무라비법전, 〈길가메시 서사시〉, 《천일야화》 같은 까마득한 선조들의 삶의 모습부터 지혜에 이르기까지 흥미로운 이야기들이 넘쳐나는 곳이다. 오랫동안 이슬람제국의 수도로 도시 내외곽에는 9세기에 지어진 대사원을 비롯해 천 년 내외의 역사를 가진 이슬람 사원과 이슬람 영묘들, 중동에서 가장 규모가 큰 이라크 박물관도 위치해 있다.

전통적으로 무역로에 위치했다는 이점 때문에 바그다드는 무역과 상업 중심지였다. 9~10세기에는 사마라와 함께 백유 도기, 다채 도기, 러스터 도기 등을 생산하는 도자기 생산지로 유명했으며, 12세기 말에서 13세기 전반에는 바그다드파에 의해 초기 미니어처 제작의 중심지가 되었다. 예로부터 금속 용기와 도자기 그릇, 놋 공예품을 교역하던 시장인 바그다드의 수크 알 사파피르는 오늘날에도 많은 상점이 전통 놋 공예품을 취급하고 있다. 견직물 산지로 바그다드산 비단은 발다코라는 이름으로 서구에 알려져 있다. 그 외에도 덥고 습한 기후 때문에 티그리스강에 접한 농경지에서는 대추야자 농업이 발전했으며, 현재도 바그다드 인근 농경지에서는 밀, 보리, 대추야자가 재배된다.

더운 사막기후에 속해 여름은 매우 덥고 길며 겨울은 시원하고 습한 특징을 보인다. 봄과 가을은 짧지만 온화하다. 여름철인 5월에서 9월 사이에는 일평균 최고기온이 40도 안팎에 이르는데, 일교차가 15~20도 사이로 상당히 큰 편이다. 겨울철인 12월부터 2월까지 바그다드의 일평균 최저기온은 5도 안팎, 최고기온은 15~19도를 유지하지만 간혹 영하의 추운 날을 경험하기도 한다.

지리적 풍요가 가져온 아픔

762년 압바스왕조의 제2대 칼리파 알 만수르가 페르시아 사산왕조의 수도인 크테시폰 인근 장소를 이슬람제국의 새로운 수도로 선택하기까지 바그다드는 작은 시골 마을에 불과했다. 칼리파에 오른 알 만수르는 제국의 발전을 강력하게 추진할 수 있는 새로운 수도를 세우기 위해 티그리스강을 따라 남부의 바스라에서부터 북부의 모술까지 꼼꼼히 답사했다. 그는 긴 답사 끝에 땅이 비옥해 정착지로서도 좋고 원형의 요새의 조건을 두루 갖춘 티그리스강 중류 서안에 바그다드를 세웠다. 이후 바그다드는 압바스왕조의 수도이자 무역 중심지로서의 지리적 입지와 티그리스강에서 확보하는 풍부한 수자원으로 날로 번창했고, 수천 개의 목욕탕과 분수대 등 위생시설을 갖춘 덕분에 8세기 말 바그다드의 인구는 70만 명까지 달하는 대도시로 발전했다.

8~9세기에 바그다드는 칼리파와 재상의 후원을 받는 학자들이 각지에서 모여들었고 수많은 도서관을 갖춘 이슬람 세계 학문의 중심지이자 뛰어난 과학자, 철학자, 법학자들이 활동하는 장소로 성장했다. 특히 '지혜의 집'이라고 불린 번역 및 학문 연구기관은 중세 이슬람 시기 바그다드의 활발한 지적 활동과 학문 연구를 대표하는 지혜의 산실이었다. 압바스왕조가 쇠퇴하기 시작한 9세기 이후 바그다드의 정치적 중요성은 쇠퇴하기 시작했으며, 칼리파 알 무으타심은 일시적으로 수도를 바그다드 북쪽의 사마라로 옮기기도 했다. 그러나 바그다드는 이후에도 학문적 중심지로서 중요성을 유지했다.

1055년 순니파 셀주크 제국이 바그다드를 정복한 후 11세기 셀주크 왕조의 재상 니잠 알 물크가 세운 니자미아 마드라사와 13세기 압바스 칼리파 알 무스탄시르가 세운 알 무스탄리야 마드라사와 같은 학교들이 건설되었다. 중세 이슬람 시대의 교육기관인 마드라사의 교육비는 무료였으며, 칼리파와 재상이 세운 재단에서 급여를 받는 교수들이 학생들에게 이슬람 법학, 꾸란 주석학, 아랍어 문법 등을 가르쳤다. 이후 그 영향력이 강했다 약했다를 반복하기는 했으나 바그다드는 이미 이슬람 세계의 중심지 역할을 상실했다. 비록 12세기 중반에서 13세기 전반에 걸쳐 압바스 칼리파가 다시 이라크의 지배권을 회복했으나 그 과정에서 셀주크왕조와 벌인 공성전으로 시가지가 심하게 파괴되었다.

1184년 바그다드를 여행했던 아랍 여행가 이븐 주바이르는 당시의 모습을 다음과 같이 기록했다.

"도시의 건물 대부분이 사라졌고 남은 것은 오직 도시의 허울 좋은 이름뿐이었다. 도시는 마치 누군가 머물고 지나간 흔적을 지우는 것 같아 모든 자취가 서서히 흐려지는 느낌이었고, 상상력의 덧없는 환영 같았다. 시선을 매료하는 아름다움은 더 이상 존재하지 않으며, 여유자작하는 유랑자들을 이끄는 매력도 이제는 찾아보기 힘들다. 도시에 남은 것은 맹수와도 같은 야생의 느낌뿐이다."

1258년 몽골제국의 군대가 바그다드를 점령하고 압바스왕조가 멸망한 후, 바그다드는 돌이킬 수 없는 큰 피해를 입었다. 바그다드는 몽골군의 약탈과 학살로 황폐화되었으며 이후 종교적 상징성마저 상실했다. 당시 '지혜의 집', 니자미야 마드라사, 알 무스탄리야 마드라사 등 유명한 학문의 금자탑이 잿더미로 변한 사실은 이집트의 알렉산드리아 도서관 소실에 버금가는 크나큰 인류의 손실이었다. 이에 더해 무역로가 이라크에서 홍해로 이동하면서 무역 중심지로서 바그다드의 중요성은 감소했다. 그러나 여전히 바그다드는 대도시였고, 13세기 말 바그다드를 방문한 여행자 이븐 바투타는 바그다드를 세계에서 가장 큰 도시라고 기록했다.

그러나 압바스왕조가 멸망한 뒤 바그다드는 여러 왕조의 지배를 받으며 이슬람권의 정치 중심지에서 한낱 지방도시로 전락했다. 1534년 이라크를 점령한 오스만제국은 바그다드의 영유권을 두고 페르시아와 충돌했으며, 이 과정에서 바그다드의 소유주는 여러 차례 바뀌었으나 결국 오스만제국의 영토로 귀속되었다.

동방과 서방의 교차점 역할을 하며 화려한 문화의 꽃을 피웠던 오스만제국의 영향력이 18세기 말 약화되기 시작했고, 1916~1918년 발생한 아랍인들의 반란과 연합군의 간섭으로 오스만제국은 바그다드를 포함한 중동 지역에 대한 통제권을 상실했다. 아랍인 반란의 원인이 된 1915년 후세인-맥마흔 협정과 모순되는 1916년 사이크스-피코 협정에 따라 영국과 프랑스가 중동 지역에 대한 통치권을 장악하면서 바그다드는 영국의 신탁통치 하에 놓이게 되었다. 1932년 영국이 물러나면서 바그다드가 영국 보호령으로 세워진 이라크왕국의 수도로 지정되면서 다시 정치적 중심부의 위치를 되찾았으며, 예술과 문학 및 사상 등 아랍 문화의 중심지로 다시 부상했다. 이후 공화국으로 변한 후 사담 후세인 독재정권 시기에도 바그다드는 이라크의 수도로 국가의 중심축에 있었다.

1960~1970년대에는 원유 수출 증가로 이라크 경제가 호황기를 맞이하며 도로, 주거시설, 사회 기반시설 등이 확충되며 바그다드는 발전했다. 그러나 1980~1988년까지 이란-이라크전쟁과 1990년 제1차 걸프전, 2003년 제2차 걸프전과 2006~2007년 종파 내전을 지나며 바그다드는 사회 기반시설 상당 부분이 파괴되거나 관리되지 않은 채 방치되며 큰 피해를 입었다. 현재 이라크 정부는 바그다드 재건 사업을 추진 중이나 재정 부족, 비효율적인 예산 집행, 치안 불안 등으로 시가지 상당 부분은 아직 완전히 재건되지 못한 상황이다.

원형 도시의 형성과 구조

바그다드는 광대한 이슬람 세계를 관리하기 위해 인공적으로 만들어진 원형 도시다. 시리아의 이슬람학자 무함마드 야쿠비에 따르면 도시는 763년 건축가 네 명의 감독하에 10만여 명의 인부를 동원하고 총공사비 1,800만 디나르를 들여 건설했다.

도시 전체 구조는 직경 2킬로미터의 원형이며, 내측은 동심원으로 2중으로 된 주성과 2중의 외성을 지어 총 4중의 성벽으로 구성되었다. 주성은 태양 빛에 건조한 벽돌로 쌓았는데, 토대의 두께만도 52.2미터나 되며 높이는 34.14미터다. 원형 도시의 한가운데 내성은 칼리파의 전용 공간으로, 중앙에는 원형 광장과 칼리파의 궁전이 자리했다.

높은 초록색 돔형으로 된 궁전 정문을 황금문이라고 부르며, 황금문과 나란히 대사원이 있었는데, 이곳에는 궁전 외에도 행정관청과 왕자들의 궁전, 친위대장 관사 등이 있었다. 내성에는 같은 거리에 사방으로 네 개의 성문이 있는데, 동쪽 문은 호라산문, 동남쪽 문은 바스라문, 서남쪽 문은 쿠파문, 서북쪽 문은 시리아문이라고 각각 명명했다. 외부에서 칼리파 궁전까지 가려면 해자를 지나 외성문 두 개, 주성문 두 개, 내성문 한 개까지 총 다섯 개의 문을 통과해야 했다.

원형 도시의 가장 바깥에도 약 6,4킬로미터의 성벽이 3중으로 둘러싸여 있었고, 성벽 위에 112개의 높은 탑과 4개의 성문이 배치되었다. 외성벽의 하부 토대 부분의 두께는 9미터이고 외성 밖으로는 너비 20미터의 인공호수인 해자가 설치되었는데, 해자로부터 맨 안쪽의 칼리

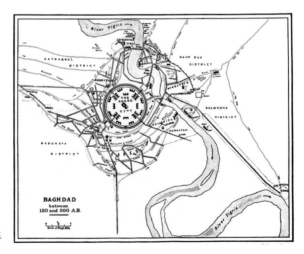

원형 도시 바그다드

3D로 복원한 원형 도시 모습

파 성까지의 거리는 56.9미터나 되었다. 거기서부터 방사상으로 뻗은
가로를 따라 상점가가 발달했다.

763년부터 시작한 공사는 착공한 지 3년 후인 766년에 완성되었다.
서민들은 원형 도시가 내부에서는 살 수가 없었으므로 원형 도시 성벽
의 네 성문에서 방사상으로 뻗은 사로를 따라 서민 거주 지역과 상점가
가 발달했다.

바그다드는 8세기 말에서 9세기경에 걸쳐 당나라의 수도인 장안, 동
로마제국의 콘스탄티노플과 함께 세계 3대 도시가 되었고, 인구도 200
만 명에 달했으리라고 추측된다. 해륙의 통상로가 그곳에 집중되고 아

프리카, 아시아, 북유럽 등지로부터 유입된 물자의 집산지가 되어 막대한 부가 축적되었다.

그러나 불행히도 서기 9세기 이후로 바그다드는 점점 쇠퇴하기 시작했다. 809년에 새로 등극한 칼리파 알 아민과 이복형제인 알 마으문의 권력 다툼으로 전화에 휩싸였으며, 836년 칼리파 알 아민 사후 중앙아시아 출신의 튀르크계 용병 세력에 의지해 등극한 칼리파 알 무으타심은 바그다드 시민들의 반감을 우려해 수도를 바그다드 북방 110킬로미터 지점에 있는 사마라로 천도했으며, 892년 칼리파 알 무으타디드 시대에 와서 다시 수도가 바그다드로 원상복구되었으나 그 후 부와이흐 왕조가 바그다드를 점령하면서 상당 부분이 내전으로 인해 폐허가 되었다.

이때 이후로 바그다드의 중심지는 티그리스강 서쪽의 원형 도시에서 티그리스강 동쪽의 도시로 옮겨졌으며, 동쪽의 바그다드에도 마찬가지로 튼튼한 성벽과 4개의 문, 하산궁, 타지궁, 수라야궁 같은 웅장한 궁전들, 마드라사와 사원, 칼리파들의 무덤들이 지어졌고, 10세기에 이르러 바그다드는 다시 전성기를 맞았다. 10세기 후반에는 바그다드 인구가 150만 명을 헤아리고 목욕장이 1,500개소, 의사 1천여 명을 보유한 대문명 도시로 성장했다.

200~300년간 태평성대를 누리던 바그다드는 1258년 몽골의 훌라구 칸이 12만 대군을 이끌고 쳐들어오자 맹렬히 저항했지만 결국 함락당했으며, 도시는 끔찍한 대학살과 약탈, 파괴에 시달려야 했다. 몽골군은 도시를 철저히 짓밟았고, 수백 년에 걸쳐 아름답게 건설된 도시는

순식간에 잿더미로 변했으며, '지혜의 집'에 소장된 서적들은 모두 불태워지거나 티그리스강에 던져졌다. 당시 최소 20만에서 최대 100만 명의 바그다드인들이 학살당했다고 한다. 이 재앙 이후 바그다드는 일한국 시대에 어느 정도 재건되어 다시 번성한 도시가 되기는 했으나 이전의 영광을 완전히 회복하지는 못했다.

그러던 14세기 또다시 티무르에 의해 대대적인 규모의 공격을 받아 도시는 다시 파괴되었으며, 16세기 이후 오스만제국의 지배에 들어갔다가 오스만제국의 지방도시로 20세기를 맞이한 바그다드는 1917년 영국의 통치 이후 1932년 이라크가 독립하면서 다시 이라크의 수도가 되었다.

이야기의 도시, 바그다드

아라비아반도에서 발현한 이슬람은 문학을 포함한 전반적인 문화에서도 당연히 아랍·이슬람적 성격을 벗어나지 못했다. 그러나 점점 이슬람제국이 지리적으로 팽창하며 다른 인종, 문화와 접촉하며 아랍 문화도 새로운 면모를 보이기 시작했다. 이런 변화는 내용과 형식에서 융합되고 발전한 국제적인 모습을 보이는데, 이런 양상이 절정에 달한 시대가 압바스왕조다. 그래서 흔히 압바스제국의 창설 시기부터 오스만제국에 의해 이집트가 정복되는 시기까지를 아랍 문학의 황금기라고 부른다.

우마이야왕조가 다분히 아랍인 우위의 폐쇄주의를 지향한 것과는 달리 문화 개방주의를 지향한 압바스왕조는 아랍인과 비아랍인, 무슬림과 비무슬림들을 차별하지 않고 페르시아나 그리스, 인도 심지어 중국의 문학이나 철학, 과학을 적극적으로 수용한 결과 이 시대의 이슬람 문학은 최고의 황금기를 맞이할 수 있었다. 자연스럽게 주제뿐만 아니라 장르도 다양해져 시와 더불어 산문이 활기를 띠었으며, 서민문학이 출현함으로써 아랍 · 이슬람 문학도 그 귀족성을 탈피해 서민들과 호흡할 수 있었다.

아랍 · 이슬람 문학이 압바스왕조에 이르러 전성기를 맞은 근원은 우마이야왕조의 영토 확장과 이슬람 전파에 따른 제국의 언어 통일에 있었다. 제국의 영토가 확대되고 여러 민족이 섞여 살자 그리스, 페르시아, 인도 등의 다양한 문화가 당연히 유입되었다. 특히 칼리파 등 고위층은 저명한 외국 서적을 아랍어로 번역하는 것을 적극적으로 후원했다. 아랍화 된 다른 민족들도 학술서뿐만 아니라 그들 고유의 관습이나 전통 등을 아랍어로 저술함으로써 산문 발달에 크게 이바지했다.

11세기에는 페르시아에서 이베리아반도에 이르는 지역에서 아랍어가 주요 일상 언어였을 뿐만 아니라 콥트어, 아람어, 그리스어와 라틴어 등 옛 문명 언어들을 대체한 중요한 문화적 도구였다. 피정복 국가의 민족들은 정복자와 가까이하거나 생계를 유지하기 위해 아랍어를 배우고 이슬람 종교를 받아들였다. 그들은 정치, 사회, 문화의 모든 분야에서 활동하면서 자신들 문화의 독특한 특징들을 이슬람문화에 도입했다. 다시 말해 압바스왕조의 문화는 주변의 그리스, 인도, 페르시아 문화들과 상호 작용하고 융화되면서 범문화적인 특징을 갖추었다.

이 시대의 최고의 문학적 유산은 우화집 《칼릴라와 담나》다. 이 책은 750년대에 아랍의 산문작가이며 철학자, 정치사상가인 이븐 알 무카파가 인도 설화집 《판차탄트라》를 아랍어로 번역한 것인데, 이븐 알 무카파는 원문에 얽매이지 않고 아랍·이슬람 사상에 맞춰 개작하는 한편 자신의 정치사상과 철학, 그리고 사회개혁 의지를 투영시켜 새롭게 재창작함으로써 아랍인들에게 귀중한 문학적 자산을 이루어냈다.

작품의 제목은 칼릴라와 딤나라는 두 마리 자칼의 이름으로, 동물 우화의 형식을 빌려 전개되는 이 작품은 꼬리에 꼬리를 물고 겹겹이 이어지는 독특한 이야기 방식을 통해 인간사의 온갖 측면을 흥미진진하게 펼쳐 보임으로써 인류의 보편적 교훈을 담고 있다. 즉 동물이나 새의 혀를 빌려 일반 사람들에게는 우정, 사랑, 말과 행동의 진실성, 손님 접대 등과 같은 삶의 지혜와 교훈을, 통치자들에게는 용기와 지혜, 약속, 절제, 정의 등과 같은 덕목을 알려주는 것은 물론 기존 통치자들의 폭정과 만행을 우회적으로 풍자하는 내용이 가득하다.

압바스왕조 시기에는 문학이 당대의 학문과 어우러져 다양한 형태의 작품 활동이 이루어졌다. 예를 들어 시 분야에서는 이븐 루미가 다양한 문화에 대한 풍부한 지식으로 아랍 시를 보다 이성적인 시로 만들었으며, 산문에서는 아랍 최고의 산문작가로 평가되는 자히즈가 여러 학문과 문화를 흥미 있는 문체로 문학 속에 융화시켰다. 그는 일반 서민들에게 친숙하고 쉬운 문체로 수전노와 도둑, 여성을 비롯한 일반 서민 계층에 대한 많은 이야기를 남겼다.

1220년에 그린 칼릴라와 딤나 삽화

압바스왕조 말기에는 구전되어 오던 영웅들에 관한 많은 이야기가 몇몇 작가들에 의해 편집되었다. 그중에는 '아랍인의 일리야드'라고 불리는 '안타라 전기'가 대표적으로, 이 이야기는 자힐리야 시대에 유명한 영웅이 되었던 안타라의 생애를 소재로 했지만, 자힐리야 시대의 전쟁이나 환경, 아랍인의 생활 모습 등을 생생하게 전하고 있어서 역사적 가치가 높이 평가된다.

한편, 중세 문학의 금자탑을 쌓아 올린 불후의 명작은 《천일야화》다. '아라비안나이트'라고 불리기도 하는 《천일야화》는 인도의 산스크리트어로 기록된 동물 우화들이 전래된 것으로, 페르시아어로 번역되고 이슬람 초기 약 8세기경에 아랍어로 번역된 것으로 보인다. 페르시아인들은 인도본에 나오는 인물의 이름을 모두 페르시아적인 이름으로 바꾸었고, 여러 개의 페르시아 이야기를 추가시켰다. 전편을 통해 허구와 실재의 세계가 뒤섞이고 인물도 역사상 인물과 가공의 인물이 수없이 등장하는데, 압바스왕조 제5대 칼리파인 하룬 알 라시드가 나오는 이야기가 가장 많은 수를 점하고 있다.

이야기의 무대는 바그다드가 가장 많고 카이로, 다마스쿠스, 바스라 등도 자주 언급되며, 동쪽으로는 중국, 서쪽으로는 이베리아까지도 등장한다. 《천일야화》가 바그다드와 이집트를 거치면서 여러 작가와 이야기꾼들에 의해 순수한 아랍 이야기가 덧붙여졌다. 동물 우화, 가공 설화, 역사 이야기 등의 내용을 담은 액자소설의 형태 구조로 언제, 어디서, 누구에 의해 쓰였는지는 알려지지 않았으며, 설화문학의 최고 인류 문화유산으로 대표되는 이슬람문화의 소산이라 할 수 있다.

《천일야화》는 한 이야기 속에 또 다른 이야기가 들어 있는 틀 이야기의 전형이 되는 작품이다. 틀이 되는 것은 샤흐라자드가 페르시아의 샤흐라야르 왕에게 매일 밤마다 들려주는 이야기들이다. 부정한 아내에게 속아 자신과 결혼하는 모든 여인을 처형시킨 페르시아의 왕이 재상의 딸이자 총명하고 지혜로운 여인 샤흐라자드가 들려주는 이야기에 매혹되어 1,001일 동안 샤흐라자드를 죽이지 않고 이야기를 듣는다는 내용이다.

1703년 프랑스의 A. 갈랑이 프랑스어 번역본을 낸 이후 세계적인 인기를 끌어 작가들뿐만 아니라 광범위한 민중에게 끝없는 흥미와 꿈을 심어주었다. 갈랑은 본래 《천일야화》에는 없었던 '알라딘과 이상한 램프', '알리바바와 40인의 도둑' 등의 이야기를 아랍어로 번역해 임의로 여기에 삽입했다.

학자들의 도시와 '지혜의 집'

750년 새롭게 탄생한 압바스왕조는 다분히 아랍적이었던 우마이야왕조와 달리 주변 문화를 자유롭게 수용하고 아랍의 전통문화를 기반으로 오리엔트, 그리스, 로마, 페르시아, 인도 문화를 흡수해 독창적인 이슬람문화를 발전시켰다. 정치적인 면에서도 아랍 사람들에게 특권을 부여하지 않고 바그다드에 살던 페르시아 무슬림들도 지배층이 될 수 있도록 하고, 무슬림이라면 아랍 사람이든 아니든 똑같은 세금을 징수

《바그다드 도서관의 학자들》(야흐야 알 와시티, 1237년)

했다. 이런 영향 아래 바그다드는 알렉산더대왕이 건설한 계획도시 알렉산드리아처럼 놀라운 속도로 학문의 중심지가 되어갔다. 이슬람 학문과 문화는 5대 칼리파인 하룬 알 라시드 시대에 가장 번성해 제국의 수도 바그다드는 세계 최대 도시로, 동서 문화가 집결하는 중심지였다.

특히 391년 기독교가 로마제국의 공식 종교가 된 이후 이교 그리스의 과학 서적은 서가에 방치된 채 먼지만 쌓였다. 그런데 압바스왕조 직전의 우마이야왕조는 다마스쿠스에 키자낫이라고 불리던 책 보관 창고가 있던 건물, 즉 오늘날의 도서관을 운영했다. 이 도서관에는 천문학에 관한 가장 중요한 페르시아 책들의 번역본들을 수집해 보관하고 있었다. 이런 전통은 이후 압바스왕조까지 이어져 압바스왕조의 5대 칼리파 하룬 알 라시드의 황실 키자낫은 규모가 상당했던 것으로 전해진다. 당시 키자낫을 목격한 중세 이슬람 과학사학자 이븐 알 키프티가 '지혜의 책들의 보고'라고 기록할 정도였다.

칼리파 하룬 알 라시드는 794년부터 2년간 바그다드를 확충 재건하면서 호라산 총독 바르마키드의 지원하에 중국과 사마르칸트뿐 아니라 기타 아랍 지역으로부터도 우수한 제지 기술자들을 징집해 관영 제지공장을 세웠다. 이 공장에서 질 좋은 바그다드 종이를 생산하자 호라산 총독 바르마키드의 동생이자 재상인 자파르는 일체의 정부 공문을 종이로 대체할 것을 명했다. 제7대 칼리파 알 마으문 시대인 830년에는 바그다드에 그리스·로마의 고전 번역을 전담하는 이른바 '지혜의 집'을 개설해 번역 사업을 대대적으로 전개했으며 이 영향으로 종이에 대한 수요가 급증했으며, 이를 계기로 제지술도 크게 개선되었다.

학문에 조예가 깊었던 알 마으문은 바그다드로 오기 전에 아리스토텔레스의 꿈을 꾸었던 것으로 전해진다. 그는 제국의 수도를 세계에서 가장 학문적으로 진보된 도시로 만들고 싶었다. 그러나 당시 바그다드는 그의 즉위 과정에서 동생 알 아민과의 내전에서 벌어진 공성전으로 곳곳이 파괴된 상태였다. 그는 바그다드 재건의 일환으로 페르시아, 이집트, 이라크 등지의 학자들을 종교에 상관없이 불러들여 합동 연구소를 설립하고자 했다. '지혜의 집'을 지을 장소를 물색하던 그는 근처에 종이 공장이 있고 이미 책이 수천 권이 비치된 선왕의 사설 도서관이 기도 한 알 하룬의 키자낫을 낙점하고 확장공사를 해 816년에 '지혜의 집' 완성을 선포했다.

그와 그의 후계자들은 종교와 민족에 상관없이 적극적으로 학자들을 모집했고 전국적인 호응을 끌어냈다. 제국 각지에서 몰려든 학자들은 '지혜의 집'에서 수많은 고대 그리스 서적들을 아랍어로 번역했고, 연금술을 연구해 근대 화학의 기초를 다졌다. 이곳에서는 '번역 운동'이라 알려질 정도로 번역 활동이 활발히 이루어졌으며, 황제를 보필하던 부유한 재상들을 위해 프톨레마이오스가 쓴 그리스 천문학 논문인 〈알마게스트〉가 번역되었다.

부유한 귀족들 역시 알 마으문의 학문 장려 정책에서 밀려나지 않기 위해 앞다퉈 사설 도서관을 짓고 천문대를 건설해 천문학자들을 고용하고 연구를 통해 지식을 발전시켰다. 이 영향으로 대학자들이 몰려들고 새로운 책들을 접하면서 '지혜의 집'은 기존의 전문 번역 기관을 뛰어넘어 수많은 인재가 편안한 조건에서 실험과 토론을 하는 집단 연구소로 거듭났다. '지혜의 집'은 4세기 이후 오리엔트 지방의 학문의 중심지로 번영했던 니시비스와 에데사의 학교를 계승, 발전시켜 학문 연구를 이어나갔는데, 당시 9~10세기 세계의 거의 모든 지식을 총망라했다고 해도 과언이 아니었다.

하지만 10세기에 압바스왕조가 부와이흐왕조와 파티마왕조의 발흥으로 실권을 잃으며 학자들에 대한 후원이 점차 줄어들었고, 결정적으로는 1258년에 몽골 군대가 바그다드를 함락한 후 대대적인 파괴를 자행해 인류의 보배였던 수많은 장서가 불타 없어졌다.

'지혜의 집'이 다루던 학문 분야는 수학과 천문학을 비롯해 의학, 화학, 지구과학, 물리학, 지리학, 지도 제작법까지 다양한 분야를 관장하고 있었다. 피타고라스, 플라톤, 아리스토텔레스, 히포크라테스, 유클리드, 갈레노스는 물론 고대 인도제국의 의사였던 수쉬루타까지 페르시아어, 인도어, 그리스어로 제작된 책들을 모두 받아들여 학자들이 그에 대한 지식을 쌓도록 했다. 학자들의 독자적인 연구를 통해 학문을 발전시키고 새로운 것을 발견하는 것도 장려했다. 때문에 바그다드는 당시 지혜와 학술의 산실, 중심지라고 불릴 만큼 학문적으로 많은 발전을 이루었다. '지혜의 집'이 배출한 유명한 학자 중에는 현대 대수학의 아버지라고 불리는 페르시아 출신 학자인 알 카와리즈미도 있다.

'지혜의 집'이 끼친 영향

'지혜의 집'을 통해 플라톤, 아리스토텔레스와 같은 대표적인 그리스 학자들의 저서가 그리스어에서 아랍어로 번역됨에 따라 아리스토텔레스의 철학, 히포크라테스의 의학, 프톨레마이오스의 천문학 등이 아랍어로 전파되기 시작했다. 이슬람 체계는 다양한 그리스 학자들의 저서에서 얻은 학술적 지식을 기반으로 꾸란을 재해석해 이성 중심적인 이슬람의 교리를 확립했다. 이슬람 세계에서 고대 그리스 학자들의 지식이 활발한 유입을 보이던 중세 시기에 유럽은 고대 그리스의 철학을 배척해 '암흑의 시대'를 겪고 있었다. 그러나 번역을 통해 흡수한 이슬람의 학문적 성과는 유럽의 신학 중심의 철학인 스콜라 철학의 탄생에 지대한 영향을 미쳤다.

'지혜의 집'의 연구와 번역은 14~16세기 유럽의 르네상스에도 막대한 영향을 끼쳤다. 르네상스에서 강조한 부분이 바로 고대 그리스 학문과 예술 정신의 부활이었기 때문이다. 신 중심적인 중세시대의 문화적 암흑기를 거친 유럽 사회는 고대 그리스·로마 문화의 부흥을 꾀했지만, 당시 유럽 세계에는 고대 그리스 학자들의 연구나 사상을 제대로 공부한 학자는 거의 존재하지 않았다. 이 결과 고대 그리스의 연구와 사상에 대한 수요와 관심이 증가했고, '지혜의 집'을 통해 이미 아랍어로 번역된 고대 그리스 철학이 라틴어로 다시 번역되는 역수입 현상이 일어났다. 이처럼 이슬람의 학문적 황금 번영기를 거쳐 번역된 서적들은 르네상스 운동이 가능하게끔 하는 학문적 밑받침이 되어주었다.

이런 시대적 상황에서 유럽 사회에서 명사로 대접받은 이슬람의 학자도 생겨났다. 서구 세계에서 아비시나라는 이름으로 더 친숙한 이슬람의 의학자이자 철학자 이븐 시나는 '의학의 아버지'로 널리 알려졌다. 그는 그리스와 아랍의 철학과 의학을 집대성했으며, 후대의 학자들에게도 막대한 영향을 끼쳤다. 당대 최고의 아리스토텔레스 주석가로 인정받았던 이븐 루시드는 유럽에서 아베로에스로 불렸다.

13세기 이탈리아의 시인 단테는 그의 유명한 저서 《신곡》에서 이븐 시나와 이븐 루시드를 소크라테스, 플라톤, 아리스토텔레스 등과 동급으로 묘사했고, 20세기 영국 철학자 버트런드 러셀은 이 두 사람을 빼놓고는 서양 철학이 연결되지 않는다고 했을 정도로 이슬람의 문명은 유럽 사회로 빠르고 의미 있게 전파되었다. 유럽이 종교적으로 이슬람을 배척한 것은 사실이었으나 그 당시 유럽의 학자들은 이슬람 세계를 자신의 스승과 학문적 동료들이 사는 곳으로 바라보았다.

세계의 과학사 흐름에서도 '지혜의 집'이 끼친 영향은 엄청나다. '지혜의 집'은 본래 외국 서적의 보관과 번역을 관장했다. 많은 서적이 팔라비어, 고대 시리아어, 그리스어와 산스크리트어로부터 번역되어 수학, 농학, 약학 그리고 철학에 대한 서적들이 아랍어로 옮겨졌다. 후에 유럽 사람들은 오히려 그리스어로 된 도서가 아닌, 아랍어를 라틴어로 번역하는 과정을 거쳐 과학에 대한 지식을 습득할 수 있었다. '지혜의 집'은 고대 그리스 철학을 바탕으로 유럽의 과학이 발전하는 데 다리와 같은 역할을 했다. 뉴턴, 아인슈타인 등의 과학자들에 의해 유럽의 과학혁명이 일어날 수 있었던 것도 아랍어로 번역된 고대 그리스 철학자들의 도서들이 남아 있었기 때문이다.

순교자의 땅, 마슈하드

이란 최대의 종교 도시

시아파 이슬람의 종주국 이란은 페르시아제국이라는 거대한 문명과 문화의 영화를 간직하고 있다. 역사와 문화 그리고 종교라는 거대한 우주를 품고 그 영광과 상흔들이 공존하고 있는 나라가 이란이다. 이란의 유수한 역사의 흐름 속에서 시아 이슬람의 아픔을 간직한 곳, 그러나 페르도우시라는 걸출한 페르시아 문학의 거장이 일군 흔적을 간직한 곳이 바로 이란의 마슈하드다.

이란 북동부에 위치한 마슈하드는 수도 테헤란에서 동쪽으로 850킬로미터 떨어진 지점에 있으며, 라자비 호라산주의 주도이고 테헤란에 이어 두 번째로 인구가 많은 도시다. 투르크메니스탄 및 아프가니스탄 국경에 가까워 19세기 후반부터 전략상의 중요 거점이 되었으며, 코페트다크 산맥의 남쪽 기슭, 카샤프강 남쪽 연안의 비옥한 평탄지에 위치하고 평균 해발고도는 975미터다. 예로부터 인도에서 테헤란, 오만 만에 이르는 동쪽으로는 메르브와 연결되는 고대 실크로드의 교역 중심 지이자 대상의 통로였다.

마슈하드는 9세기 이전까지는 별다른 두각을 드러내지 못하던 작은 마을에 불과했고, 북쪽의 투스, 서쪽의 니샤푸르가 이 지역의 중심 도시였다. 818년 시아 이슬람의 8대 이맘 레자가 압바스왕조의 칼리파 알 마으문과 함께 수도 바그다드로 귀환하는 도중 알 마으문에 의해 독살되어 이곳에 묻히면서부터 시아파의 성지로 중요성을 갖기 시작했다. 그 후 13세기 몽골 침략으로 니샤푸르가 황폐화되면서 마슈하드는 그 대체 도시로 성장했다.

이맘 레자의 비극적인 죽음은 시아 이슬람에서 순교로 인정되어 그때부터 도시의 이름은 아랍어로 '순교지'라는 뜻의 마슈하드로 불리기 시작했다. 15세기 티무르왕조부터 발전하기 시작한 마슈하드는 16세기 이란에 시아파왕조인 사파비왕조가 들어서면서 급속히 발전하기 시작했다. 사파비왕조 이후 등장한 아프샤르왕조의 창시자 나데르 샤는 마슈하드를 수도로 삼았다. 그럼에도 불구하고 마슈하드가 인구 면에서 이스파한이나 시라즈를 제치고 이란 제2의 도시로 성장할 수 있었던 것은 난민 때문이다. 1970년대 소련의 아프가니스탄 침공으로 발생한 아프간 난민들이 이란 국경을 넘어 마슈하드에 정착함으로써 인구가 급격히 증가한 것이다.

시아 이슬람의 종주국인 이란의 도시 중 유일하게 이맘의 영묘가 있는 도시 마슈하드는 이란 제1의 성지로 불린다. 이곳에는 많은 신학교가 있고 절기마다 순례객이 끊이지 않는데, 1년에 2,500만 명에 달하

마슈하드 이맘 레자 영묘의 야경

는 순례객들이 찾아오는 것으로 집계된다. 순니 이슬람의 성지인 사우
디아라비아의 메카를 순례한 사람을 '하지'라고 부르듯이 마슈하드를
순례한 사람은 '마슈하디'라는 호칭을 이름 앞에 붙인다.

　마슈하드는 명성답게 이맘 레자를 포함해 많은 유명인들과 연관이
있는데, 《천일야화》의 모델인 압바스왕조의 5대 칼리파 하룬 알 라시

드가 원정 중 사망해 마슈하드에 묻혔고 10세기 페르시아 문학의 대
서사시 샤나메의 작가 페르도우시와 11세기 유명한 이슬람 신학자 가
잘리의 무덤이 마슈하드 북쪽에 인접한 도시 투스에 있다. 또한 현대
시인 메흐디 아카반 살레스, 이란 최고의 전통 음악 가수 겸 작곡가 모
하마드 레자 샤자리안과 같은 많은 예술가들을 배출한 곳도 이곳 마슈

하드다. 그밖에도 이란의 2대 최고지도자 겸 3대 대통령인 알리 하메네이와 현 대통령인 에브라힘 라이시의 고향이 마슈하드다. 특히 에브라힘 라이시 대통령은 현재 이맘 레자 사원의 최고 이맘이자 마슈하드의 금요 예배 기도를 인도하는 아흐마드 알라물호다의 사위다.

도시 경제는 주로 이맘 레자의 영묘를 찾아오는 순례객들의 소비를 포함한 관광산업에 의존한다. 매년 2천만에서 3천만 명의 이란 순례자들과 200만 명 이상의 전 세계 순례자들을 맞이하기 위한 숙박업소가 즐비하다. 이란 전체 호텔의 55퍼센트 이상이 마슈하드에 있으며 공항, 전철, 버스, 택시 등의 대중교통도 잘 정비되어 있다.

시장을 중심으로 큰 상권이 형성되어 도시 경제에 크게 이바지하는데, 시장에서는 마른 과일, 소금에 절인 견과류, 샤프란, 이란 전통 과자 가즈와 소하안이 대량으로 판매될 뿐만 아니라 마슈하드산 터키석, 루비와 에메랄드가 박힌 복잡한 디자인의 은 장신구, 금 보석, 향수, 종교 기념품, 가죽 제품, 스카프, 카펫도 주요 품목이다. 또한 마슈하드는 이란에서 두 번째로 큰 자동차 생산 중심지이기도 하다.

2022년 기준 마슈하드 거주 인구는 330만 명이며, 도시 인구의 90퍼센트 이상이 페르시아계로 다른 민족 집단으로는 발루치계, 다리계, 하자리계, 쿠르드계 등이 섞여 살고 있다. 그러나 항상 이맘 레자 영묘를 중심으로 도시 내에 순례객들이 몰려와 이란어 외에도 아랍어, 우르두어, 펀자브어, 힌디어, 터키어 등 다양한 시아 무슬림 거주 국가의 언어가 넘쳐난다.

기후는 더운 여름과 추운 겨울이 있는 반건조기후의 특징을 갖고 있

이란 전통 과자 가즈

마슈하드에서 제작된 터키석 반지

으며 연간 강수량은 약 250밀리미터에 불과하다. 12월과 5월 사이에 대부분의 비가 내리고 겨울에는 가끔 눈이 내리기도 한다. 여름은 대개 덥고 건조하며 가끔 기온이 33도를 넘기도 하며 겨울은 시원하거나 춥고 다소 축축하며, 밤새 최저기온은 일상적으로 영하로 떨어진다.

마슈하드는 시아 이슬람이라는 종교와 순례객들이 조화를 이루는 다양한 문화의 중심지로 이란인의 정체성을 형성하는 데 가장 중요한 도시라고 할 수 있다.

마슈하드의 어제와 오늘

기원전 520년 아케메네스제국의 다리우스 1세의 다국어 비문인 베히스툰 비문에 기록된 고대 파르티아 도시 파티그라바나가 현재의 마슈하드로 추정된다. 이 지역에 관해 처음 언급한 서방 기록은 고대 그리스 자료로, 기원전 330년 알렉산더대왕이 페르시아 원정 때 머물렀던 수시아로 불렸다는 기록이 있고, 로마제국 초기에 제작된 포이팅거 지도에는 메르브의 서쪽에 있던 오늘날의 마슈하드가 수시아 대신 알렉산드리아라고 표기되어 있다. 또한 로마제국의 박물학자이자 《박물지》로 유명한 대 플리니우스는 그의 저서에서 마슈하드를 알렉산드로폴리스라고 기록했다. 서기 10세기부터 16세기까지 다수 이슬람 역사학자들도 마슈하드와 알렉산더대왕의 연관성에 신빙성을 더하고 있다.

서기 9세기의 마슈하드는 투스에서 24킬로미터 떨어진 사나바드라고 불리는 작은 마을에 불과했다. 사나바드에는 압바스제국이 파견한 호라산 지역의 총독 후마이드 이븐 카타바의 여름 별궁이 있었다. 808년, 압바스왕조 칼리파 하룬 알 라시드가 트란스옥사니아에서 일어난 반란을 진압하기 위해 가던 중 이곳에서 사망해서 후마이드 이븐 카타바의 별궁 아래에 묻혔다.

818년 시아파의 8대 이맘인 레자가 압바스 칼리파 알 마으문에게 살해되어 하룬 알 라시드의 무덤 곁에 묻혔다. 이때부터 도시 이름이 이맘 레자의 죽음을 순교로 여긴 시아파 무슬림들에 의해 마슈하드 알 리다로 바뀌었다고 전해진다. 그러나 마슈하드라는 도시의 이름이 10세기 후반의 아랍의 지리학자 알 마크디시에 처음 등장하는 것으로 보아 이맘 레자의 죽음 이후 어느 정도 경과한 다음 도시 이름이 마슈하드로 바뀌었던 것으로 추정된다. 이맘 레자의 죽음과 함께 마슈하드는 도시로서 본격적으로 성장했다. 그의 무덤을 찾아오는 많은 무슬림들로 인해 무덤 주위로 자연스럽게 건물과 시장이 생겨났고, 9세기 말에는 무

고우하르샤드 사원 내부

덤 위로 돔이 지어졌다.

1161년 셀주크왕조가 마슈하드를 점령했으나 종교 시설들은 파괴하지 않았으며, 1220년 몽골의 침략에 처참하게 파괴된 다른 도시들에 비해 하룬 알 라시드와 이맘 레자의 영묘가 있었던 마슈하드는 비교적 온전하게 보존되었다. 이는 몽골의 약탈로 삶이 피폐해진 인근 지역 사람들이 마슈하드로 몰려와 오히려 도시가 더 성장하는 결과를 낳았기 때문이다. 시간이 갈수록 마슈하드의 종교적 중요성은 커졌으며, 특히 1389년 티무르의 아들 미란 샤가 인근의 투스를 완전히 폐허로 만들자 마슈하드는 티무르제국의 주요 도시 중 하나로 발전했다. 1418년 티무르제국의 샤 루흐의 왕비 고우하르샤드는 막대한 자금을 후원해 이맘

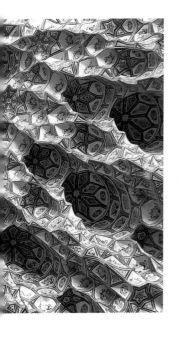

레자의 영묘 옆에 고우하르샤드 사원을 지었다.

16세기 사파비왕조에서도 종교 중심지로서의 마슈하드의 영화는 계속되었다. 18세기에 아프샤르왕조가 들어선 뒤 마슈하드는 나디르 샤의 통치 아래 왕국의 수도 역할을 하며 번영을 누렸다. 나디르 샤가 죽고 곧 아프샤르왕조가 멸망하면서 이전과 같은 번영을 더 이상 누리지는 못했다.

이후 건국된 잔드왕조가 시라즈로 수도를 옮기고 그 뒤를 이은 카자르왕조는 수도를 테헤란으로 정하면서 마슈하드는 수도의 지위에서 물러나야 했다. 1911년 헤라트의 유수프 칸이 마슈하드에서 독립을 선언하자 그 이듬해 러시아가 개입해 도시를 폭격했다. 1925년 세워진 팔레비왕조의 레자 샤는 1930년대부터 마슈하드에 근대화 계획을 펼치기 시작했다. 팔레비왕조는 급진적인 서구화 정책을 펼쳤고, 서구화만이 이란을 선진국으로 만드는 방법이라고 여겼다. 이런 서구화 계획에 따라 마슈하드에는 병원, 공장, 대학, 발전소가 세워지고 교통이 발달하게 되었다.

그러나 급속한 현대화, 세속화 정책에 시아파 성직자와 소상공인들이 거세게 반발했다. 성직자들은 팔레비왕조가 국가와 종교를 분리하기 시작하면서 자신들의 영향력이 줄어든 것에 반발했고, 소상공인들은 팔레비왕조가 서구식 대기업인 석유회사 AIOC(Anglo-Iranian Oil

이맘 레자 기념 병원

Company)를 밀어주며 특권을 주는 것에 대한 반발로 1935년 이맘 레자 성지에서 대규모 시위를 벌이자 팔레비 정부는 이를 잔인하게 탄압했다.

1941년 영국–소련 연합군의 이란 침공 이후에도 농촌 및 시골 지역의 치안 불안, 1948년 발생한 심각한 가뭄, 1949년 마슈하드대학교 설립 등의 이유로 마슈하드에 농촌 인구가 유입되어 끊임없이 거주 인구가 증가했다. 1965년에는 이란의 건축가이자 도시 설계가인 다리우시 보르보르가 이맘 레자 영묘 주변의 열악한 빈민가를 재건하기 위해 도

시 재생 및 개발 계획을 제안했다. 이 프로젝트는 1968년 정부의 승인을 받아 1977년에는 다리우시 보르보르의 주도 아래 도시 개발이 진행되어 낙후 시설들을 모두 철거했고, 철거한 사업체들을 이전하기 위해 메이단 광장에 바자르를 형성했다. 이처럼 야심차게 시작한 마슈하드 개발 프로젝트는 1979년 이슬람혁명 이후 무기한 연기 혹은 전면 취소되었다.

그러나 이란혁명 이후에도 마슈하드는 여전히 시아파 무슬림들의 성지로 순례객들이 끊임없이 찾는 도시로 꾸준히 성장하고 있다.

마슈하드대학교 의과대학

마슈하드 시내 테헤란 거리(1956년)

성스러움이 깃든 곳

이란을 이해하기 위한 가장 중요한 코드는 종교다. 이란의 정치, 경제, 사회 시스템이 시아 이슬람이라는 종교에 근간을 두고 있기 때문에 이란을 이해하려면 시아 이슬람을 알아야 한다. 시아파 이슬람의 중주국인 이란을 중심으로 이라크, 바레인, 레바논, 시리아 등은 시아파 이슬람의 핵심 국가들이다. 이란은 시아파 이슬람 사회에서 만형의 위치로 대부분의 시아파 이슬람 국가에 큰 영향력을 행사한다.

1501년에 건국한 사파비왕조가 시아파를 국교로 정하면서 이란은 본격적인 시아파 국가로 발전하기 시작했다. 그 후 500년 넘게 시아파의 종주국 역할을 하고 있다. 수도 테헤란 남쪽 147킬로미터에 있는 콤은 현재 시아파 이슬람의 영적 중심지로 시아파 선교의 기초가 되는 신학적, 이론적 연구가 가장 활발하게 진행되고 있다. 고유가 시절 막대한 재정 흑자를 시아파 이슬람 전파에 사용하던 이란은 1979년부터 지속적으로 혁명 정신 수출과 함께 시아파의 확장에 앞장서고 있다. 21세기 들어 연대하고 있는 이 지역을 흔히 시아 벨트 혹은 시아 초승달 지역이라고 부르며, 국제사회는 이들의 연합이 국제 관계에 미칠 영향에 대해 늘 촉각을 곤두세우고 있다.

무함마드 사후 이슬람 세계는 후계자인 칼리파 문제로 순니파와 시아파로 나뉘어 대립하고 있다. 시아파라는 명칭은 시아트 알리, 즉 '알리의 추종자'에서 유래되었다. 순니파에서는 정통 칼리파 중 4대 칼리파인 알리를 이슬람의 마지막 정통 칼리파로 여기고, 시아파에서는 그를 초대 이맘이자 유일한 정통 칼리파로 간주한다. 30여 년 동안 이어진 정통 칼리파 시대의 말기는 순니파와 시아파 간의 대립과 음모, 혼란과 반란이 거듭되는 시기였다. 661년 알리가 나자프의 한 사원에서 라마단 기도를 하던 중 한 소수 종파의 사주를 받은 자객의 칼에 암살당한다. 이 사건으로 알리의 추종자들은 시아파로, 기존 칼리파의 권위를 따르는 이들은 순니파라 불림으로써 무슬림 세계는 결정적으로 분할된다.

이맘은 순니파 무슬림과 시아파 무슬림들이 공통적으로 사용하는 말이지만 그 의미는 하늘과 땅 차이다. 순니파에서는 이맘을 종교적 집회나 예배를 인도하는 사람 혹은 예배 의식에 숙달된 존경할 만한 사람으로 여기며 누구든지 이맘이 될 수 있다. 이맘은 직업이 아니고 단순히 예배를 인도할 때만 예배 인도자로서 역할을 할 뿐이다.

하지만 시아파에서 이맘은 이슬람 세계의 세속적 통치자가 되는 독점적 권력의 소유자일 뿐만 아니라 이슬람 성법상의 문제에 절대적 권위를 가지는 최고 성직자를 의미한다. 이맘은 알라로부터 자신의 백성의 이끌라는 임무를 위임받은 존재로서 이맘 직은 예언자 무함마드 사후 무슬림 공동체의 최고직임을 의미한다. 그러므로 시아 무슬림들에게 이맘은 완전하며, 세상은 '신의 증거'인 이맘 없이는 잠시도 존재할 수 없다. 또한 시대마다 그 시대를 이끄는 이맘이 존재하며, 그는 예언자적 영혼을 소유하고 있다.

이런 신학적 배경을 가진 시아 무슬림들은 무함마드가 죽은후 현재까지 12명의 이맘이 인류에게 주어졌다고 믿는다. 그래서 12이맘과 사도 무함마드 그리고 그의 딸이자 1대 이맘 알리의 부인인 파티마를 포함한 14명은 죄가 없는 가장 고결한 인간으로 추앙받고 있다. 이들의 탄생일과 사망일은 특별히 기념해 지키는데, 특히 이맘의 죽음을 더 중요하게 여겨 이맘들의 무덤은 주요 순례 지역이 된다. 이런 이맘 숭배는 점차 시간이 지나면서 이맘의 가족들 숭배로 확대되었다. 이맘의 성결함이 이맘과 함께 사는 직계가족들에게까지 영향을 미쳐 가족들 역시 일반 사람들보다 더 깨끗하다는 인식이 생겨난 것이다. 그래서 이들을 위해 애도하고 기도하면서 신에게 중재해달라고 비는 민간신앙이 보편적으로 퍼져 있다. 그 결과 현재 이란 내에 약 1,100개가 넘는 성지가 생겨났고 그중에 가장 중요한 곳이 마슈하드다.

마슈하드는 12명의 이맘 중 이란에서 유일하게 이맘의 무덤을 소유한 도시다. 나머지 이맘들의 무덤은 이라크와 사우디아라비아의 메디나에 위치하고 있고 마지막 12대 이맘은 행방불명이다. 마슈하드는 8대 이맘 레자의 무덤이 있는 도시로, 매년 2,500만 명의 순례객들이, 다녀가는 메카를 제외하고 가장 큰 순례지다. 일반적으로 이란의 젊은 부부들은 결혼식을 한 후에 이맘 레자가 묻혀 있는 마슈하드로 신혼여행을 가거나 다른 지역으로 신혼여행을 가더라도 먼저 마슈하드를 들러 이맘 레자의 영묘를 순례한 후 여행을 떠난다. 젊은 시아파 부부들은 축복 된 결혼 생활을 이맘 레자에게 빌고 레자를 통해 알라에게서 오는 복을 받으려 한다. 이란인들 사이에서 이맘을 통해 복을 받으려는 열기는 상상을 초월한다.

이란 시아파 무슬림들은 그들의 성지 마슈하드가 영적으로 복을 받

을 수 있는 매우 특별한 장소라고 믿
는다. 그래서 이들은 현세와 내세의
축복을 위해 사후 마슈하드에 매장
되기를 바란다. 유대인이 예루살렘
의 올리브산에 묻히기를 기원해 미
리 땅을 구입하듯 이란인들도 너도
나도 마슈하드의 땅을 매입하는 통
에 이미 그곳의 땅은 구할 수 없을
정도라고 한다.

이들은 마슈하드가 신성하다고 믿
는 자신들의 믿음은 무함마드의 언
행록인 하디스에 근거한 것이라고
주장한다. 여기서 무함마드가 말한
'내 몸'은 그의 피를 이어받은 후손
이맘 레자를 뜻한다.

"내 몸의 일부가 호라산에 묻힐 것
이다. 그곳을 순례하는 자는 누구에
게나 하느님께서 천국 가는 운명을
주실 것이고, 그자의 몸은 지옥의 불
길에도 떨어지지 않을 것이니라. 또
한 슬픔을 안고 그곳에 가는 자, 하
느님께서 그 슬픔을 없애 주실 것이

이맘 레자 영묘에서 기도하는 여성들

니라."

이들은 알라가 특별히 이맘이 묻혀 있는 성지를 사랑해서 자주 모습을 보이며 그들의 외침에 더 잘 응답해준다고 믿는다. 그래서 이곳에서 자신들의 아픔을 치료받기를 원하고 그들의 소원이 응답 되기를 간절히 기도한다. 실제로 내부로 들어가 보면 무덤 주위를 돌면서 기도하는 사람들을 쉽게 볼 수 있으며, 무덤 주위를 둘러막아 놓은 기둥에 입을 맞추며 눈물을 흘리는 사람들을 볼 수 있다. 무덤을 보호하기 위해 주변에 만들어 놓은 구조물 사이로 사람들이 돈을 집어넣고 기도해서 주변에는 현금이 수북하게 쌓여 있다.

마슈하드의 순례 지역

이맘 레자의 영묘는 시아파에게 가장 신성한 장소 중 하나로, 마슈하드 도시 자체가 이 영묘를 중심으로 형성되었다. 이곳을 기점으로 후대의 무덤, 사원, 마드라사, 도서관, 박물관, 진료소, 시장 등이 복합적으로 건립되었다. 이맘 레자의 영묘에는 이란의 어느 종교 기관보다 큰 규모의 기부금과 기증품이 쌓인다. 성지를 참배하는 데 특별히 시간제한이 있지는 않지만 일반적으로 시아파의 기념일에 사람들이 붐빈다.

시아 이슬람의 제8대 이맘 레자 알리 알 리다는 766년 사우디아라비아의 메디나에서 제7대 이맘 무사 알 카짐의 아들로 태어나, 799년에는 35세의 나이로 부친에게서 이맘 직위를 물려받았다.

알 마으문이 이맘 레자의 이름을 새겨 발행한 동전

　815년 압바스제국의 칼리파 알 마으문은 시아파의 반란이 계속되자 시아 무슬림들의 마음을 얻기 위해 그들의 8대 이맘인 레자를 호라산의 메르브로 초청한다. 뿐만 아니라 압바스왕조를 상징하는 검은 깃발을 시아파의 상징인 초록색 깃발로 바꾸고, 동전에 이맘 레자의 이름을 새기고, 자신의 딸을 이맘 레자와, 또 다른 딸을 레자의 아들과 약혼시키며 정략결혼 정책도 꾀했다. 그리고 이맘 레자에게 차기 칼리파의 자리를 제안한다. 이맘 레자는 여러 번 거절하다가 817년에 알 마으문의 제안을 수락한다. 당시 51세였던 이맘 레자는 31세 알 마으문의 사후 그의 후계자가 되겠다는 제안을 받아들인 것이다.

　그러나 알 마으문의 바람과는 정반대의 결과가 이어졌다. 자신이 시아 무슬림들의 호의를 얻은 것이 아니라 이맘 레자의 인기가 날로 상승해갔다. 사람들은 예언자 무함마드의 후손인 이맘 레자를 만나기 위해 메르브로 몰려들었고, 바그다드의 압바스왕조 내부에서는 이맘 레자를 차기 칼리파로 임명한 알 마으문의 결정에 반대하는 세력들이 반란을 일으켰다.

818년 메르브에서 이맘 레자의 입지가 점점 높아지자 알 마으문은 수도 바그다드로 돌아가기로 결심하고 이맘 레자와 함께 바그다드를 향해 떠난다. 바그다드로 향하던 도중 알 마으문은 자신의 부친 하룬 알 라시드의 영묘에 참배하기 위해 마슈하드 외곽에 있는 투스에 잠깐 들른다. 투스의 한 모스크에서 기도하던 중 알 마으문은 은밀히 이맘 레자를 독살하라는 명령을 내리고, 이맘 레자는 포도에 든 독을 받아먹고 비운의 죽음을 맞는다.

알 마으문은 하룬 알 라시드의 무덤 곁에 이맘 레자를 묻고 죽음을 애도했으나 시아파 무슬림들은 이맘 레자의 갑작스러운 죽음이 알 마으문에 의한 순교라고 여겨 이맘 레자의 무덤이 있는 이 도시를 마슈하드라는 이름으로 부르기 시작했다. 또한 "이맘 레자 영묘 순례 한 번은 메카 순례 7만 번과 같다"라는 이맘 무사 알 카짐의 전승에 따라 곧바로 이맘 레자의 무덤은 페르시아 전역에서 사람들이 몰려드는 성지 순례지가 되었다.

마슈하드 지역에는 이맘 레자 영묘와 사원 외에도 다음과 같은 순례지들이 있다.

· 카제 라비 영묘: 호라산 지역 순니 무슬림들의 수호성인. 마슈하드 북쪽에 위치.
· 카담가 영묘: 이맘 레자의 발자국이 남아 있는 곳으로 니샤푸르에서 28킬로미터 떨어진 마흐무다바드에 위치.

· 하사맛 이븐 아인 영묘와 약수터: 현지인들은 '서약을 지키는 자' 라는 '카자 무라드' 로 부르며, 마슈하드에서 18킬로미터 거리에 위치.
· 카자 압바살트 하라브 영묘: 하사맛 이븐 아인 영묘로 가는 길을 따라 마슈하드에서 22킬로미터 되는 곳에 위치.

마슈하드와 같은 이슬람의 순례 도시들은 수 세대에 걸쳐 형성된 성직자들의 네트워크와 순례자들의 교류로 인한 동질감 형성으로 국적이나 인종을 뛰어넘은 강한 연대감을 형성하고 있다. 또한 금융 위기나 코로나19 같은 위기에도 순례객들이 쉽게 줄어들거나 연대감이 약해지지 않는 내구성 또한 지녔다. 무엇보다 다양한 민족이 한 자리에 모여 다양한 언어로 소통하는 다양성이 공존한다. 실제로 이맘 레자 영묘와 사원 내에서는 페르시아어 설교, 아랍어 설교, 우르두어 설교가 이루어지는 장소가 따로 마련되어 있다.

오랫동안 종교적인 관심이 집중되었던 도시답게 마슈하드는 종교적인 학습의 중심지로 자리매김했다. 시아 이슬람의 교리와 이슬람법 연구를 포함한 신자들을 위한 신앙생활 지침들이 부지런히 연구되기 시작했고, 학문을 장려하는 이슬람의 풍조에 따라 의학, 과학이나 이슬람 예술, 천문학 등의 발전이 이루어졌다. 1569년 마슈하드 병원의 외과 의사 이마드 알 딘 마수드 시라지는 유럽의 의학 사상을 공부한 후 매독에 대한 최초의 이슬람 논문을 썼다.

16세기의 사파비왕조를 거쳐 18세기 아슈라프왕조에 이르기까지 이맘 레자 묘당과 사원을 중심으로 많은 학교가 설립되었다. 특별히 시

압바스 바에즈–타바시

아 이슬람 학문을 연구하는 고등 기관을 호우제라고 부르는데, 많은 호우제들이 마슈하드에 생겨났고 레바논, 시리아, 예멘, 바레인, 중앙아시아 등에서 학생들이 몰려왔다. 현재 마슈하드에는 39개의 호우제와 2,300여 개의 신학교가 있다고 집계된다.

그중 마슈하드 호우제는 전통 이슬람 신학을 가르치는 고등교육 기관 중에서 가장 큰 곳에 속한다. 1979년부터 이곳의 학장을 역임한 사람이 압바스 바에즈 타바시로, 그는 이란에서 가장 영향력 있는 성직자 중의 한 명이다. 이곳의 학장을 역임한 인물들은 알리 하메네이, 아흐마드 알라물호다, 아볼가셈 카잘리, 모함마드 레이샤리, 모르테자 모타하리, 압바스 바에즈 타바시, 마흐무드 할라비로 하나같이 이란 내 유력 인사들이다.

또한 이란의 위대한 시인의 이름을 딴 마슈하드 페르도우시 대학교는 전 세계 외국인 학생 유치 비율 3위로, 레바논과 시리아 등 시아 이슬람 국가의 유학생들이 다수이지만 그 외 다른 나라의 학생들도 상당하다.

페르시아어 문학의 거장 페르도우시

마슈하드에 인접한 투스는 국가 서사시인 〈샤나메〉를 쓴 페르시아 시인의 이름을 따 '페르도우시의 도시'로도 알려져 있다. 아울러 시인 메흐디 아카반살레스, 이란 최고의 전통 가수 겸 작곡가인 모하 마드레자 샤자리안과 같은 주요한 이란 예술가들의 고향이다. 페르도우시와 아카반살레스는 모두 현재의 마슈하드의 발상지로 여겨지는 고대도시 투스에 묻혔다. 이런 예술적 유산을 높이 기려 2009년 이맘 레자의 순교 기념일인 10월 30일 당시 이란 대통령 마흐무드 아흐마디네자드는 마슈하드를 '이란의 정신적 수도'로 선언했고, 이슬람 교육과학문화기구(ICESCO)는 2017년 1월 24일 마슈하드를 아시아에 있는 '무슬림 세계의 문화 수도'로 지정했다.

마슈하드는 '페르시아어의 아버지'라 불리는 아불 카셈 페르도우시의 고향이자 그가 묻힌 곳이다. 페르도우시는 10세기에 활동한 시인으로 신화시대부터 7세기 사산왕조 대까지의 역사를 바탕으로 한 장편 서사시 〈샤나메〉를 썼다. '왕의 책'이라는 뜻인 〈샤나메〉는 페르시아의 고대 신화, 전설, 역사를 집대성해 5만여에 달하는 대구 형식으로 노래한 작품으로 불후의 명작이어서 유네스코 세계 문화유산으로 등재되었다.

페르도우시는 940년 사만왕조의 마슈하드 인근의 투스에서 지주의 아들로 태어났다. 그의 생애에 관해서는 알려진 바가 거의 없으나, 글을 읽을 줄 알며 같은 지주 출신이었던 그의 아내가 37세의 젊은 나이에 죽었다고 알려져 있다. 그의 아들 역시 젊은 나이에 세상을 떠났는데, 이런 그의 개인적인 슬픔이 그의 작품 속에 그대로 녹아 있음을 알 수 있다.

977년부터 가즈니왕조의 술탄 마흐무드에게 바칠 〈샤나메〉를 쓰기 시작해 1010년 3월 10일에 완성했는데, 35년의 세월에 걸쳐 80세의

마슈하드 인근의 페르도우시 무덤

노년에 이 대서사시를 완성한 뒤 당시의 관습대로 술탄인 마흐무드에
게 헌정해 보수를 받으려 했으나 마흐무드의 적은 보상에 실망해 술탄
마흐무드를 조롱하는 풍자시를 남기고 가즈나를 도망쳐 카스피해 연안
의 군소 왕조로 피신했다가 마흐무드의 분노가 가라앉은 후 돌아왔다
고 한다. 990년 초반에는 《구약성경》의 요셉을 주인공으로 한 로맨스
서사시집 《유수프와 줄라이하》를 썼다고 하지만 이 작품은 현존하지
않는다. 그 후 말년까지 계속 시를 쓰다가 1020년 중반에 사망했다. 훗
날 마흐무드가 페르도우시에게 보상을 적게 준 것을 후회해 금은보화

로스탐의 여정을 그린 7~8세기 벽화로, 펜지켄트에서 발굴되어 에르미타주 박물관에서 소장 중이다.

를 실은 낙타 떼를 몰고 페르도우시에게 가지만 그때는 이미 페르도우
시의 시신을 실은 마차가 떠난 후였다는 다소 드라마틱한 이야기가 전
해지고 있다.

샤나메가 유명해지자 그의 무덤을 찾는 사람들이 늘어났고, 페르시
아 문화의 영광을 재현하겠다는 팔레비 왕정의 야심찬 정책의 일환으
로 1932~1934년 대대적인 공사를 거쳐 현재의 거대한 대리석 영묘로
재건했다.

〈샤나메〉는 2,500년의 이란 역사 중 창세부터 7세기 이슬람의 침입
으로 멸망하기까지의 장대한 역사를 다루고 있다. 장구한 세월에 걸쳐
4개 왕조의 50명의 왕과 영웅호걸들 간에 펼쳐지는 탐욕과 파멸, 생명
의 이야기가 대서사시를 통해 펼친다. 〈샤나메〉에 나오는 첫 번째와 두

번째 왕조는 신화와 전설에 바탕을 두었고, 세 번째 왕조는 실제 사실에 전설이 혼합되었으며, 마지막에 등장하는 사산왕조는 대체로 역사에 바탕을 두고 있다. 〈샤나메〉에 등장하는 수많은 영웅담과 전투 이야기, 간간이 등장하는 사랑 이야기 등은 많은 예술가들에게 영감을 불어넣었다. 특히 화가들의 예술성에 불을 지펴 세밀화의 주제로 자주 등장했는데, 가장 인기 있는 이야기의 주인공은 '페르시아의 헤라클레스'라고 불리는 전설적 영웅 로스탐이다.

가상 왕국의 장군인 로스탐은 나라가 위험에 처할 때마다 단숨에 달려가서 용감하게 적군을 무찌른다. 그가 경험하는 모험, 사랑, 고통, 슬픔, 생명, 죽음의 여정을 따라가다 보면 인간사의 단면을 목도한다. 특히 로스탐과 그의 아들 소흐랍은 서로의 존재를 알지 못하고 살아온 탓에 운명의 장난으로 전쟁터에서 적으로 만나 결국 로스탐이 아들 소흐랍을 죽이는데, 이 이야기는 〈샤나메〉 중에서도 가장 비극적인 장면이다.

이런 모험담과 함께 몇몇 이야기는 이란을 넘어 타지키스탄, 튀르키예, 아프가니스탄 등 다른 지역에도 널리 전파되었다. 아울러 연극, 영화, 춤, 만화, 그림, 음악 등 여러 장르에 소재를 제공했으며, 영화로 제작되기도 한 고전 게임 '페르시아의 왕자'를 비롯해 여러 컴퓨터 게임 등의 IT산업과 결합해 늘 새로운 모습으로 등장한다.

1934년 팔레비왕조의 레쟈 샤는 마슈하드에서 국내외의 저명한 학자들을 초청해 약 천 년간의 페르시아 문학을 기념하는 페르도우시 밀레니엄 축제를 개최했다. 1949년에는 페르도우시의 이름을 딴 마슈하드 페르도우시 대학교가 설립되었다. 한편, 〈샤나메〉는 1979년 혁명으로 팔레비왕조를 축출하며 이란공화국을 건국한 이슬람 근본주의 정부에 의해 봉변을 당한 적도 있다. 페르도우시의 영묘 지하에 만들어진 〈샤나메〉를 내용으로 한 벽화들이 형상을 그려서는 안 되는 이슬람 원칙에 어긋난다는 이유로 파괴되었다가 복원되었다. 하지만 현재는 유아, 초등학생, 중·고등학생 교과서에 실려 활용될 뿐 아니라 페르시아 문화를 이해할 수 있는 중요한 자료로 주목받고 있다.

루미의 영성이
깃드는 시간,
콘야

종교적 영성이 가득한 곳

과거 이코니온이라고 불리던 튀르키예의 콘야. 《신약성경》에서 사도 바울이 바나바와 함께 한 제1차 전도 여행에서 안티오키아에 이어 먼지 가득한 사막 길을 걸어 찾아간 곳이 이코니온(〈사도행전〉 14장 1절)이다. 유대인들에게 돌에 맞아 죽을 뻔했고 많은 순교자가 믿음을 위해 목숨을 아끼지 않았던 곳이 이코니온, 현재의 콘야다.

콘야는 또한 이슬람 신비주의 종파 메블라나와 그 창시자 잘랄 알딘 루미의 도시다.

오라 오라! 당신이 누구이든!
방황하는 자, 우상을 숭배하는 자, 불을 섬기는 자,
아무것도 믿지 않는 자도 모두 오라, 내게로 오라!
약속을 어기고 맹세를 100번이나 깨뜨린 사람도 좋다.

콘야의 메블라나 영묘

오라, 언제든지 다시 오라.
우리의 길은 절망하는 길이 아니라
진리의 길이다.
그리고 용서하라, 또 용서하라.

관용과 상생을 통해 이슬람을 전하
고자 했던 루미는 무슬림이든 아니
든, 이교도나 무신론자들에게도 내민
구원의 손길을 통해 인류 공동체가
용서와 화해를 통해 함께 사는 지혜
를 제시하고자 했다.

기독교와 이슬람의 종교적 영성이
가득한 곳, 바로 튀르키예의 콘야다.
콘야는 중앙 아나톨리아 고원의 남서
쪽에 있는 튀르키예 중부의 주요 도
시이며, 콘야주의 주도다. 수도 앙카
라에서 남쪽으로 240킬로미터 지역
인, 튀르키예에서 가장 넓은 콘야 평
야에 자리하며, 2022년 기준 약 139
만 명이 거주하는 곳으로 튀르키예에
서 일곱 번째로 인구가 많은 도시다.
콘야주의 중심부에는 큰 화구호인 메

케 호수가 흐르며 남쪽 경계로는 타우루스 산맥이 둘러싸고 있다.

콘야는 지정학적으로 인류 문명의 본류인 아나톨리아 반도의 문명사와 맥락을 같이 했다. 신석기 시대에 조성되어 도시 이전 단계인 촌락 형태로 발전된 차탈회위크가 콘야에 있으며, 유프라테스강과 티그리스강 사이에 번성했던 메소포타미아 상류 문명으로서 고대 왕국은 물론 리디아, 그리스, 페르시아, 로마, 비잔틴 등 강대국들의 침략과 지배를 고스란히 경험했다. 서기 50년경에는 신약성경의 사도 바울과 바나바가 여러 차례 전도 여행을 했던 초기 기독교의 전통이 남아 있는 성지이기도 하다.

콘야는 비잔틴제국의 수도 콘스탄티노플에서 출발한 실크로드 대상들이 멀리 동방으로 가는 길에 들어서기 전 반드시 거쳐 가는 교역의 중심지였다. 11세기 이후 셀주크왕조 시기에는 수도로도 번성해 예술과 학문이 꽃을 피웠으며, 도심에서 만나는 유적들은 대부분 당시의 산물이다. 무엇보다 콘야는 메블라나라고 불리는 이슬람 신비주의 종단의 총본산으로 종교적 영성이 가득한 도시다.

고대와 중세 시대에 그리스어로 '양의 가슴'인 이코니온(Ikónion)이라고 불렸던 것이 후에 로마제국에서는 라틴어인 이코니움(Iconium)으로 음역되어 불렸다가 시간이 흐르면서 현재의 '콘야'가 도시 이름이 되었다. 일각에서는 이코니움이 아이콘(Icon)에서 유래했다고 주장하는데, 이는 영웅 페르세우스가 도시를 건설하기 전에 메두사의 머리 형상, 즉 아이콘으로 원주민을 정복했다는 고대 그리스 전설에서 유래한다.

튀르키예의 곡창지대인 콘야 평원에 나는 보리, 과일, 양모의 거래 및 가공지로서 콘야는 1990년대 초까지만 해도 전통적인 농업 도시였지만 지금은 중앙 아나톨리아의 새로운 공업 중심지로 성장을 거듭하고 있어 해마다 도시의 모습이 바뀌고 있다.

콘야주에 위치한 차탈회위크는 기원전 7000여 년경 신석기시대 후기부터 사람들이 정착하기 시작하며 한때 인구 5천여 명의 거대한 취락지가 형성되었다고 추측되며, 특이하게도 다닥다닥 붙은 거주지의 천장에 문을 뚫어 사다리를 타고 이동하는 구조로 도시 전체가 거대한 성채의 모습을 하고 있다. 벽화와 신전의 흔적, 발굴된 대지모신상을 통해 당시의 종교와 사회구조를 추측할 수 있는 귀중한 곳으로 유네스코 세계 문화유산에 지정되어 있다.

차탈회위크에서 발굴된 대지모신상

파괴 속에서 태어난 도시

콘야는 기원전 1500년경 히타이트의 영향을 받았고, 기원전 1200년 경 바다 민족에 점령당했다는 기록이 있는데, 여기서 바다 민족은 트로이전쟁 승리 이후 아나톨리아 동부로 세력을 확장하던 그리스 민족으로 추정된다. 기원전 8세기에는 프리기아인들이 중앙 아나톨리아에 왕국을 세웠다. 기원전 4세기 그리스 역사가 크세노폰은 이 프리기아왕국의 마지막 도시가 이코니움이라고 기록했다. 이 지역은 기원전 690년에는 킴메르인들에게 정복당했다가 후에는 다리우스 3세가 기원전 333년 알렉산더대왕에게 패배할 때까지 페르시아제국의 지배를 받았다. 알렉산더의 제국은 알렉산더대왕의 죽음 직후 해체되었고, 콘야는 셀레우코스 1세 니카토르의 통치 아래 놓였다.

고대 그리스제국 하에서는 페르가몬왕국의 통치를 받았는데, 페르가몬의 마지막 왕 아탈로스 3세가 후계자 없이 죽자 왕국은 로마제국에 편입되었다. 로마제국에 편입된 후 클라우디우스 황제 치하에서 도시의 이름은 클라우디코니움으로 바뀌었다가 하드리아누스 황제 통치 기간에는 콜로니아 아엘리아 하드리아나로 알려졌다.

성서의 〈사도행전〉에 따르면 서기 47~48년경 사도 바울과 바나바는 제1차 선교 여행 동안 이코니움의 유대인 회당에서 설교했다. 설교를 들은 유대인들이 분개해 돌을 들어 그들을 치려 하자 바울과 바나바는 리카오니아에 있는 리스트라와 더베로 도망쳤다. 그 후 약 50년경에는 바울과 그의 또 다른 동역자 실라가 바울의 제2차 선교 여행 중에 콘야를 다시 방문했고, 몇 년 후 제3차 선교 여행이 시작될 무렵에도 콘야를 찾았다. 이런 기독교 내의 중요성으로 콘야는 주교직이 부여되는 도시가 되었고, 370년에는 리카오니아가 대교구로 승격되어 리카오니아 첫 대주교로 성 암필로키우스가 임명되었다.

비잔틴제국 아래 콘야는 아나톨리아 군관구의 일부가 되었다. 8세기 아랍-비잔틴전쟁에서 콘야 외곽의 카발라 요새는 아랍 군대의 주요 공격 대상이 되어 잦은 공격에 시달려야 했다.

셀주크 투르크가 아나톨리아를 처음 공격한 것은 1069년 콘야였지만 2년 뒤인 1071년 만지케르트전투에서 승리한 후에 본격적인 셀주크왕조의 아나톨리아 지배가 시작되었다. 이에 노르만 용병 지도자 루셀 드 바일율이 콘야에서 반란을 일으켰고 1084년 셀주크는 마침내 콘야를 완전히 장악했다.

콘야는 1097년부터 1243년까지 셀주트왕조의 한 분파인 룸 셀주크 술탄국의 수도였다. 1097년 8월 십자군 부용의 고드프루아와 1190년 5월 프리드리히 바르바로사가 잠시 콘야를 점령한 적은 있으나 금세 다시 튀르크족의 손으로 넘어왔다.

룸 셀주크 제국은 잇즈 알딘 케이카부스 1세와 알라 알딘 케이쿠바드 1세 형제의 술탄 통치기에 번성했는데, 흑해와 지중해까지 진출해 교역에서 큰 이익을 얻었다. 이슬람 신비주의인 수피즘과 수피 문학이 꽃을 피운 것도 이 시기였다. 이슬람 세계의 새로운 중심지가 되면서 중동은 물론 북아프리카, 중앙아시아 등지에서 뛰어난 학자와 예술가들이 몰려들면서 바그다드에 이어 이 지역에 새로운 이슬람 르네상스 시

루미가 제자 후삼에게 사랑을 보이는 장면을 그린 페르시아 세밀화(1594년 작품)

대가 열렸다. 1273년에 설립된 이슬람 신비주의 메블라나 교단은 콘야의 상징이다. 콘야에서 가장 유명한 메블라나 박물관은 1274년 메블라나 창시자이며 수피 신비주의자 시인 잘랄 알딘 루미의 무덤이 조성되었던 것을 튀르키예공화국 시대에 박물관으로 변경한 곳으로 전 세계 관광객들의 관심과 사랑을 받고 있다.

12세기 후반 룸 셀주크 술탄이 동쪽에 있는 아나톨리아 공국들을 정복하면서 동부 아나톨리아에 대한 지배권을 확립하자 수도 콘야의 영향력은 정점에 이르렀다. 룸 셀주크왕조는 지중해와 흑해 연안을 따라 여러 항구도시를 점령했고 심지어 크리미아반도의 수닥까지 손에 넣었다. 룸 셀주크왕조의 황금기는 13세기 초까지 지속되었다. 페르시아와 중앙아시아 출신의 페르시아인과 페르시아화된 튀르크인들은 더러는 몽골의 침략을 피해, 더러는 교육받은 무슬림으로서 새로운 왕조의 수도에서 더 많은 기회를 누리기 위해 콘야로 몰려들었다.

그러나 룸 셀주크왕조의 전성기는 길지 않았다. 몽골제국의 아나톨리아반도 공격으로 룸 셀주크 시대는 종식되었고, 1442년 오스만제국 무라드 2세의 손에 넘어간다. 그 이후부터는 아나톨리아반도의 새로운 주인공이 된 오스만제국의 시대로 이어진다.

오스만 통치 하에서 콘야는 술탄 메흐메트 2세의 두 아들, 셰흐자데 무스타파와 셰흐자데 젬이 다스렸다. 1483년에서 1864년까지 콘야는 카라만 주의 행정수도였으나 1864년 탄지마트 개혁의 일부로 도입된 새로운 빌라예트Vilayet제도에 따라 콘야 빌라예트가 되었다.

1832년에는 카발라의 메흐메트 알리 파샤가 아나톨리아를 침공했고 콘야는 그의 아들 이브라힘 파샤에게 점령당했다. 유럽 열강의 도움으로 이브라힘 파샤를 쫓아냈지만 콘야는 그 후부터 쇠락의 길을 걷기 시작한다. 1837년 영국 여행가 윌리엄 해밀턴이 콘야를 방문한 후 1842년 출간한 《소아시아, 폰투스 및 아르메니아 연구》에는 당시 콘야를 '파괴와 쇠퇴의 현장'이라고 묘사하고 있다. 하지만 이러는 중에도 콘야의 섬유 및 광산업은 오스만 시대에 번창했다.

1919년부터 1922년까지 벌어진 튀르크 독립전쟁 동안 그리스 군대에 의해 점령되었다가 이후 튀르크 군대에 의해 탈환된 콘야에는 튀르크의 주요 공군 기지가 있었다. 1922년에 공군사령부로 이름을 바꾼 튀르크 공군은 콘야에서 지휘본부를 두고 작전을 수행했다. 1923년 그리스와 튀르크 간의 인구 교환이 이루어질 때 콘야 인근 실레 지역에 살던 그리스인들은 강제로 쫓겨나 난민이 되어 그리스에 재정착해야 했다.

1830년에 콘야 최초의 지방정부가 설립되었고 1876년에 시로 전환되었다가 1989년 3월에 광역시로 승격한 콘야에는 세 개의 중앙 지구 지방자치단체인 메람, 셀주클루, 카라타이와 대도시 지방자치단체가 있었다.

이 안에 루미의 영성이 깃들지니

셀주크 튀르크 시대의 또 하나의 특징은 학문과 사상의 발전이었다.

셀주크 술탄은 학자와 성자를 특별히 우대했기 때문에 주변 이슬람 국가에서 많은 지식인들이 아나톨리아로 유입되었다. 그러나 아랍어로 쓰인 꾸란은 비아랍권의 일반인이 배우기에는 너무 어려웠고 신이나 종교에 대한 지식에 접근하기가 거의 불가능했다.

이슬람의 다른 종파들이 교리나 지식을 강조할 때 이슬람 신비주의인 수피즘은 민중이 손쉽게 다가갈 수 있는 체험을 강조했는데, 당대의 대표적인 수피 사상가로는 무히 알딘 아라비, 사드르 알딘 코나비, 그리고 호라산에서 건너온 메블라나 잘랄 알딘 루미 등이 대표적인 인물이었다. 그들은 명상, 노래, 염원, 수도 생활 등을 통해 신을 만나는 다양한 대중적인 방식을 펼쳐 보였는데, 그중에서도 루미는 종교적 관용과 깊은 사랑을 전한 인류의 대스승으로 여겨진다. 투르크멘족 출신으로 페르시아어로 작품을 쓴 루미는 룸 셀주크 술탄의 요청으로 콘야로 와서 이슬람 신비주의의 중요한 갈래인 메블라나 수피즘을 가르쳤고, 오늘날 콘야는 메블라나 수피즘의 본거지가 되었다.

콘야에 발을 들이면 누구나 구도심을 가로지르는 메블라나 거리를 지나치는데, 콘야를 상징하는 대부분의 유적은 이 거리 주변에 밀집되어 있다. 메블라나라는 단어는 '우리의 주인'을 의미하는 아랍어 마울라나(Maulana)에서 왔으며, 이 종단을 창시한 루미를 가리키는 표현이다. 다음은 메블라나의 일곱 가지 가르침이다.

– 남에게 친절하고 도움 주기를 흐르는 물처럼 하라.
– 연민과 사랑을 태양처럼 하라.

- 남의 허물을 덮은 것을 밤처럼 하라.

- 분노와 원망을 죽음처럼 하라.

- 자신을 낮추고 겸허하기를 땅처럼 하라.

- 너그러움과 용서를 바다처럼 하라.

- 있는 대로 보고, 보는 대로 행하라.

루미의 깊은 영성과 삶에 대한 관조를 담은 시는 《마스나비》라는 시집으로 전해진다. 그는 30대부터 시를 짓기 시작해 꾸란 다음으로 많이 읽히는 불멸의 작품을 남겼다. 2행시가 2만5천 개, 총 5만 행으로 이루어진 《마스나비》는 일종의 서사시로, 분량으로만 봐도 유럽 고대 문학의 금자탑인 호메로스의 《일리아스》와 《오디세이아》를 합친 분량과 거의 맞먹고, 중세 유럽 문학의 자존심인 단테의 《신곡》을 능가한다. 무엇보다 《마스나비》는 아랍을 제외한 이슬람 세계 전역에서 실천적 신앙의 표본이 되었을 뿐만 아니라 이슬람의 대중화와 세계화에도 핵심적인 역할을 했다.

현재 《마스나비》는 여러 언어로 번역되어 읽히고 있으며 우리말로도 부분적으로 번역되어 있다. 내용의 핵심은 신에 대한 절대적인 사랑을 인간 사회에 은유적으로 표현한 것이다. 신에 대한 사랑, 인간과 인간의 사랑, 신과 인간의 합일에 이르는 다양한 방식을 다양한 소재와 은유로 풀어내고 있다.

이런 루미의 사상과 낮은 곳을 향한 사랑은 유럽 지성계에도 큰 영향을 끼쳤다. 16세기 르네상스 인문주의자 데시데리우스 에라스무스, 종

메블라나 박물관에 소장된 1490년판 《마스나비》

교개혁가 마르틴 루터, 17세기 빛의 화가 렘브란트, 18세기 작가 베토벤, 19세기 대문호 괴테도 직간접적으로 루미 사상의 영향을 받은 유럽의 지성이다. 지금도 그의 묘당이 있는 콘야에는 튀르키예 사람들뿐만 아니라 화해와 관용을 가르쳤던 그의 목소리를 듣기 위해 전 세계에서 순례객들이 몰려든다.

메블라나의 수행 방식은 빙글빙글 도는 세마 의식으로 유명하다. 이 회전 춤은 페르시아 문학의 시인이자 학자였던 루미가 창시한 이슬람 신비주의 수피즘의 독특한 기도 방식으로, 누구든지 이런 수행법을 통해 신의 의지를 경험하고 궁극적으로 신과 일체감을 이루면서 이슬람의 오묘한 진리를 체득할 수 있다는 것이다. 세마 의식을 시연하는 사람을 세마젠이라고 부른다. 그들은 오랫동안 메블레비하네라고 불리는 종단의 성소에서 은둔하며 훈련을 받는데, 여기에서 기도와 경전, 음악과 시와 춤을 익히면서 신앙과 관련된 윤리와 규범을 배운다.

콘야의 세마 댄스

　세마젠은 공연 전 오랜 시간 동안 금식하며 몸과 마음을 청결하게 한다. 두껍고 긴 흰색 치마에 검은색 망토를 두른 채 원통형의 모자 차림을 하고 무대에 오른 후 왼발로 짧게 돌면서 춤을 추기 시작하는데, 왼발에 중심을 두고 오른발을 이용해 몸을 돌린다. 눈을 뜨되 초점을 맞추지 않아서 형상이 흐릿하게 흘러가게 한다. 그리고 팔을 감싸고 허리를 숙여 몇 차례 서로 인사하고 우주를 향해 길을 떠나는 순례자처럼 머리를 한쪽으로 기울인 채 천천히 몸을 움직이기 시작한다. 이렇게 쉬지 않고 제자리에서 명상하듯 회전하다 어느 순간 음악이 빨라지면 무덤에서 나온 듯이 검정 망토를 벗어 던지고 본격적인 황홀경에 빠져든다. 마음 깊은 곳에서 신을 품고 자신을 비우는 것이다.

세마젠의 의상이 흰색인 것은 죽은 자에게 입히는 수위를 뜻하며, 검은색 망토는 무덤을 의미하고, 머리에 쓰는 긴 모자는 묘비를 의미한다. 이는 인간이 가장 겸손해지고 솔직해지는 죽음의 순간이야말로 신과의 합일을 느낄 수 있는 순간이라는 종교적인 의미를 담고 있다. 각각의 춤 동작에도 깊은 의미가 담겨 있는데, 팔을 양쪽으로 벌리는 것은 영적 합일을 뜻하며, 오른팔을 하늘을 향해 뻗는 것은 신의 은총을 받는 것을, 왼팔을 땅으로 뻗는 것은 신에게 받은 축복을 세상 사람들에게 나누어 준다는 의미다.

이 세마를 메블라나 수도사들인 메블라비의 의식으로 만든 것은 루미의 뒤를 이은 그의 아들 술탄 벨레드였다. 메블라나 종단은 춤추는 모임에서 바닥에 붉은 양가죽을 깔아 놓는데, 이는 루미에게 신의 깨달음이라는 불을 전수해 준 신비의 인물 샴스 알 딘 알 타브리지의 존재를 상징하는 것이다. 춤은 살람이라 불리는 네 개 동작으로 나뉘어 한 시간 정도 계속되다가 마지막에 정신적 스승인 피르가 춤추는 사람들 사이에 모습을 드러내며 마무리된다.

담백하지만 풍요로운 건축물

이슬람 신비주의의 고장답게 콘야 시내는 다른 튀르키예 도시들과는 확연하게 다르다. 거리의 여성들은 대부분 머리에 히잡을 쓰고, 길가에는 술집이나 유흥 시설이 거의 보이지 않는다. 이슬람을 철저히 신봉하는 그들은 하루 다섯 번의 예배를 중요한 일상으로 여기고 사원을 삶의 공간으로 생각한다. 콘야의 유적들도 화려함보다는 소박한 매력을 지닌다. 같은 이슬람 시대의 건축이어도 아야소피아나 블루 모스크 등 이스탄불의 건축은 이슬람과 기독교의 문명이 융합된 면이 강한 동시에 크고 화려하다면 콘야의 건축물들은 담백한 외형적 미를 추구하는 대신 그 매력을 소재의 다양성과 풍부함에서 찾을 수 있다.

콘야의 가장 대표적인 이슬람 건축으로는 루미가 묻혀 있는 메블라나 박물관 및 영묘다. 1274년 루미의 후계자가 영묘 위에 청록색 돔을 설치했고 1927년 세 개의 전시실을 가진 박물관으로 개조된 후 대중에게 공개되었으며, 이 안에는 루미의 저작, 수피즘 관련 유물, 오스만제국의 역사적 유물, 루미와 제자들의 영묘 등이 있다. 많은 무슬림들이 루미를 '우리의 지도자'인 메블라나라고 부르며 순례를 목적으로 루미의 영묘를 찾고 있다.

콘야 시내의 중심부에 위치한 알라 알딘 언덕에 우뚝 서 있는 건물은 알라 알딘 사원이다. 12세기 중반에서 13세기 중반 사이에 단계적으로 건설되었으며, 셀주크 궁전이 있는 언덕 꼭대기 성채 단지의 일부로 룸 셀주크왕조 술탄들의 기도 장소로 사용되었고, 안뜰에는 여러 술탄이 매장되어 있다.

사원의 출입구에는 여러 비문이 있는데, 이슬람력 617년(서기 1220년~1221년 사이)에 술탄 알라 알딘 케이쿠바드 1세가 완공했다는 비문이 자리하고 있고, 오른쪽의 또 다른 비문에는 사원과 영묘의 건축을 모두 책임진 인물 역시 같은 술탄이라고 쓰여 있다. 그리고 시리아 다마스쿠스 출신의 건축 기술자 무함마드 븐 카울란의 이름이 적힌 비문과 술탄 알라 알딘 케이쿠바드의 이름과 함께 사원 건축 책임자였던 아타벡의 이름이 적힌 비문도 있는데, 현재 콘야에 남아 있는 룸 셀주크 사원 중 가장 오래되었다.

당대 학문과 교양의 중심지답게 교육기관인 마드라사들도 많이 건설되었다. 그중 대표적인 것으로는 인제 미나렛 마드라사와 카라타이 마드라사가 있다. 인제 미나렛 마드라사는 13세기에 지어졌으며 화려한 입구, 돔형 안뜰, 가늘고 긴 장식용 벽돌 미나렛으로 유명하다. 인제 미나렛은 '가는 첨탑'을 의미하는데, 미나렛 대부분이 무너져 현재는 3분의 1 정도만 남아 있다.

건물의 입구 부분은 매듭 디자인이 아름답고 기묘하게 얽혀 있어 셀주크 예술의 특징인 섬세함을 자랑하고 있다. 건물 안뜰의 가운데는 분수가 있는 원형의 연못이 있어서 물이 소용돌이치며 흐르며 음악적인 물결 소리를 만들어내는데, 이는 마드라사에서 공부하는 학생들을 정서적으로 돕기 위한 것이다. 이 마드라사는 아름다움과 그 용도에서도 셀주크 시대를 대표하는 건축물로 유명하다. 과거에는 법학, 의학, 천문학을 가르치는 학교와 법원으로 사용되었으나 현재는 목공예품과 석공예품을 전시하는 박물관으로 이용되고 있다.

이와 비슷한 시기에 지어진 카라타이 마드라사는 콘야의 에미르(군주)였던 젤라레딘 카라타이가 셀주크 술탄을 위해 1251년 지은 것으로, 내부 장식 및 전체적으로 풍기는 인상은 인제 미나렛 마드라사와 비슷하다. 현재는 타일박물관으로 운영되어 12~13세기의 셀주크왕조 시대부터 오스만제국 시대까지의 타일과 도자기 등이 전시되어 있다.

화려함보다 수수함과 섬세함을 추구한 룸 셀주크왕조의 건축은 기하학적인 아라베스크 구성, 등잔, 꽃병, 주전자 등의 모티프, 화초, 수목 등의 문양을 장식에 많이 사용해 건축물의 출입문을 정교하게 조각하고 건물의 정보를 상세히 표기하는 등의 세심함을 보여주었다. 그 밖에 묘비나 와당, 문갑 등에도 이런 문양들이 다양한 형태로 묘사되었다. 셀주크 문양과 건축물은 오스만제국의 예술에 직접적인 영향을 끼쳤는데, 이 시기에는 석각 공예, 타일 장식, 목각 공예 등도 매우 발전했다.

동방으로 가는 길

1076년 술탄 술레이만 샤가 룸 셀주크 술탄국의 수도로 콘야를 정한 후 잠시 이즈니크로 수도를 옮긴 것을 제외

알라 알딘 사원의 정문

알라 알딘 사원 정문의 비문

하고 1308년까지 콘야는 아나톨리아의 정치 및 상업 중심지로 이름을 떨쳤다. 룸 셀주크 왕조는 1176년 클르츠 아르슬란 2세가 미리오케팔론전투에서 비잔틴군을 격퇴하고 아나톨리아에 대한 확고한 지배권을 확립하면서부터 기독교 세계와 이슬람 세계를 잇는 무역로의 거점을 장악한다. 특히 중개무역이 가져다주는 막대한 부는 왕조가 강성해지는 가장 중요한 토대가 되어 주었다.

십자군 원정은 일시적으로 셀주크 경제에 타격을 입혔으나 원정 이후 유럽 국가들의 동방무역이 활기를 띠면서 셀주크왕조의 통과무역이 더욱 번성했다. 멀리 중국에서 출발한 대상들이 실크로드를 거쳐 이 길을 따라 진귀한 물품을 실어 날랐고, 콘스탄티노플과 동아프리카의 교역품도 이 길을 따라 동방으로 전해졌다.

이런 상황에서 술탄들의 대외 정책은 안정적인 육상과 해상 교역로를 방어하고 교역을 장려하는 데 집중했다. 카라반의 보호뿐만 아니라 그들의 여행 편의를 위해 콘야를 중심으로 한 주요 교역로에는 30~40킬로미터마다 대상 숙소인 카라반사라이를 건립해 대상들에게 사흘간 무료로 숙식을 제공했다.

대상들이 편안히 쉬는 동안 교역품은 카라반사라이에 마련된 창고에 잘 보관해 정부 순찰대가 철저히 지키도록 했으며, 노상에서 해적이나 도적들로부터 교역품이 강탈당하는 경우 국고에서 보조금을 지급하는 보험 제도와 대상에 대한 신용대출 제도가 정비되었다. 룸 셀주크왕조에서의 수표 사용과 보험을 비롯한 금융 제도는 곧바로 중부 유럽에 소개될 정도로 왕조는 상업 장려 정책에 심혈을 기울였다.

당연한 결과로 왕조의 국제무역은 번창했고 동시에 농산물 생산 증대, 제조업과 광산 개발의 활성화와 같은 국내 산업 전반에도 긍정적인 파급 효과를 주었다. 13세기부터 염소 털이 모자나 의복의 제조를 위해 영국, 프랑스 등에 수출되었고, 카펫의 생산 및 수출도 증대되었다. 육상로의 거점 도시인 콘야, 카이세리, 시바스, 에르주룸 등의 인구는 각각 10만을 넘었고 해상 교역 도시인 안탈리아, 시노프 등지에는 여관이나 기독교 교회는 물론 이탈리아, 프랑스, 유대인들의 무역센터와 영사관이 개설되었다.

모든 길은 카라반사라이로 모인다

카라반은 낙타나 말에 짐을 싣고 사막을 건너다니며 교역을 하던 대상을, 카라반사라이는 이 대상과 교통수단인 말이나 낙타를 위한 숙소를 뜻한다. 카라반사라이는 단순히 대상들이 묵는 장소만이 아니라 인근 각지의 대상들이 서로 만나 문물을 교환하기도 하고, 세금을 걷기도 하고, 식량이나 물 같은 생필품을 사고파는 교역소이기도 했다. 또한 낙타의 등에 실려 있는 값이 많이 나가는 물건들을 노리는 도둑을 경계하며 태양이 내리쬐는 먼 길을 가던 상인들이 한시도 내려놓지 못하는 긴장을 잠시 늦출 수 있는 공간이었다. 즉 카라반사라이는 팍팍한 사막이나 초원 한가운데에 불현듯 나타나는 오아시스 같은 곳이었다. 오스만제국 시대에는 다마스쿠스에서 메카로 향하는 순례객들을 위해 많은 카라반사라이가 이 지역에 지어졌다.

전형적인 카라반사라이는 무거운 짐을 실은 낙타가 드나들 만큼 큰 입구를 통과하면 광장같이 널찍한 앞마당이 나오고, 그 앞마당을 둘러싸고 개인 숙소와 마구간이 마련되어 있었다. 우물에서는 마실 물을 긷기도 하고 씻을 수도 있으며 대형 카라반사라이에는 목욕 시설, 물건을 사고파는 상점도 마련되어 있었다. 기도하는 사원도 있었는데, 어떤 사원은 우물 위에 올려 지어진 것도 있었다. 룸 셀주크 왕조 당시에는 이런 카라반사라이가 무역로 상에 약 400개 이상이 있었으며, 현재는 호스텔의 조직망으로 약 100여 개가 남아 있다. 여름에는 입구에서 안뜰로 들어선 뒤 지붕으로 향하는 입구로 직행해 지붕 위 평평한 홀을 여름 잠자리로 이용하기도 했다.

그중 가장 큰 규모를 자랑하는 곳은 술하니 카라반사라이다. 이곳은 1229년 알라 알딘 케이쿠바드 1세의 명으로 시리아 건축가 무함마드 이븐 칼완 알 디마슈키가 콘야에서 서쪽으로 94킬로미터, 악사라이에서 40킬로미터 떨어진 곳에 지었다.

알라 알딘 케이쿠바드 1세는 건축가 무함마드 이븐 칼완 알 디마슈키에게 콘야에 사원을 짓게 한 후에 이곳에 카라반사라이를 지으라고 명령한 것으로 보인다. 입구 양쪽에 위치한 육각형 비문에는 이곳이 한차례 화재를 겪은 후 1278년 이 지방 태수인 시라즈 알딘 아흐마드 빈 알 하산이 복구했다고 쓰여 있는데, 이후에도 여러 번의 수리와 복구 공사를 거쳤다.

주재료가 석재인 대상 숙소의 외부에는 망루가 있어 언뜻 성처럼 보

술탄 하니 카라반사라이 정문

이기도 한다. 앞으로 튀어나온 대리석 대문과 탑을 합쳐 약 50미터 넓이의 전면은 건축물을 더욱 웅장하게 보이게 한다. 대상 숙소의 벽보다 조금 높고 앞으로 튀어나오게 건설한 대문은 두 가지 색상의 대리석을 교차로 배치해 아름다움을 더했고 대문의 양옆의 띠는 기하학 문양으로 장식했다.

내부에는 가로 44미터, 세로 58미터의 중정이 있고, 이 마당의 한가운데에는 다른 대상 숙소와 달리 기도 공간이 섬처럼 우뚝 솟아 있다. 사각형의 기도 공간은 네 개의 아치로 이루어져 있으며 내부의 벽감은 기하학 문양으로 장식되었다. 동편은 중정으로 되어 있고, 서편은 중정과 연결된 지붕이 있는 홀이 있다. 특히 이 대상 숙소에는 중정의 오른

편은 장식된 아치 갤러리가, 왼쪽에는 장식된 문이 달린 방들이, 중앙에는 네 개의 볼트가 있는 기도 공간, 더 안쪽에는 홀로 진입할 수 있는 대문이 보인다. 이 대문은 외부 대문과 달리 좀 더 단순하다. 아홉 개의 중랑으로 구성된 홀의 중앙에는 빛을 받을 수 있는 돔이 있고 돔의 외부는 팔각뿔 형태로 덮여 있다.

카라반사라이에는 원추형 지붕과 투박한 벽면 등 셀주크 시대 이슬람 건축물의 특징이 잘 살아 있어 후대의 건축 양식에도 좋은 표본을 제시해준다. 정교한 석각 예술로 꾸며진 대문 안에는 감탄사가 절로 나올 만큼 완벽한 시설이 갖춰져 있다. 침실과 목욕탕은 물론 식당과 찻집, 상점과 시장, 세탁소와 휴게실, 마구간과 시설 정비실 등을 갖춘 것으로 보아 당시 셀주크왕조의 무역에 대한 열의와 대상을 얼마나 예

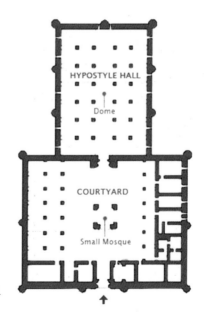

술탄 하니 카라반사라이 설계도

카라반사라이 안뜰의 작은 사원

우했는지 짐작할 수 있다.

당시 카라반사라이 중에는 왕족이 아닌 개인이 후원해 지은 것도 있었는데, 그중 가장 중요하고 화려한 곳이 바로 아으즈카라 하니 카라반사라이다. 입구의 비문에 적힌 기록으로 보아 건물을 덮고 있는 지붕 부분은 알라 알딘 케이쿠바드 1세 통치 기간인 1231년 6월에 완공되었고, 안뜰은 그의 후계자 케이쿠스로우 2세 재위 기간인 1240년 2월에 완공되었으며, 건설을 의뢰한 후원자의 이름은 압둘라의 아들인 마스우드다.

아으즈카라 하니 카라반사라이는 이 시기의 다른 주요 카라반사라이와 마찬가지로 내부 중정 공간과 실내 공간으로 구분되며, 중정 한가운데는 네 개의 기둥 위에 정사각형의 돌로 된 방이 놓여 있는 구조의 작은 사원이 있다. 계단을 통해 이 방에 오를 수 있게 설계되어 이후 건축된 많은 카라반사라이들의 좋은 표본으로 남았다.

정문은 돌로 장식한 조각으로 장식했고, 아치형 돌출구가 있는 건물의 외벽도 기하학적 무늬의 장식으로 덮여 있다. 정문을 통과해 중정으로 들어서면 사방으로 방이 늘어서 있으며, 건물 내부의 중앙 천정은 돔이 있는 아치형 구조로 되어 있었는데, 현재는 돔이 소실되어 남아 있지 않다.

#3

예술과 문화는 종교 안에 있다

문화의 진화 과정은 생명체의 진화 과정과 동일하다. 문화는 생명이 만들어낸 2차 부산물로 2차적 창조를 만들고 그렇게 다음 세대의 문화가 탄생한다. 유대인들은 특정 기하학의 조합이 영적인 힘을 갖는다고 믿었고, 초상화와 같은 인물화나 조각 등의 우상숭배를 엄격히 금지하는 이슬람 종교 문화권에서는 기하학적 무늬와 패턴의 반복과 조합을 예술로 승화시킨 아라베스크 문양이 발달했다.

인류 문명의
거대한 박물관,
이스탄불

유럽과 아시아가 만나는 곳

동양과 서양, 고대와 현대, 이슬람과 기독교 등이 만나 어우러진 곳, 신화와 종교, 사상과 예술이 융합되어 세계로 전파된 곳, 이곳이 바로 튀르키예의 이스탄불이다. 보스포루스 해협에서는 아시아와 유럽이 만나고, 하기아 소피아에서는 그리스정교회와 이슬람이 교차한다. 예바라탄 사라이에서는 그리스와 비잔틴이, 돌마바흐체 궁전에서는 유럽과 오스만튀르크가 포개진다. 한때 세계의 부를 거머쥐었던 곳, 잠들지 않는 마력의 도시 이스탄불은 지금도 변함없이 우리를 유혹한다.

이스탄불은 튀르키예의 최대 도시로 행정 구역상 이스탄불주에 속해 있고, 현재 유럽과 중동에서 가장 크고 전 세계에서는 다섯 번째로 큰 도시다. 또한 마르마라해와 흑해를 연결하는 보스포루스 해협을 가운데에 두고 아시아와 유럽 양 대륙에 걸쳐 있는, 세계에서 유일무이한 도시다.

튀르키예의 하기아 소피아

동양과 서양이 이어져 만나는 곳, 로마로 들어가는 관문이자 실크로드의 가장 서쪽이며 바스라와 바그다드로 이어지는 길목에 위치한 지정학적 중요성 때문에 이스탄불은 도시 전체가 유네스코 세계 문화유산으로 지정될 만큼 역사적인 유적이 가득하다. 고대 오리엔트문명과 그리스·로마 문화, 초기 기독교문화와 비잔틴문화가 가득하며, 여기에 오스만제국의 이슬람문화까지 더해져 한 도시 안에 다양하고 다채롭게 융합된 문화가 조화를 이루고 있다.

또한 열강들의 끊임없는 권력 투쟁의 중심지로서 이스탄불은 거의 1,600년 동안 여러 제국의 수도 역할을 담당해왔다. 330~1204년, 1261~1453년 동안 로마제국의 수도였고, 1204~1261년 동안 로마니아제국의 수도이기도 했으며, 콘스탄티노플의 함락 이후인 1453~1922년에는 오스만제국의 수도로 다양한 제국의 흥망성쇠와 운명을 같이했다. 1923년 근대 튀르키예공화국이 들어서면서 앙카라로 수도가 이전되었지만 여전히 튀르키예의 사회, 경제, 문화의 중심지이자 튀르키예 최고의 도시로 자리매김하고 있다.

지배자에 따라 도시를 부르는 이름도 바뀌었다. 이스탄불은 맨 처음에는 이 도시의 전설적 창건자 비자스의 이름을 따서 비잔티움이라고 명명되었다. 천년의 세월이 흐른 뒤인 330년 콘스탄티누스 대제가 로마제국의 수도를 이 도시로 옮기면서 공식 명칭은 새로운 로마라는 의미의 노바 로마로 바뀌었으나 '콘스탄티누스의 도시'라는 뜻의 그리스어인 '콘스탄티노폴리스'로 더 잘 알려지게 되었다. 그 후 1453년 오스만제국의 술탄 메흐메트 2세가 이 도시를 점령하고 수도로 삼은 후의 공식 명칭은 콘스탄티노폴리스의 아랍어 버전에서 유래한 코스탄티니예였다. 하지만 오스만제국의 공식 문서나 고위 관리 및 사령관의 직책 등에서는 이스탄불이라는 명칭도 병행해 사용되었는데, 이스탄불은 '도시로' 혹은 '도시에서'를 의미하는 그리스어에서 유래했다. 튀르키예에서 이스탄불이 공식 명칭이 된 것은 1924년부터다. 1918년 제1차 세계대전이 끝나고 연합군이 전쟁 주축국인 오스만제국의 수도였던 이 도시를 점령했을 때 이 도시의 소수 민족으로 남아 있던 그리스인들이 "여기가 콘스탄티누스의 도시 콘스탄티노폴리스다"라고 외치며 환호했고, 나중에 이 도시를 다시 탈환한 튀르크인들에게 콘스탄티노플 혹은 그 파생어인 코스탄티니예라는 도시 명칭은 부정적인 이미지로 남게 되었다. 결국 새로 건설된 튀르키예공화국이 1924년 이 도시 명칭을 이스탄불로 정하고 국제 사회에 공표했다.

이스탄불은 보스포루스 해협이 마르마라해와 만나는 골든혼 북쪽에서 시작되어 주변으로 확장했다. 뾰족한 모양의 작은 만이 석양에 비쳐지면 금빛 뿔처럼 보인다고 해서 붙인 이름인 골든혼은 이스탄불 도시 곳곳을 연결해주는 수로 역할을 하는 것은 물론이고 무역과 방어를 위한 최상의 조건을 제공해주었다. 동북쪽 흑해 방향으로는 아나톨리아 반도 북쪽에서 흑해를 따라 위치한 폰투스 산맥의 지류를 이루는 크고 작은 산들이 가로막고 있다. 흑해와 폰투스 산맥을 따라 형성된 북아나톨리아 단층은 이스탄불 앞바다인 마르마라해를 통과하는데, 이 때문에 이스탄불도 지진의 영향을 받는 곳이다. 1766년과 1894년 발생한 지진으로 이스탄불 역시 많은 피해를 입은 적도 있고, 최근에는 2023

년 2월에 튀르키예와 시리아에서 발생한 대규모 지진으로 사상자와 인명 피해를 포함해 막대한 피해를 입었다.

　도시의 전체 면적은 남쪽의 작은 섬들을 포함해 5,343제곱킬로미터다. 도시 중간에 위치한 보스포러스 해협이 유럽지구와 아시아지구를 나누는데, 유럽지구는 골든혼을 중심으로 서쪽의 구시가지와 동쪽의 신시가지로 나뉜다. 콘스탄티노플이 위치한 구시가지에는 수많은 유적들이 집중되어 있고 신시가지의 중심에는 탁심 광장이 위치해 있다. 아시아지구는 위스퀴다르, 카드쾨이 지역으로 나뉘며 수십 개의 작은 언덕으로 이루어져 있고 그중 가장 높은 언덕인 아이도스는 해발 537미터에 이른다.

　이스탄불은 마르마라해 해안선을 따라서는 지중해성기후를 보이고, 동쪽으로 흑해까지는 습한 아열대기후를 나타내며 동쪽의 높은 산지에서는 해양성기후가 나타난다. 일반적으로 겨울은 시원한 편이고 여름은 약간 더운 날씨를 보이지만 언덕이 많은 지형에 따라 약간씩 차이가 발생한다. 강수량은 연평균 849밀리미터 정도이지만 해안지대에서는 비가 적게 내리고, 동쪽 산간 지역에서는 1천 밀리미터가 넘는 강수량을 보이기도 한다. 흑해 쪽 지역에서는 호수가 만들어내는 수증기로 인해 겨울에 많은 눈이 내리기도 한다. 7월과 8월 기온은 22~23도 사이로 따뜻한 편이지만 간혹 40도를 넘길 때도 있다. 겨울에는 2월이 가장 추운데, 12월부터 3월 사이가 약 2.9~5.5도 정도로 온난한 편이지만 영하 10도 이하로 혹한의 추위를 보이는 일도 종종 있다.

　2022년 1월 기준 이스탄불의 인구수는 1,563만 명이다. 이스탄불은

1985년 유네스코 세계 문화유산에 등재되었고, 2010년에는 유럽의 문화 수도, 2012년에는 유럽의 스포츠 수도로 선정되었다. 2022년 한 해 동안 이스탄불을 방문한 외국인의 수가 1,600만 명을 넘어 세계에서 여덟 번째로 외국인 방문객이 많은 도시다.

번영이 불러온 탐욕, 그리고 현대로

전 세계 도시 중 '가장 도시다운 도시'를 꼽으라면 단연 이스탄불이다. 이스탄불이라는 이름조차 중세 그리스어로 '도시의', '도시에서'라는 뜻이다. 중세 유럽인들은 '도시'라는 단어를 들으면 자연스레 이스탄불을 떠올릴 정도였다고 한다. 기원전 7세기 중엽 사라이부르누라고 불리는 지역에 비자스가 이끄는 그리스 일족이 이주 정착하면서 도시의 역사가 시작되었다. 지도자의 이름을 따서 비잔티온이라고 불리던 이 도시는 그 후 교역의 요충지로서 가만히 있어도 저절로 재물이 몰리는 천혜의 항구도시가 되었다. 그 덕분에 거리는 늘 페르시아, 아라비아, 이집트, 이탈리아, 러시아, 북유럽, 북아프리카, 중앙아시아 등 전 세계에서 몰려온 상인들로 붐볐다. 바이킹들은 이곳을 '황금 수레'라고 부를 정도였다. 프랑스 시인 알퐁스 드 라마르틴은 19세기 초 이스탄불을 여행한 후 다음과 같이 기록했다.

"닻을 내린 채 끝도 없이 모여 있는 배들로 양쪽 해안 전체가 덮여 있었다. 큰 배가 놀랄 정도로 많았다. 닻을 내리고 있는 배가 있는가 하면, 돛을 단 채 보스포루스 해협이나 흑해나 마르마라해 쪽으로 나아가는 배도 있었다. 나는 큰 선박에서 작은 범선에 이르기까지 다양한 배들의 숫자를 세어 볼 엄두조차 내지 못했다. 런던 템스강에서도 그런 풍경을 찾아볼 수 없었다."

'세계의 부 3분의 2가 몰린' 이스탄불의 번영은 사방 모든 세력의 질시와 탐욕을 불러들였다. 지킬 힘이 있을 때 이 도시는 제국의 보고였으나 지킬 힘이 없을 때는 잔혹한 약탈의 대상이 되었다. 그리스, 페르시아, 마케도니아, 로마, 오스만 등 당대 가장 강한 세력만이 이곳을 차지할 수 있었다.

2014년 튀르키예 정부는 마르마라이 터널 공사 중 이스탄불 반도에서 신석기시대의 것으로 추정되는 유물을 발굴했다. 이로써 이 지역의 역사는 신석기시대로 거슬러 올라가게 되었다. 이 도시의 이름은 기원전 657년 그리스의 도시국가인 메가라의 왕자 비자스가 도시를 세우고 자신의 이름을 붙여 비잔티온이라고 명명한 것에서 시작된다.

기원전 512년에 페르시아의 다리우스 대제에게 점령되었으나 페르시아전쟁 후에는 아테네 동맹에 참여하면서 기원전 355년 독립 도시국가가 되었다. 기원후 73년에는 로마제국의 속주가 되면서 라틴어식으로 비잔티움으로 불리기 시작했다. 비잔티움은 2세기 후반 각기 황제를 칭한 다섯 황제의 싸움에서 시리아 총독 출신의 페스케니우스 니게르의 편에 섰다. 하지만 최종적으로 승리를 거둔 셉티미우스 세베루스에 의해 도시가 완전히 파괴되기도 했다.

324년 콘스탄티누스 황제는 로마제국의 수도를 로마에서 비잔티움으로 옮기고 도시 이름을 자신의 이름을 붙여 콘스탄티노플로 바꿨다. 395년 동로마와 서로마제국이 분리되자 콘스탄티노플은 자연스럽게 동로마제국의 수도가 되었으며 이후 콘스탄티노플은 로마처럼 도시계획이 진행되었다. 성벽이 보수되어 도시가 더욱 확대되었으며 로마처럼 수로가 놓였다. 476년 서로마제국이 멸망하자 콘스탄티노플은 동방정교회와 비잔틴문화의 중심지로 번성했다. 6세기 중반에는 세계에서 제일 큰 교회인 하기아 소피아 성당이 건축되었고 원형경기장이 건설되면서 콘스탄티노플은 유럽에서 가장 크고 부유한 도시가 되었다.

그러나 11세기 후반부터 콘스탄티노플은 활력을 잃고 쇠약해지기 시작했다. 1071년 동로마제국 군대가 아나톨리아 반도의 동쪽 만지케르트에서 셀주크 튀르크군에 대패한 이후 아나톨리아 반도 전체를 잃었기 때문이다. 콘스탄티노플이 발전한 배경에는 아나톨리아 반도와 유럽을 잇는 교역의 중심지라는 이점이 있었다. 하지만 만지케르트 전투에서 패배한 이후 콘스탄티노플은 경제적으로 쇠락해가는 동로마제국의 수도일 뿐이었다. 1204년에는 성지로 향하던 제4차 십자군이 콘스탄티노플을 점령해 로마니에제국이라는 국가를 건설하기도 했고, 1261년 비잔틴제국이 다시 콘스탄티노플을 수복하기도 했다.

14세기 중반부터 주변 도시들을 정복하고 비잔틴제국의 콘스탄티노플을 압박하던 오스만제국의 젊은 술탄 메흐메트 2세가 마침내 1453년 비잔틴제국을 멸망시키고 콘스탄티노플을 손에 넣었다. 메흐메트 2

세는 폐허가 되었던 도시를 다시 재생시켰는데, 당시 정교회의 하기아 소피아를 포함한 많은 교회와 수도원을 이슬람교의 사원으로 개조하는 한편 병원, 학교, 상업지구를 대거 건설하고 로마제국이 만든 수도를 보수하는 등 도시 인프라를 부활시켰다. 또한 피정복자였던 기독교도에게는 딤미 제도를 통해 일정한 자유를 보장해 도시에 계속 살게 해주는 한편 아나톨리아에 거주하던 이슬람교도들을 대거 이주시키는 등 외국인들을 자유롭게 받아들여 국제적인 도시로 변모했다. 각 구역에는 술탄이나 귀족 같은 유력자가 설립한 사원과 공공시설이 설립, 정비되었다.

이슬람교도에 의한 차별과 억압은 있었지만, 기독교인 교회와 유대인 회당도 어느 정도 유지되어 이스탄불은 이슬람을 신봉하는 튀르크인뿐 아니라 그리스인, 아르메니아인, 유대인, 서유럽 각국에서 온 상인과 사절 등 다양한 지역 출신 사람들이 어울려 살아가는 다문화 도시이자 동서 교역의 중심지로 도약했다. 하지만 이슬람문화의 중심이 이곳으로 옮겨졌기 때문에 콘스탄티노플에서 활동하던 동로마제국의 학자와 문인들 대다수는 이탈리아로 건너가 서유럽의 르네상스 시대를 여는 데 기여했다. 오스만제국에서 이스탄불은 '콘스탄티누스의 땅'이라는 뜻의 코스탄티니예 혹은 이스탄불로 불리며 수도로 지정되었다.

1478년 황제가 머무는 톱카프 궁전이 완공되었다. 톱카프는 '대포의 문'이라는 뜻으로 부지 면적이 모두 70만 제곱미터에 이르며 이후에도 증축과 개축을 반복하면서 중동과 유럽의 건축양식이 섞인 독특한 건축 양식을 선보였다.

1520년 즉위한 술레이만 1세의 치세 아래 오스만제국은 정치, 경제, 문화적으로 황금기를 맞았다. 1557년 건축가 미마르 시난이 설계한 술레이마니예 사원이 이스탄불 중심부에 건설되었다. 술레이만 1세의 이름을 딴 이 사원은 높이 54미터, 직경 27미터의 거대한 돔을 만들고 건물 네 귀퉁이에 세워진 미나렛 표면도 치밀하게 장식했다. 16세기 당시 이스탄불 인구는 70만 명에 달했다.

1616년에는 시난의 문하생인 메흐메트 아가가 건축을 담당한 술탄 아흐메트 사원이 완성되었다. 다른 사원에는 대개 네 개의 미나렛이 있는 데 비해 이 사원에는 여섯 개의 미나렛을 세웠는데, 이스탄불이 이슬람 세계의 중심이라는 점을 알리려고 메카에 있는 사원보다 더 많은 미나렛을 세운 것이다.

17세기 이후 서구 국가들의 주요 교역 활동 무대가 지중해에서 대서양으로 옮겨가면서 자연스럽게 지중해 도시들의 중요성이 약해졌다. 그러나 이스탄불은 여전히 서구 열강들의 중동 진출 거점으로 주목받았다.

19세기 마흐무드 2세와 그의 아들들의 탄지마트 개혁 정책을 통해 정치, 경제, 사회 개혁이 진행되었다. 구시가지의 파티흐 지구와 신시가지의 베이오을루 지구를 연결하는 다리가 골든혼 위에 건설되고 철도, 전기, 수도, 전화 등도 19세기 후반에 잇따라 설치되었다. 압둘 하미드 2세는 1876년 헌법을 제정하고 의회를 두어 입헌군주제를 선택하기도 했으나 2년 뒤 헌법을 폐지하고 의회를 해산했다.

20세기 초반 오스만제국은 내우외환에 시달렸다. 1911~1912년에는 이탈리아와의 전쟁에서 패배해 리비아의 트리폴리와 도데카네스제도를 잃었고, 1912~1913년에는 발칸전쟁에 참전했다. 1914년에는 제1차 세계대전에서 독일 편에 가담하며 패전한 후 1918년 11월부터 1923년 10월까지 영국, 이탈리아, 프랑스, 그리스 연합군과의 독립 전쟁 중에는 한 때 이스탄불이 점령당하기도 했다.

하지만 1919년부터 튀르키예 독립전쟁을 주도한 케말 아타튀르크는 1922년 술탄제도를 폐지하고 황제를 퇴위시켜 이듬해 튀르키예공화국을 건국했다. 새로운 공화국은 수도를 콘스탄티노플에서 앙카라로 옮기면서 콘스탄티노플은 튀르키예식 이름인 이스탄불이 되었다. 이로써 이스탄불은 1,600년 동안 유지되었던 수도의 지위를 잃었지만, 오늘날까지 여전히 튀르키예의 경제와 문화 중심지로서 발전해 튀르키예 제1의 도시가 되었다.

1940년대 후반부터 1950년대 초반에 이스탄불은 광장, 대로, 도로 등이 새로 건설되면서 현대화된 도시로 탈바꿈했다. 1970년대부터 아나톨리아 지방의 농촌 사람들이 이주하면서 이스탄불 인구는 급격히 늘어났고, 도시 외곽에 공장이 건설되기 시작했다.

두 문명의 조화와 융합

2006년 노벨문학상을 받은 튀르키예 작가 오르한 파묵은 이스탄불에서 태어나고 자란 토박이다. 그의 많은 작품 중 2003년 발표한 《이스탄불; 도시 그리고 추억》은 이스탄불이라는 도시가 세계적인 작가가 된 한 인물의 삶에 어떤 영향을 끼쳤는가를 탐구한 회고록 성격의 자전적 에세이집이다. 이 책에서 그는 이스탄불의 상징이자 아시아와 유럽의 교차로가 주는 치유의 힘에 대해 말한다. 아울러 그는 다른 여러 작품을 통해서도 이스탄불의 정체성이 서로 다른 두 문명의 조화와 융합에 있다고 주장한다.

동양과 서양, 고대와 현대, 이슬람과 기독교 등이 이스탄불에서 만나 함께 어우러졌다. 신화도, 종교도, 사상도, 예술도 이스탄불에서 잘 섞여 사방으로 전파되었다. 보스포루스에서는 아시아와 유럽이 만나고, 하기아 소피아에서는 그리스정교회와 이슬람이 교차한다. 예레바탄 사라이에서는 그리스와 비잔틴이, 톱카프 궁전에서는 중국과 오스만튀르크, 돌마바흐체 궁전에서는 유럽과 오스만튀르크가 포개진다.

보스포루스 대교는 보스포루스 해협에 있는 두 개의 현수교 가운데 하나로 공식 명칭은 '7월 15일 순교자의 다리'다. 튀르키예에서는 '제1다리'로 부르는 이 다리는 유럽의 오르타쾨이와 아시아의 베일레르베이를 연결해준다. 보스포루스 대교는 두 개의 주탑이 있는 현수교다. 다리의 상판은 지그재그로 연결된 케이블이 지지하고 있으며 다리의 길이는 1,560미터이고 폭은 33.4미터다. 주탑 사이의 거리는 1,074미터며 높이는 165미터, 다리 상판의 높이는 64미터다.

1973년 완공 당시 보스포루스 대교는 세계에서 네 번째로 주탑 간의 거리가 먼 다리였다. 당시 주탑 간 거리가 가장 긴 현수교는 1964년 완공된 미국 뉴욕의 베라자노 내로스교로 1,298미터였다.

보스포루스 대교가 만들어진 이후 두 번째 다리는 1988년에 완성했는데, '제2의 보스포루스 대교' 혹은 '파티흐 술탄 메흐메트 대교'라고 불린다. 1453년에 비잔틴을 정복했던 메흐메트 2세의 이름이 상징적으로 다리에 붙여진 것이다.

그리스어로 '성스러운 지혜'를 뜻하는 이름을 가진 하기아 소피아는 1453년 메흐메트 2세가 콘스탄티노플을 점거하기 직전까지 그리스정교회의 총본산이었다. 360년 동로마제국의 콘스탄티누스 2세가 건립한 후 404년과 532년의 두 차례에 걸친 화재로 큰 피해를 입었으나 537년 유스티니아누스 1세가 원래의 건물보다 훨씬 더 화려하고 아름답게 재건했다. 헌당식 날 하기아 소피아의 아름다움에 감동한 유니티아누스 1세가 "솔로몬이여, 내가 그대를 이겼도다!"라고 외칠 정도였다고 한다.

콘스탄티노플을 점령한 오스만제국

하기아 소피아 내부 돔

의 술탄 메흐메트 2세는 곧장 하기아 소피아로 향해 그 자리에서 이곳을 사원으로 개조하겠다고 선언했다. 거대한 돔형의 지붕을 얹은 하기아 소피아는 사실 사원으로 바로 사용되기에도 구조에는 무리가 없었다. 미흐랍과 미나렛을 설치하고 이슬람에서 우상으로 여기는 모자이크와 프레스코 벽화들을 지우기만 하면 그뿐이었다. 벽화들은 천으로 덮여 있다가 메흐메트 2세의 증손자인 술레이만 1세 때 회벽으로 덮였으며, 처음에는 임시로 쓰기 위해 소박하게 만들어졌던 미나렛도 11대 술탄 셀림 2세 시대에 웅장한 네 개의 미나렛으로 완성되었다.

1923년 튀르키예공화국이 수립되었을 때 유럽 각국은 하기아 소피아의 반환과 종교적 복원을 강력하게 요구했다. 이에 무스타파 케말 아타튀르크는 하기아 소피아에서 모든 종교적 예배를 금지하고 하기아 소피아 사원을 박물관으로 지정했다. 그러나 2020년 7월 10일 튀르키예 최고행정법원은 하기야 소피아를 박물관으로 전환하기로 한 1934년 내각회의 결정을 무효화했고, 레제프 에르도안 튀르키예 대통령도 같은 날 하기아 소피아의 이슬람 사원 전환을 공식화하는 행정명령을 내렸다. 현재는 하기아 소피아 그랜드 모스크로 사용되고 있다

이스탄불을 처음 세운 것은 기원전 7세기경 지중해와 흑해에서 활발한 해상무역을 하던 그리스인들이었다. 그들이 세운 아크로폴리스의 흔적이 지하 물 저수지인 예레바탄 사라이에 남아 있다. 터키어로 '땅으로 꺼진'이라는 뜻의 예레바탄 지하 저수지는 6세기 비잔틴제국의 유스티니아누스 시대에 만들어졌다.

역사적으로 중요한 도시였던 콘스탄티노플은 외적의 침략으로 성이

포위된 적이 많았다. 장기간 포위될 때마다 문제가 되는 것은 식량난과 식수난이었다. 또한 50만 이상의 인구를 갖고 있었기에 평상시에도 식수 문제가 큰 골칫거리였다. 이를 해결하기 위해 이스탄불 북쪽으로 19킬로미터 떨어진 벨그라드 숲으로부터 수로를 건설해 도시 곳곳에 있는 지하 저수지에 물을 공급했다. 지금도 이스탄불 곳곳에는 물을 공급하기 위해 건설했던 수로가 남아 있다. 비잔틴제국 시대에는 성당 저수지라고 불렸는데, 원래 이 자리에 하기아 소피아 성당과 마주보는 큰 성당이 있었기 때문이다.

저수지의 규모는 대략 길이가 138미터, 폭 65미터로 총 면적은 9,800평방미터이며 높이는 8미터에 달해 약 8만 입방미터의 물을 저장할 수 있었다. 12개의 기둥이 28줄로 늘어서 있어서 총 336개의 기둥이 아치 형태의 천정을 떠받치고 있다. 다양한 양식의 기둥들로 보아 저수지를 건설하기 위해 별도의 기둥을 만든 것이 아니라 고대 그리스·로마 신전 등과 같은 큰 건물에서 기둥을 가져와 이 저수지를 건설했다는 것을 알 수 있다. 이오니아 및 코린트 양식의 기둥이 주를 이루며 도리아 양식의 기둥은 소수에 불과하다. 336개의 기둥 가운데 특이한 기둥은 눈물 모양의 돋을새김을 한 기둥인데, 역사 기록에 의하면 저수지 건설 공사 중 희생당한 수백 명의 인부들을 애도하는 눈물을 표현한 것이라고 한다.

저수지의 북서쪽 모퉁이에 가장 흥미를 끄는 두 개의 기둥이 서있다. 메두사의 조각이 새겨져 있기에 '메두사의 기둥'이라고 불리는데, 이 기둥을 어디에서 가져왔는지 그리고 무슨 목적으로 메두사를 거꾸로

예라바탄 사라이

뒤집힌 채 놓은 메두사 얼굴

세워 놓았는지 알려진 바는 없다. 단지 그 조각 양식으로 보아 로마 시대 후기의 건축물에서 뽑아온 것으로 추측될 뿐이다. 저수지는 4미터 두께의 벽으로 둘러싸여 있는데, 그 표면을 모르타르로 방수 처리해 저수지에 불순물이 스며들거나 저수지 물이 누수되는 것을 막았다. 유명한 007 시리즈 영화 중 〈나를 사랑한 스파이〉의 일부 장면이 이 지하 저수지에서 촬영되기도 했다.

이스탄불의 '자금성'과 '베르사유궁전'

이슬람의 명소 중 톱카프 궁전은 15세기 중순부터 19세기 중순까지 약 400년 동안 오스만제국의 술탄이 거주한 궁전으로, 이스탄불 구시가지 남쪽 끝의 사라이부르누 반도, 보스포루스 해협과 마르마라해, 골든혼이 합류하는 지점이 내려다보이는 언덕 위에 세워져 있다. 총면적은 231만 제곱미터이며 궁전 성벽 길이만도 5킬로미터나 된다. 궁전 입구 양쪽에 대포가 배치된 것에 연유해 톱카프 궁전으로 불렸다. 톱은 '대포'라는 뜻의 페르시아어이고 카프는 '문'이라는 뜻의 터키어다. 이 궁전은 완공 이후에도 400년 동안 끊임없이 단장과 증축을 반복하다가 1924년 박물관이 되었다.

세 개의 문과 그에 딸린 네 개의 넓은 중정을 가지고 있으며, 신분과 권력에 따라 궁궐의 어느 정도까지 진입할 수 있는지가 정해졌고 술탄의 총애를 받는 극소수만이 제4중정까지 들어가 파빌리온과 튤립정원

톱카프 궁전

을 즐길 수 있었다.

　궁전 안으로 들어가는 첫 번째 문은 바브 휘마윤이라 불리는 '황제의 문'이다. 이 문을 지나면 넓은 제1중정이 나오는데, 이곳에는 환자를 진찰하는 진료원, 궁정에 땔감을 공급하기 위한 장작 저장소, 가난한 백성들에게 무료 급식을 하는 구휼원 및 제빵소 등이 있었고 일반 백성들의 출입이 가능했다. 두 번째 문은 바브 알 셀람이라 불리는 '경의

의 문'이다. 이곳의 제2중정에는 대신들이 국사를 논하던 디반과 황실
에 요리를 제공하는 거대한 규모의 궁전 주방이 있다. 여기부터는 일반
백성의 출입은 불가능하다. 세 번째로 바브 알 사아데라 불리는 '행복
의 문'은 술탄과 측근만 통과할 수 있으며, 문 뒤편의 제3중정에서는
술탄의 즉위식이 거행되었다. 세 번째 문 안쪽 공간에는 오스만제국 시
대의 각종 보석과 보물을 전시한 보석관, 외국 사절을 맞는 접견실, 황

두 번째 경의의 문

실 도서관 및 술탄의 시중을 드는 내시 및 시동들의 숙소가 있었다. 제3중정 북쪽의 높은 담장 너머에는 술탄의 여인들과 가족이 거주하는 하렘이 있었다. 하렘은 술탄과 황실의 남성을 제외한 남성 출입 금지 구역으로 약 250여 개의 방이 있다. 오스만제국 전성기였던 술레이만 1세 시대에는 하렘에 사는 이들만 1천 명에 이르렀고, 군주가 마음에 드는 여인이 있는 곳으로 가는 비밀 통로도 있었다. 엔데룬이라고 불리는 제일 안쪽의 제4중정에는 술탄을 진료하고 약을 처방하는 주치의의 약방과 술탄이 휴식을 취했던 여러 개의 정자가 있었다.

톱카프 궁전은 규모와 구조 등 여러 부분에서 중국의 자금성과 종종 비교되는데, 현재의 규모는 많이 축소되었으나 처음 지어질 당시의 규모는 자금성과 비슷했다. 톱카프 궁전에는 특이하게도 중국 도자기들이 곳곳에 많이 진열된 것을 볼 수 있다. 특히 궁전 주방을 동양 도자기 전시관으로 개조해 14~16세기 중국과 일본에서 수집

제2중정과 디반

한 도자기들을 전시하고 있는데, 중국산 도자기를 무려 1만350점이나 소장, 전시하고 있다.

톱카프가 자금성과 비교된다면 돌마바흐체 궁전의 모델은 베르사유 궁전이다. 이 궁전은 이스탄불을 근대화하려는 노력의 일환으로 술탄 압둘메지트 2세가 1842년에서 1853년에 걸쳐 완공했다. 유럽의 건축 양식인 바로크 양식, 로코코 양식 및 신고전주의 양식과 오스만제국의 건축 양식이 잘 융합된 디자인으로 건축되었으며, 장식에 들어간 금이 14톤, 은이 40톤이나 될 정도로 현존하는 궁전들 중 가장 화려하다는 평가를 받는다.

면적은 1만5천 제곱미터이며 방 285개, 연회장 46개, 터키식 목욕탕

하렘의 내부

대연회장 돔 천정과 샹들리에

6개, 화장실 68개가 있으며, 화병 280개, 벽시계 156개, 크리스털 촛대 58개, 샹들리에 36개 등 장식품도 그 호화로움이 극에 달한다. 타일, 카펫, 커튼 등은 당대 최고 품질을 자랑한 오스만튀르크 제품이었으나 가구, 샹들리에 등 내부 집기는 대부분 유럽에서 주문 제작했다. 가장 눈길을 끄는 대형 연회장은 1,600제곱미터 넓이로, 중앙 돔의 높이는 36미터에 달한다. 이곳에는 무게가 4.5톤이나 되며 750개의 전구가 달려 있는, 세계에서 가장 큰 보헤미안 스타일의 샹들리에가 걸려 있다. 그동안 이 샹들리에에는 영국 빅토리아 여왕이 기증한 것으로 알려졌으나 2006년 술탄이 금액을 전액 지급한 영수증이 발견되었다.

튀르키예 건국의 아버지로 불리는 튀르키예공화국의 초대 대통령 무스타파 케말은 수도를 앙카라로 이전했지만 이스탄불에 머물 때는 돌마바흐체 궁전을 사용했는데, 그가 죽은 1938년 11월 10일 9시 5분을 기념하기 위해 현재 돌마바흐체 궁전 안의 모든 시계는 9시 5분에 멈춰 있다.

시대가 낳은 시난, 시난이 만든 시대

이슬람 역사상 모든 시대에 걸쳐 무슬림 예술가들은 왕실의 후원을 받았다. 이슬람 통치자들은 문학과 예술 분야의 엘리트들을 제국의 수도로 불러들여 서로 자주 경쟁하도록 유도했다. 그래서 여러 곳에 예술학교가 설립되었고, 이를 통해 예술적 전통을 그다음 세대로 이전할 수 있었다.

13세기에 등장한 오스만제국의 통치자들은 특히 대대적인 건축물 건립을 통해 제국의 권위와 이미지를 높이려 했다. 우선 기존의 기독교 교회를 이슬람 사원으로 개축하고 새로운 사원을 지었다. 대표적인 예가 하기아 소피아 성당을 이슬람 사원으로 바꾼 것이다. 오스만식 사원의 특징은 정사각형 건물에 큰 중앙 돔이 있고, 미나렛이 중요한 역할을 담당한다는 것이다. 또한 규모가 큰 사원을 중심으로 부속 건물을 짓는 것이 요점으로 교육 시설, 상점과 병원 등 여러 기능을 결합한 복합 단지를 세웠다.

그러나 건축의 형태나 방식에서는 다양한 방식을 수용했다. 셀주크형 건축 모델을 채택한 것이 있는가 하면 웅장한 돔형의 오스만식 사원이 세워지기도 했다. 한편 신학교인 마드라사는 전통적 아나톨리아 형을 모

셀리미예 사원의 돔과 여덟 기둥

방했고, 술탄들의 무덤은 정사각형 또는 다각형의 형태로 전통적인 원추형 또는 피라미드 모양의 지붕을 설치했다. 종교적 건물의 내부는 큰 공간을 두었으며, 채색된 파양스 타일이나 모자이크로 장식했다.

이스탄불의 예술, 특히 건축예술을 언급할 때 늘 미마르 시난은 맨 앞에 선다. 그는 오스만 술탄의 후원 아래 튀르크 건축사뿐 아니라 세계 건축사에 한 획을 그은 위대한 건축가로, 이름 앞에 붙은 미마르는 건축가를 의미한다. 술레이만 1세와 셀림 2세, 무라트 3세로 이어지는 오스만제국 전성기에 활약했고, 도시마다 난립했던 건축 스타일을 하나로 통합해 큰 돔과 첨탑이 특색인 오스만튀르크의 건축 양식을 확립했다.

1489년 알바니아계 기독교 가정에서 태어난 시난은 이교도 젊은이로 구성한 군대 예니체리에 징집된 뒤 이슬람으로 개종했다. 오스만제국 군대의 근위병으로 벨그라드와 로데스 작전에 참여한 그는 비엔나 공격 시에는 공병부대장을 맡았는데, 건축에 관심이 많았던 그는 군대 내에서도 두각을 나타내어 바그다드로 가서 건축 기술을 배운 후 이스탄불로 돌아왔다. 50세를 앞둔 나이에 술탄의 최고 건축가로 임명받아 생을 다할 때까지 노력과 열정을 바쳤다.

시난은 오스만 튀르크 최고의 건축가로 이스탄불을 비롯해 튀르키예에 있는 가장 유명한 이슬람 사원들을 건축했다. 그가 건축한 건물 중 가장 유명한 것은 튀르키예의 서부 도시 에디르네에 있는 셀리미예 사원과 이스탄불의 술레이마니예 사원이다.

특히 술레이마니예 사원은 시난 스스로 자신의 최고 걸작이라 일컫는 사원으로 가장 크고 가장 완벽한 돔을 구현한 최후의 결과물로 평가받는다. 모스크의 넓이는 1,620제곱미터이고, 지름은 31.22미터이며, 높이 43.28미터인 돔의 무게는 2천 톤이다. 돔 아래에 여덟 개의 기둥이 있는데, 최대한 벽쪽으로 붙여 지어 실제로는 기둥이 없는 하나의 큰 홀처럼 보인다. 철저한 기하학적 설계를 통해 무거운 돔을 안정적으로 구축한 것이다. 이런 완벽한 동그라미 형태의 거대한 돔을 올리는 것은 시난 이후의 제자들도 불가능했을 정도로 당시로는 혁신적인 기술이었다.

미마르 시난이 존경받는 중요한 이유는 위대한 건축가인 동시에 훌륭한 엔지니어였으며 병참 기획자였고, 도시 기획자였으며 행정가였다는 점이다. 80여 개의 모스크를 포함해 그의 손을 거친 건축물이 400개에 이르는데, 모든 건설 프로젝트의 총책임자로서 제자들과 체계적으로 소통하고 조직적으로 건설 과정을 점검하고 감독하지 않았다면 불가능했을 규모다.

이스탄불의 '특수 예술 전문가'들

오스만제국의 세밀화는 15세기부터 제작되기 시작했으며, 제7대 메흐메트 2세 시기에 이르러 독특한 스타일을 갖는다. 오스만제국의 궁전 안에는 '특수 예술 전문가'를 뜻하는 에흘리 히레피 핫사라고 불리던 예술 관련 담당 부서가 세워졌다. 셀주크 튀르크제국이 그랬던 것처

니코폴리스 전투 삽화《휘네르나메》》

연회 기간 중의 불꽃놀이(《수르나메-이 휘마윤》)

럼 오스만의 술탄, 귀족들도 궁전 근처에 회화학교나 화원을 만들어 세밀화가들이 작업할 수 있는 공간을 만들어 주었는데, 이곳이 나카슈하네라 불리는 궁중화원이다.

일종의 화실이라 할 수 있는 나카슈하네에는 세밀화가, 문양 스케치 전문가, 장식예술가, 제본 전문가와 같은 서책 예술가와 석공, 석재 장식가, 석재 전문가, 유리 세공가 등이 작업했는데, 나카슈하네의 예술가들은 나카쉬라로 불렸다.

오스만제국에서의 세밀화의 전성기는 16세기 제국이 영토를 확장하기 시작하면서 펼쳐졌다. 궁정화원에서는 어떤 이야기를 바탕으로 그

이야기에 알맞은 그림을 촘촘하게 그려내는 세밀화가 공식적이고도 전통적인 화풍으로 인정받았다. 오스만제국의 세밀화가들은 역사적 사건, 전투 장면, 궁전 생활, 사냥 장면, 축제와 같은 일상이나 황제의 사생활, 하렘의 여인들, 귀족들의 사생활 등 반복되는 주제를 사용했지만, 그 주제에 대한 새로운 표현법, 구성법에 몰두해 색, 선, 형태들을 발견하면서 그 나름의 화법 양식을 발달시켰다.

대표적인 세밀화 작가는 나카쉬 오스만이며, 그는 오스만제국 세밀화의 고전 양식의 창시자로 여겨진다. 그의 대표작으로는 오스만 술탄들의 업적을 기록한 역사책 《휘네르나메》 속의 세밀화들과 1582년 무라트 3세의 아들 셰흐자데 메흐메트의 52일간의 할례 연회를 담은 그림집 《수르나메-이 휘마윤》 외에 다수가 있다.

에브루는 금속제로 된 큰 그릇 안에 기름 물을 담고 그 위에 여러 색상의 황소 담즙을 함유한 물감을 흩뿌리거나 붓질을 한 후 무늬를 만들고 그 위에 종이를 덮어 찍어내는 기법으로 화려한 무늬를 연출하는 오스만튀르크의 전통예술로 대리석에 나타난 줄무늬와 유사해 흔히 마블링이라고 알려져 있다.

가장 흔한 디자인으로는 꽃, 꽃잎, 장식적인 문양, 격자, 모스크, 초승달 등이 있으며, 전통 도서의 장정에 쓰이는 예술로도 이용되고 있다. 물감은 자연 친화적인 방식으로 채취한 천연 안료를 쓰며, 밝은 초록, 빨강, 노랑 등이 인기 있다.

에브루는 13세기에 중앙아시아에서 처음 등장했고, 이란을 거쳐 아나톨리아 지방까지 전래되었다. 오스만제국 시대에 튀르크 서예가들과

물감을 물에 뿌려 놓은 모습

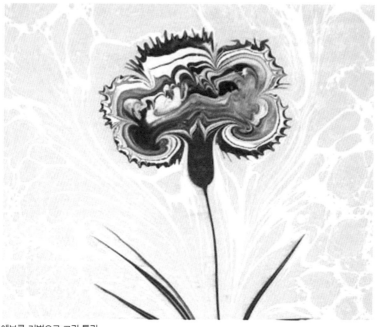

에브루 기법으로 그린 튤립

화가들은 새로운 형식을 창안했고 기술을 완벽하게 연마했다. 예로부터 에브루 전통 거장 대부분이 이스탄불에서 예술 활동을 하기 때문에 이스탄불이 에브루의 중심지로 여겨지며, 작품 활동은 튀르키예 전역에서 행해진다.

에브루의 지식과 기술은 스승과 제자의 도제 관계 속에서 구전이나 비공식적인 시연 훈련을 통해 전승되는데, 에브루의 기본 기술을 익히는 데만 최소 2년이 걸린다고 한다. 최근 에브루에 대한 관심이 높아지면서 개인, 단체, 정부 관청들이 강좌와 워크숍을 개설해 교육을 확장하는 추세이며, 특히 젊은이들과 외국인, 여성들에게 인기가 높다.

유명한 에브루 예술가로는 하티브 메흐메트 에펜디, 니야지 사인, 푸아트 바샤르, 알프아르슬란 바바오을루 등이 있다.

이란이 품은 오아시스, 이스파한

세상의 절반, 페르시아의 보석

이란인들은 이스파한을 '세상의 절반'이라고 부른다. '이스파한이 없었다면 세계의 창조주는 이 세계를 가지지 못한 것과 같다'는 어느 시인의 말은 이스파한에 대한 이란인의 강한 자부심을 느끼게 한다. 이란에서 가장 아름다운 도시, 가장 페르시아적인 도시가 바로 페르시아의 보석이라고도 불리는 이스파한이다.

페르시아 세계의 심장부이자 '이란의 진주'로 알려진 이스파한은 수도 테헤란 남쪽 405킬로미터 지점에 위치하며, 테헤란에서 시라즈에 이르는 간선도로와 자그로스 산맥에서 카비르 사막 남쪽 언저리 지방으로 가는 도로 접속점에 위치하는 이란 중심부에 자리하고 있다. 북상하면 전통적인 무역도시 카샨과 종교도시 콤을 거쳐 테헤란에 이르고, 서쪽으로는 메소포타미아, 남쪽으로는 페르시아만에 이르는 요충지로서 테헤란, 타브리즈, 마슈하드와 함께 이란의 주요 도시 중 하나다.

이스파한에는 온 도시를 초록빛 가득한 사막의 오아시스로 만드는 '생명의 강' 자얀데강이 흐르고 있다. 자그로스 산맥에서 발원해 남북으로 이란을 가로지르는 자얀데강은 이스파한의 젖줄이다. 그 이름처럼 '생명을 주는 강' 자얀데강은 이스파한을 '페르시아의 보석'으로 손꼽힐 정도로 초록빛으로 가득한 아름다운 도시로 만들었다. 햇살을 받아 빛나는 사원의 푸른 모자이크 타일, 무엇이든 구할 수 있을 만큼 거대한 시장, 강변을 따라 늘어선 녹음 짙은 나무들과 오래된 돌다리들, 분수의 물줄기 사이로 꽃이 만발한 정원과 궁전, 우아한 선을 그리며 조화롭게 늘어선 나지막한 건물들까지 페르시아 문화의 정수이자 페르시아 고대 문명의 특징을 잘 간직한 곳이 시라즈라면, 이슬람 이후의 페르시아 문화와 특징을 고스란히 간직한 곳이 이스파한이다.

이스파한은 시의 도시다. 이슬람 문

이스파한의 폰트카주 다리

학을 대표하는 시인들 대부분이 페르시아 출신일 정도로 시 사랑으로 유명한 이란 사람들이 '세상의 절반을 준다고 해도 바꾸지 않을 이스파한'이라고 할 정도로 사랑하는 도시가 바로 이란의 문화 수도인 이스파한이다. 이런 수식어는 17세기 가장 번영을 누렸던 사파비왕조에서 이스파한이 네스페 자한(Nesf-e Jahan), 곧 '세상의 절반'이라 불린 데에서 유래를 찾을 수 있다.

17세기 《페르시아 여행기》를 저술한 샤르뎅은 당시 이스파한에 관해 "인구는 100만에 달하고, 160개의 사원과 48개의 학교, 대상을 위한 1,800여 개의 숙소와, 공중목욕탕 273개소가 있다"라고 기술했다. 또한 일설에 '서에는 베르사유, 동에는 이스파한'이라는 말이 있을 정도로 이스파한은 세계적으로 번화한 도시였다.

사파비왕조가 이슬람의 시아파를 국교를 받아들이면서 오늘날 이란이 시아파의 종주국이 되는 기틀을 마련했을 정도로 이스파한이 오늘날 이란인에게 가지는 의미는 남다르다. 그러나 시아파 이슬람을 국교로 정하고 종교적으로 상당히 배타적인 모습을 보이는 이란의 모습과는 달리 현재 이스파한은 고대 페르시아의 국교였던 조로아스터교와 유대교, 기독교가 공존하는 종교적 융합의 도시이기도 하다. 서아시아의 길목에서 유럽과 아시아의 문화가 교류되는 실크로드의 중요한 교차로 역할을 했던 도시답게 이스파한은 다양한 문화가 공존하면서 세상 어디에서도 볼 수 없는 화려한 건축예술과 문화가 꽃을 피웠다. 이런 공로를 인정받아 2006년 이스파한은 이슬람 전체 국가의 문화수도로 지정되었다.

이스파한은 그리스에서는 아스바다나, 아랍에서는 이스파한이라고 부르며, 현대 페르시아어의 정확한 발음은 에스파한이며, 옛날 명칭은 세파한이다. 세파흐(sepah)는 페르시아어로 '군대'라는 뜻이고, 여기에 장소를 나타내는 접미어 an이 붙어 세파한이 되었다. 따라서 세파한은 군대들의 집결 장소라는 뜻으로 쓰였으며, 후에 그것이 이스파한으로 바뀌었다. 프톨레마이오스의 《지리학》에도 '군대의 집결 장소'라는 의미의 아스파나다로 등장한다. 그런데 민간에서 험담을 즐기는 사람들은 이스파한을 아스바한에서 유래했다고 하는데, 아스바흐는 방언으로 '개'란 뜻이며, 아스바한은 그 복수다. 따라서 이스파한은 개들의 집결 장소라는 뜻으로, 이것은 이스파한의 번영에 대한 시기에서 나온 비칭(卑稱)으로 보인다. 모로코의 대여행가 이븐 바투타는 여행기에서 이스파한 사람들은 대단히 훌륭한 사람들로서 용감하고 관대하다고 기술했다.

모든 것이 모이는 곳, 이스파한

이 도시가 언제 시작되었는지는 확실하지 않지만, 가장 오래된 역사 문헌에 의하면 기원전 약 3000~600년에 존재했던 이란 최초의 고대국가 엘람의 주요 도시 중 하나인 안샨의 부속 도시였다고 한다. 당시 이스파한에서 엘람의 수도였던 수사로 이주해 온 사람들에 대한 기록이 남아 있다.

이스파한은 기원전 6세기 아케메네스제국에서는 가바라고 불렸으며 왕들이 여름휴가를 지낸 곳으로, 현재 이스파한의 제이라는 지역에 그 흔적이 남아 있다. 그 후 등장한 파르티아제국 시대에도 이스파한은 파르티아 왕실의 고위 친인척이 직접 파견되어 다스릴 정도로 중요한 요충지였다. 파르티아제국의 마지막 왕인 아르타바누스 5세가 사산왕조 페르시아 군대에 살해당한 곳도 이스파한 인근의 골파예간이라고 한다. 사산왕조 페르시아 시대에는 왕자를 교육시키는 장소로 사용되었고, 페르시아의 7대 가문 중 하나가 이곳을 다스렸다. 사산왕조 시대에 제이 지역은 이스파한의 중심지로 샤흐레스탄이라고 불렸는데, 자얀데강에는 당시에 만들어진 샤흐레스탄 다리가 있다.

이스파한에는 유독 유대인들이 많이 사는데, 《구약성경》에 나오는 신바빌로니아의 네부카드네자르의 예루살렘 정복으로 바빌로니아에서 노예 생활을 하던 유대인들을 아케메네스제국의 창건자 키루스 대왕이 해방시켰을 때 그들 중 상당수가 예루살렘으로 돌아가지 않고 이곳으로 이주해 정착했기 때문이다. 또한 사산왕조의 야즈드게르드 1세가 자신의 유대인 왕비 슈샨두크트를 위해 이스파한에 예후디야라고 불리는 대규모 유대인 정착촌을 건설하면서 유대인의 수는 급속히 증가했다. 그는 국교인 조로아스터교 외에도 기독교, 불교, 유대교 등 다른 종교에 관대한 정책을 시행했고 특히 유대인들을 보호했다.

이슬람의 침입 이후 이스파한은 아랍계 압바스왕조의 통제에 있다가 10세기에 이란계 왕조인 지야르왕조와 부와이흐 왕조가 연이어 이스파한을 통치하면서 점차 옛 영광을 되찾는다. 이스파한은 913년에 또 다른 이란계 왕조인 사만왕조의 지배에서 벗어나 928년에는 카스피해 연안의 마잔다란과 고르간을 중심으로 힘을 규합했던 미르다비즈에 의해 지야르왕조의 수도가 된다. 미르다비즈는 옛 페르시아 문화의 복원을 주장하며 노우르즈 같은 옛 페르시아 축제를 다시 시작했다. 지야르왕조를 이은 부와이흐왕조는 이스파한을 문화의 중심 도시로 만들었다. 시아파를 표방하던 부와이흐왕조는 순니파 압바스왕조의 수도 바그다드를 점령할 정도로 강력한 힘을 지녔다. 이들은 이스파한에 많은 건물을 지었으며 이스파한을 은세공과 도자기, 비단의 중심지로 육성했다.

당시 이스파한은 제이 지역과 예후디야 지역이 두 개의 중심축을 이루고 있던 대도시였다. 10세기 페르시아 탐험가 이븐 루스타가 쓴 《진귀품 목록》에 따르면 제이 지역에는 지름이 2.5킬로미터에 달하는 성곽에 하우르문, 아즈피지문, 데이르문, 예후디야문 등 네 개 성문이 있으며, 성벽 위에는 100개의 망루가 있었다고 한다. 같은 시기의 아랍 지리학자 이븐 하우칼과 알 마크디시도 제이와 예후디야에 관한 기록을 남겼는데, 두 곳에 모두 금요예배를 위한 큰 사원이 있었으며, 예후디야 한 곳의 면적이 함단과 비슷할 정도로 컸다고 기록하고 있다. 이 도시를 구성하는 두 축이라 할 제이와 예후디야는 시간이 흐르면서 서로 부단히 확장된 결과 결국 하나의 도시로 통합되었으며 오늘날에는 이스파한의 구도시를 형성하고 있다. 982년에 페르시아어로 저술된 저자 미상의 세계 최초의 지리서 《세계의 경계》는 이스파한을 '두 부분으로 구성된 대도시' 라고 기술하고 있다.

부와이흐왕조를 거쳐 1030년에 이스파한은 튀르크계 왕조인 가즈니왕조의 무함마드에게 강점되었고 11세기에 들어서는 셀주크왕조가 아나톨리아 평원으로 이동하기 전에 이곳을 수도로 삼기도 했다. 제3대 왕 말리크 샤는 현존하는 대사원(Masjed-e Jame)을 지었는데, 부와이흐왕조와 셀주크왕조를 거치면서 이스파한에는 많은 유명 건축물이 세워졌다.

1235년 몽골의 침입은 이스파한시의 절반 이상을 초토화시킬 정도로 파괴력이 강했으며 이스파한 사람들은 아직도 몽골의 침입을 잊지 못하고 있다. 그러나 이보다 더 참혹한 피해를 준 것은 14세기 말엽 중앙아시아에서 쳐들어온 티무르였다. 티무르는 당시 7만 명을 살육했으며 잘린 머리로 이스파한 시내에 탑을 쌓았다고 전해진다. 그 피가 자얀데강으로 흘러가 강이 핏빛으로 물들었다고 전해지고 있을 정도다. 이때부터 이스파한 사람들은 외세의 침입에 대비해 늘 여분의 돈과 음식물을 아껴서 비축하기 시작했다. 이 습관이 대대로 수백 년을 내려오면서 다른 지역 사람들은 이스파한 사람들을 늘 자신의 것을 챙기는 구두쇠라고 불렀다.

16세기 초 페르시아는 사파비왕조의 샤 이스마일의 지배하에 들어갔다. 1598년에 사파비왕조 제5대 왕 압바스 1세는 수도를 카즈빈에서 이스파한으로 옮기고 관료 조직과 군대를 정비해 강력한 중앙 집권 국가로 만들었다. 그는 오스만제국과 싸워 세력을 떨치는가 하면, 페르시아 특유의 문화를 발전시키기 위해 노력했다.

먼저 상술이 뛰어난 아르메니아 기독교인들을 코카서스 지역에서 이스파한으로 이주 정착시키고 많은 특혜를 주어 유럽 상인들과 교역하도록 장려했다. 또한 유럽의 상인과 가톨릭 선교사가 수도에 머무는 것을 허용하고 세금 특혜와 신앙의 자유를 주었으며, 베네치아를 비롯한 유럽의 도시에 상인들을 파견해 거래를 트려 했다. 덕분에 16세기에 이스파한은 국제 무역과 정치, 문화의 중심지로 급속하게 발전했고 많은 건물이 이 시대에 지어졌다.

그러나 1709년 반란을 일으킨 아프간족에 대한 군사 원정이 참담한 실패로 돌아가 페르시아 군사 중 고작 1천 명만이 칸다하르에서 살아 돌아온 이후 사파비왕조는 빠르게 쇠퇴했다. 1722년 이스파한이 아프간족의 역공에 함락되자 이스파한을 버려두고 대부분의 시간을 하렘에 머물렀던 샤 술탄 후세인은 붙들려 강제로 폐위되었다. 1729년에 나데르 샤에 의해 이스파한이 아프간족의 수중에서 해방되었으나 그는 수도를 이곳이 아니라 마슈하드로 정했다. 나데르 샤는 1736년 스스로를 샤로 선포했고 사파비왕조의 지배는 끝났다. 그 후 잔드왕조의 카림 칸도 궁전을 시라즈에 마련하고, 카자르왕조는 수도를 테헤란으로 정해 이스파한의 옛 영광은 재현되지 않았다.

그러나 경제활동이 증대하고 상업적 중요성이 커짐과 동시에 테헤란과 서남부의 자그로스 유전 지대를 잇는 주요 간선의 바로 정중앙에 위치하고 있는 이스파한은 근래에 이르러 다시 번영하기 시작했다.

건축예술의 도시

이스파한의 영화는 사파비왕조를 부흥시킨 압바스 1세를 떼어놓고 생각할 수 없다. 이 도시의 영광은 1598년 사파비왕조의 압바스 1세가 이곳을 수도로 정하면서 시작되었다. 학문과 문화를 숭상하는 열린 정책을 펼친 압바스 1세는 이슬람 세계의 뛰어난 학자들과 장인들을 초청했고, 실크로드를 잇는 교역망을 확충해 세상의 부와 문화가 이곳으로 흘러들게 했다. "세계에서 가장 아름다운 도시를 건설하라"라는 왕의 명령으로 대규모의 도시계획 아래 신시가지가 건설되어 이스파한의 화려한 시대가 개막되었다. 페르시아제국의 경이로운 건축과 예술은 여전히 이 도시에 살아남아 그 찬란한 빛을 발하고 있다.

이슬람을 대표하는 종교 건축물은 모스크라 불리는 사원으로, 대부분이 겉은 소박하고 내부는 화려한 형태로 지어졌다. 그러나 사파비왕조 시기 이후 이란 지역에서 등장한 사원들은 안팎 모두에서 눈을 뗄 수 없을 정도의 화려함과 섬세함을 자랑한다. 특히 대부분이 푸른색 계열의 기하학적 문양이 새겨진 타일로 덮여 있어서 멀리서도 그 위용이 남다르다. 사원들의 건축물 가운데 특히 아름다운 것은 셀주크 튀르크 시대에 축조된 것이 많으며, 압바스 1세 이후에 세워진 각종 기념물이 산재한다.

이맘 사원, 셰이크 로프폴라 사원 등이 유명하며, 전통시장인 바자르 거리와 알리 카푸 궁전, 아름다운 교량과 영묘들이 페르시아 건축예술의 정수를 잘 보여준다. 수도 이스파한은 사파비왕조가 이룩한 이슬람

마스제데 자메의 입구

건축예술의 중심지로 이곳의 아름다운 사원들은 후대 이슬람제국의 건
축양식에 지대한 영향을 끼쳤다.

그중에서 이스파한의 건축예술을 한눈에 들여다볼 수 있는 대표적인
사원이 바로 이 이맘 사원, 곧 마스제데 자메다.

이스파한의 역사 중심지에 있는 마스제데 자메는 '사람들이 모이는
사원'이라는 뜻으로 '금요일의 사원'이라는 의미의 마스제데 조메라
고도 불리는데, 이슬람 건축의 전형으로 꼽힌다. 이 사원은, 압바스왕
조, 부와이흐왕조, 셀주크왕조, 일한국왕조, 무자파르왕조, 티무르왕

조, 사파비왕조 등 1,200년 이상 여러 시대에 걸쳐 계속 개축 혹은 증축되면서 이슬람 건축양식의 다양한 공정을 잘 보여주는 '디자인 박물관'이라고 불린다. 면적 2만 제곱미터가 넘는 이 복합건물은 네 개의 뜰로 이루어진 사산왕조의 궁전 배치를 이슬람교의 건축양식에 적용해 지은 최초의 이슬람 건축물이기도 하다. 셀주크왕조 시대 페르시아 재상의 이름을 따서 네잠 알 몰크 돔이라고 불리는 본당 천정의 이중 셸 구조의 돔은 지역의 건축가들에게 영감을 주는 건축술의 혁신이었다. 특히 셀주크왕조 시대에는 마스제데 자메의 건축물들을 보수하고 확장했으며, 이후 이슬람 전 기간에 걸쳐 모스크를 확대, 증축하고 고급스러운 장식을 추가했다.

도시계획 차원에서도 마스제데 자메는 주변의 역사적 환경을 잘 배

알리 카푸 궁전의 발코니

려해 도시 전체의 균형과 잘 맞는 비율을 유지한다는 차원에서 높이 평가받는다. 건물의 기능 면에서도 마스제데 자메는 기도와 회중 예배의 장소로서 종교적 기능을 할 뿐만 아니라 이스파한의 역사적인 바자르의 기능과도 밀접한 연관이 있다.

이런 마스제데 자메의 건축학적, 기능적 우수함은 사원의 새로운 설계와 미학적 원형이 되었다. 네잠 알 몰크 돔은 이슬람제국 최초로 시도된 이중 셀 구조의 돔 구조물로서, 새로운 공학기술을 도입했고, 후대의 사원과 묘지 복합 단지의 정교한 돔 건설을 가능하게 한 건축물로 이후 이슬람 세계의 여러 시대와 지역에 영향을 미쳤다.

마스제데 자메와 함께 왕의 휴식과 접견 공간인 알리 카푸 궁전을 빼놓을 수 없다. 알리 카푸 궁전은 이맘 광장의 서쪽에 셰이크 로프콜라 사원을 마주보고 있다. 알리 카푸는 '높은 혹은 숭고한 문'이라는 뜻으로, 원래는 왕실의 정원과 그 뒤에 있는 정자로 가기 위해 지어진 통로로 지어졌다가 지붕이 있는 베란다의 형태로 개조했다. 압바스 1세는 이곳에서 조신들과 함께 대광장에서 벌어지는 행렬과 처형, 폴로 경기 등을 관람했다고 한다.

알리 카푸 궁전에는 벽돌로 된 주랑 현관인 포르티코 위에 자리 잡은 탈라르라 불리는 넓은 테라스가 있는데, 그 위로 우아한 목조 기둥들이 정교하게 조각한 목제 천장을 떠받치고 있다. 이 탈라르에는 왕이 외국 사신들을 영접하는 공식 알현실이 있어 연회를 베풀거나 아래로 내려다보이는 광장에서 폴로 경기를 함께 관람하곤 했다. 내부에는 음악을 듣거나 왕의 중국 도자기 수집품을 보관하는 데 쓰이는 방들이 줄지어 있고, 실내의 벽면에는 정원에서 여가를 즐기는 젊은이들을 그린 벽화가 있다.

한편, 셰이크 로트폴라 사원은 여성스러운 아름다움이 물씬하게 살아 있는 곳이다. 셰이크 로트폴라 사원은 이란 건축의 위대한 보물 중 하나로, 이란에 있는 사원들 중 가장 특이한 구조를 자랑한다. 일단 첫눈에 들어오는 것은 사원의 돔이다. 모래색 바탕에 나선형의 덩굴손 문양이 터키석 빛깔로 점점이 피어나 있다. 사파비 왕조 시대 모스크들이 선명한 파랑을 선호한 것을 생각하면 상당히 흔하지 않은 경우다. 왕과 왕실의 여자들만 사용하는 사원이어서 그런지 여느 사원처럼 사면이 돔이나 회랑 또는 기도방으로 둘러싸여 있지도 않고, 사원이라면 당연히 있어야 할 미나렛 또한 볼 수 없다.

압바스 1세의 치세기인 1602년에 착공해 1619년에 완공한 셰이크 로

셰이크 로트폴라 사원의 천장

트폴라 사원은 이맘 사원보다 먼저 건설되었는데, 웅장한 이맘 사원과 달리 섬세함과 여성스러움을 자랑하는 이 사원은 압바스 1세의 장인이 자 당대 명망 있는 레바논 출신 시아 성직자였던 셰이크 로트폴라에게 바친 것이다. 그는 압바스의 후원을 받으며 사파비왕조에서 활동했고 이맘 사원과 신학교의 책임자였다. 그는 사위 압바스 1세를 도와 사파 비왕조 내에 시아 이슬람이 정착되고 시아 이슬람에 기초한 정책을 세 우는 데 결정적인 역할을 한 인물이다

묵직한 나무 대문을 열고 들어가면 사파비왕조의 대표적인 문양인 푸른색 타일로 장식된 예배실로 향하는 복도가 나타난다. 그 복도의 벽 면에는 구멍이 뚫린 창문들이 있는데, 그 구멍 사이로 밝은 햇살이 쏟 아져 들어오고, 그 햇살을 받은 벽면의 푸른 채색 타일이 명암에 따라 황홀한 색의 향연을 펼친다. 복도를 지나면 돔으로 덮여 있는 예배실 내부도 모래색 계열의 채색 타일과 푸른색 타일로 장식되어 있는데, 창 문으로 들어오는 햇빛이 모래색 타일에 닿으면 노란색의 은은한 분위 기가 연출되고, 푸른색 타일에 비치면 파란색의 활기찬 분위기로 바뀐 다. 이런 변화는 이 좁은 공간에 오랜 시간 사람들을 붙들어 놓는 매력 으로, 이 사원이 사랑받는 비결이기도 하다. 돔 형식인 천장은 햇살이 사방으로 퍼져 나오는 문양으로 마치 공작새가 꼬리를 편 장면을 묘사 한 화려하고 섬세한 아라베스크 장식으로 가득하다.

한편, 이맘 사원은 신앙 예술의 정수로 꼽힌다. 이맘 사원은 이란 이 슬람 건축의 대표작이다. 압바스 1세의 명으로 셰이크 로트폴라 사원 의 건축이 한창이던 1611년에 공사를 시작해 그의 치세 마지막 시기

인 1629년에 완공되었다. 셰이크 로트폴라 사원과 마찬가지로 알리 아크바르 에스파하니가 설계 및 건축을 담당했다.

다른 이슬람 세계의 건축물들이 한결같이 외부는 투박하고 내부가 화려한 데 비해 이맘 사원은 내부는 물론 외부도 한 치의 빈틈이나 허술함 없이 신앙과 예술의 정수를 곳곳에 심어 놓았다. 우선 42미터에 달하는 네 개의 첨탑이 주는 웅장함, 벽면과 돔까지 푸른색 타일로 장식한 세련미와 정교함은 이맘 사원이 왜 이스파한의 상징이 되었는가를 자연스럽게 이해하게 한다. 또한 이란에서 가장 아름다운 사원이라는 명성에 걸맞게 입구부터 천국을 상징하는 여러 가지 꽃 모양을 기하학적 문양으로 디자인해 은은하고 절제된 색감의 푸른색 타일로 표현했다. 이 문을 열고 들어가면 광장이 넓게 펼쳐져 있고, 사방에 예배를 위한 공간이 마련되어 있는데, 총 1,800만 개의 벽돌과 47만 개의 타일로 장식되어 있다.

이곳에는 벽면을 둥그렇게 파서 메카 방향을 가리키는 미흐랍과 시아파의 14성인을 의미하는 14계단으로 된 설교단인 민바르도 있다. 중앙의 돔에는 특별함이 숨겨 있는데, 높이가 각각 38미터와 54미터에 이르는 안과 밖의 이중 돔이 완벽한 음향 효과를 낸다. 돔 정중앙에는 짙은 회색 돌이 하나 놓여 있는데, 그 돌에 서서 설교나 기도를 하면 돔 전체에 일곱 번의 메아리가 울려 퍼져 사원 내부 어느 곳에서나 소리를 잘 들을 수 있다.

이맘 사원은 1979년 유네스코 세계문화유산으로 지정되었다.

지상의 파라다이스

누구나 천국이나 낙원이라는 단어를 마주하면 가장 먼저 떠올리는 것이 정원이다. 그래서인지 인류의 기원을 설명하는 많은 종교 경전에서도 정원에서 시작된 경우가 가장 많다. 이런 현상은 자연환경이 메마르고 척박한 땅에서 시작된 문명일수록 더더욱 현저하게 드러나는데, 낙원을 의미하는 파라다이스가 고대 페르시아어 파리다이담(paridaidam)에서 비롯되었다는 것만 봐도 알 수 있다.

자연스럽게 물을 관리하고 다스리는 관개법이나 정원을 만들고 관리하는 다양한 기술이 페르시아에서 발전했다. 오늘날 서구 정원 양식의 모태가 된 것도 페르시아식 정원이다. 척박한 사막의 먼지 나는 길을 따라 지어진 황톳빛 담장 뒤로 대문을 들어서는 순간 녹색식물과 물이 가득한 호수가 있는 정원이 펼쳐진다. 이 세계는 대문을 열지 않는 한 전혀 경험할 수 없는 다른 세계인 것이다.

시오세 다리의 야경

샤흐레스탄 다리

카주 다리의 석양

페르시아인들은 오아시스를 추상화하면서 기원전 6세기에 이미 '네 개의 정원'을 의미하는 차하르 바그라는 고유한 정원 양식을 만들었다. 정원을 기하학적으로 정연한 네 개의 구역으로 나누고 여기에 물, 불, 흙, 바람 등 조로아스터교의 성스러운 4요소를 상징적으로 표현했다. 에덴동산, 즉 지상의 낙원을 구축하려 한 것이다. 이슬람제국을 통해 스페인까지 전파되어 알함브라 궁전을 탄생시켰고, 무굴제국을 통해 인도 건축에 영향을 주어 타지마할을 탄생시켰던 페르시아 정원은 바로크식 정원의 원조이기도 하다.

아름다운 정원을 만들고 거기에 이란인 특유의 시적 감성이 섞여 오늘날 이스파한의 도시적인 낭만이 탄생했다. 이란인이라면 모두 한두 편의 시를 외울 정도로 이란 사람을 이야기할 때는 시를 빼놓을 수 없다. 이란인들은 대화 중에도 시를 즐겨 인용하고, 시적인 단어와 표현을 많이 사용하는데, 이슬람 세계의 유명한 시인들 중 다수가 페르시아 출신이다. 페르시아어를 듣고 있노라면 시를 읊는 것과 같은 언어 속의 아름다운 운율을 느낄 수 있다.

이렇게 낙원을 그리고 꿈꾸며 시를 읊던 페르시아인들, 특히 이스파한의 낭만에 가장 크게 이바지한 것은 도심을 가로지르며 유유히 흐르는 강이다.

이스파한은 잘 가꾸어진 공원과 푸르른 수목들이 어우러져 매우 푸르고 아름답다. 건조하고 풀 한 포기 볼 수 없는 사막기후에서 이 푸르름을 가능하게 해준 것이 바로 자얀데강이다. 페르시아어로 자얀데루드라고 불리는 이 강은 '생명을 주다' 라는 의미의 동사 '저이단' 에서 온 형용사 '자얀데"와 강을 의미하는 '루드' 가 합성된 말로, '생명을 주는 강' 이라는 의미다. 이름처럼 비가 좀처럼 내리지 않는 이스파한에 푸르른 생명을 공급하는 젖줄과도 같은 역할을 하는 것이 자얀데강이다.

자얀데강은 이란을 남북으로 가로지르는 자그로스 산맥에서 시작되어 10미터에서 800미터의 다양한 폭으로 이스파한 주를 굽이굽이 돌아 모든 농지와 과수원을 적시고, 총 430킬로미터, 직선거리로는 360킬로미터를 흘러가는 거대한 강이다. 이렇게 먼 거리를 건조기후인 이스파한에서 마르지 않고 흘러갈 수 있는 것은 이스파한의 토질이 견고하기 때문이다. 이스파한 땅은 단단해서 물이 쉽게 스며들지 않아 물이 잘 마르지 않는다.

이 강은 오랜 역사를 거치며 다양한 이름으로 불렸다. '거대한 강' 이라는 뜻의 잔닥 루드, '황금 강'이라는 뜻의 자린 루드, '생명의 강'을 뜻하는 젠데 루드로 불리다가 지금은 '생명을 주는 강'이라는 의미의 자얀데 루드로 불린다.

예로부터 치수에 능했던 페르시아인들은 자얀데강을 효과적으로 이용해 이스파한을 푸르게 만들었다. 사산조 페르시아의 시조인 아르다시르 바바칸 때부터 자얀데강을 이용해 관개수로와 댐을 만들었다.

이스파한 시내에만 자얀데강을 건널 수 있는 다리가 11개가 있고 그 사이로 푸른 공원들이 있다. 대표적인 다리로는 가장 오래된 샤흐레스탄 다리, '33개의 다리'라는 뜻을 가진 이스파한의 명물이자 야경이 아름다운 시오세 다리, 이스파한 시민들의 휴식처가 되어주는 카주 다리, 차하르바그 서쪽의 마르난 다리, 돌로 된 다리임에도 '나무다리'라는 이름을 가진 추비 다리 등이 있다.

차하르바그 거리와 이맘 광장

차하르바그 거리는 세계 최초의 가로수길이다. 사파비왕조가 수도 이전을 위해 심혈을 기울여 만든 곳이 바로 이곳이다. 차하르바그는 페르시아어로 '네 개의 정원'이라는 의미다. 처음 이 길이 만들어졌을 때는 길 양옆으로 가로수와 과실나무들이 즐비했으며, 적당한 높이의 정원수들이 보기 좋게 다듬어져 있어서 멋을 더했다.

먹음직스러운 과실나무와 아름다운 정원수들이 있는 중앙에는 시냇물이 흘렀으며, 이 시냇가 옆으로는 각종 꽃들이 피어 있는 화단이 있었다. 철마다 떨어진 꽃잎들이 시냇물을 타고 흘러와 이스파한이 꽃내음으로 진동했다. 이런 모습은 당시 유럽의 지저분한 거리와는 사뭇 대조되는 풍경이었다. 이 시냇가 양옆으로는 행인들을 위한 도보와 말과 마차가 다니는 차도가 있었다. 당시 이곳을 지나가는 관광객들이 아름답고 향기 나는 차하르바그 길에 마음을 빼앗긴 기록이 넘쳐난다.

특히 매주 수요일은 특별히 여성들을 위한 날이어서 남성들은 이 길로 다닐 수가 없었다. 주변 모든 상점의 종업원도 여성으로만 구성되었으며, 여성들만 자유롭게 거닐고 쇼핑할 수 있는 자유가 있었다. 그러나 카자르왕조가 들어서면서 이 길의 가로수 대부분을 잘라서 팔았으며 지금과 같은 모습으로 바뀌었다.

paradise의 어원이 된 고대 페르시아 정원은 성서의 에덴동산, 즉 낙원의 모습을 그대로 옮겨 놓았다고 할 정도로 그 아름다움을 인정받았는데, 이런 페르시아 고대 정원의 모습을 가장 잘 나타내고 있는 것이 이맘 광장이다. 이 광장은 유네스코 세계 문화유산으로 등재되어 있으며, 중국의 천안문광장에 이어 세계에서 두 번째로 큰 광장이다. 압바스 1세가 사파비왕조의 수도를 이스파한으로 천도하면서 가장 심혈을 기울여 만든 것이 이맘 광장인데, 당시 궁정 건축가였던 알리 아크바르 에스파하니가 설계했다.

이란에서 일어난 정치, 경제, 사회, 문화적 변화를 직접 눈으로 확인할 수 있는 것 중 하나가 거리와 주요 유적지 혹은 건물 이름의 변화다. 이란 근대 정치사의 가장 큰 사건인 1979년 이슬람혁명으로 많은 거리와 건축물의 명칭이 바뀌었다. 그전까지만 해도 왕의 광장이라는 의미의 샤 광장이라고 불리던 것이 이맘 호메이니의 이름을 따 이맘 광장으로 바뀌었다. 원래 이름은 샤 광장이지만 이란 사람들은 어느 시인의 표현대로 '세상의 그림'이라는 뜻의 낙쉐자한 광장이라고 부르는 것을 더 좋아한다.

직사각형의 광장에는 동서남북으로 마치 사방을 지키는 수호신처럼 각 방향을 대표하는 건축물이 자리 잡고 있다. 북쪽으로는 길이만 1킬로미터 이상 되는 거대한 이란의 전통시장 바자르의 출입구가 있고, 남쪽으로는 블루 모스크로 불릴 정도로 파란색 타일이 인상적인 이맘 사원, 동쪽으로는 크림색 타일의 돔을 자랑하는 여성스러운 셰이크 로트폴라 사원, 서쪽에는 압바스 1세가 살았던 알리 카푸 궁전이 자리한다.

현재와 같은 형태인 중앙 분수대와 사방으로 깔린 잔디 공원은 근대 팔레비왕조 시대에 만들어졌는데. 고대 페르시아 정원의 형태를 완벽하게 복원해, 가운데 분수가 나오는 연못이 있고 이 분수를 중심으로 전체를 4등분한 기하학적으로 완벽한 형태를 이루고 있다.

알리 카푸 궁전 앞을 제외하고 대부분의 지역에 상인들이 광장에 모여 장사를 했고, 일주일에 한 번은 우리나라의 오일장처럼 이스파한 인근 지역에서 특산품을 가지고 와 큰 장을 세웠다. 정규 장날 외에도 매일 이곳에는 사람들이 모여들었으며, 성직자들은 한쪽에서 꾸란을 가르치고, 이야기꾼들은 사람들을 모아 페르시아 신화와 옛이야기로 입담을 자랑하는 공공장소로 활용되었다.

폴로 경기를 즐겨 했던 압바스 1세는 이곳에서 폴로 경기를 직접 했을 뿐 아니라 외국에서 사신이 오면 알리 카푸 궁전의 발코니에서 함께 폴로 경기를 관람했다. 지금도 이맘 사원과 바자르 입구에는 폴로 골대로 사용된 돌기둥이 남아 있다.

40개의 기둥과 8개의 낙원

이스파한 시내 중심지인 이맘 광장과 차하르바그 거리 사이에는 두 개의 큰 궁전이 있다. 그 하나가 체헬소툰 궁전이고 다른 하나는 하쉬트 베헤슈트 궁전이다. 분수가 있는 연못과 소나무가 울창한 정원 사이로 동양적인 처마가 돋보이는 소박한 궁전인 체헬소툰 궁전은 1647년에 샤 압바스 2세가 자신은 물론 고관대작과 대사들의 리셉션 장소로 사용하기 위해 지은 것으로, '40개의 원기둥'을 의미한다. 사이프러스 나무로 된 원기둥이 20개밖에 없으나 이것이 연못에 비쳐 40개가 된다는 낭만적인 의미를 부여해 이름을 지었는데, 40이라는 수는 페르시아 문화에서 풍부함과 완성을 의미하는 의미 깊은 수다.

궁전 안의 벽면 위쪽에는 역사적으로 중요한 사건을 묘사한 세밀화 기법의 그림이 있는데, 1646년 건물이 완공된 후 만들어진 것으로 권력을 잃고 사파비왕조로 피신한 우즈베크 왕 나드르 무함마드 칸을 위해 샤 압바스 2세가 베푼 1658년의 연회 장면, 우즈베크족 간의 권력 투쟁에서 도움을 요청하기 위해 이란을 방문한 우즈베크 왕 발리 무함마드 칸을 위해 압바스 1세가 베푼 1611년의 연회 장면, 1518년 오스만제국 셀림 1세와 사파비왕조의 창건자 샤 이스마일 1세 간의 찰데란 전쟁 장면, 1550년 잠시 이란으로 망명했던 무굴제국 황제 후마윤을 위해 베푼 샤 타흐마습 1세의 연회 장면, 1511년 사파비왕조의 이스마일 1세가 우즈베크족을 무찌른 타헤라바드 전쟁 장면, 짧은 기간 이란을 통치했던 아프샤르왕조의 나디르 샤가 인도를 침공해 벌인 1756년 카르닐 전쟁 장면 등이 그려져 있다. 특히 나무로 된 현관 천장은 꽃무늬를 형상화한 기하학적 무늬로 칠해져 있어 궁전에서 최고 걸작으로 손꼽힌다.

이 궁전에 있는 모든 방에는 사파비왕조와 관련된 카펫, 도자기, 주화 그리고 군사들이 입었던 금속으로 만든 옷 등의 유물들이 전시되어 있다.

하슈트 베헤쉬트 궁전은 현재 차하르바그 길과 붙어 있는 샤히드 라자이 공원의 중앙에 자리하고 있다. 1669년 사파비왕조의 샤 솔레이만 왕에 의해 건축된 하쉬트 베헤쉬트는 페르시아어로 '8개의 천국'이라는 뜻이다. 이 이름을 둘러싸고 많은 이야기가 전해져 내려온다. 이슬람교 경전인 꾸란에는 천국이 일곱 개의 층으로 되어 있는데, 하쉬트 베헤쉬트의 아름다움이 천국의 여덟 번째 층에 해당할 만큼 아름답다는 시적인 표현이다. 또 다른 주장은 이 궁전의 원래 이름이 '천국의 방'을 뜻하는 하쉬트 베헤쉬트였다는 것으로, 이 궁전의 절묘하고 조화로운 아름다움을 잘 나타낸다. 이름 그대로 하쉬트 베헤쉬트 궁전은 금으로 입힌 무늬와 디자인 등이 그 아름다움을 더욱 빛낸다.

17세기 위대한 프랑스 여행가 샤르뎅은 이스파한에서 가장 아름다운 궁으로 하쉬트 베헤쉬트를 꼽았다. 또한 이곳은 당시 왕들이 연회와 유희를 즐겼던 곳으로 초기 건축할 당시 이 목적을 위해 더욱 외적인 아름다움에 치중했다.

건물 자체는 카자르 시대의 위대한 재상 아미르 카비르가 암살당했던 카샨에 있는 핀정원과 유사하지만 특이한 점은 2층으로 올라가면 알리 카푸 궁전의 음악 감상실과 같은 모양의 무늬들이 있는 것으로 볼 때 이곳에서도 음악이 연주되었음을 짐작할 수 있다.

예술과 카펫의 도시

이스파한을 수도로 한 사파비왕조가 뛰어난 문화와 예술을 지닐 수 있었던 데는 기술과 정보를 받아들이기 쉬운 실크로드의 요충지라는 지리적 이점이 큰 역할을 했다. 이맘 광장 주변에는 대시장 카이세리예 바자르가 있는데, 1천 개나 넘는 상점이 몰려 있어 이란의 역사와 예술이 전승되는 생생한 현장을 보여준다. 이곳에는 카펫, 목공예, 은공예, 은거울 세트, 칠보 도자기, 세밀화 액자 등 페르시아의 혼이 묻어나는 문화유산이 즐비하다.

이슬람교는 우상숭배를 엄격하게 금지해 신이나 인간은 물론 새나 짐승 등 생명체를 표현하거나 제작하는 것이 허용되지 않았다. 그래서 문자, 식물, 기하학적인 문양 등을 기본으로 하는 아라베스크 문양이 다수의 건물과 공예품, 직물에 사용되었다. 특히 식물 문양의 패턴과 모티프는 비잔틴과 지중해, 사산왕조 페르시아 등에서 전해 내려온 것으로 중세 시기부터 추상적이고 독창적인 이슬람 스타일이 형성되어 보다 광범위하게 사용되었다. 16~17세기에는 이란, 인도, 오스만터키 지역에서 더 복잡하면서도 자연주의적인 꽃과 풀 형상의 패턴이 유행했다. 기하적인 패턴 역시 사산왕조 페르시아에서 타일이나 직물 위에 다양하게 그려졌다.

회화에서는 세밀한 묘법으로 제작된 소형의 그림인 미니어처, 즉 세밀화가 유행했다. 이 기법은 하나의 대표적인 화법으로 이슬람 회화에 도입되어 큰 발전을 이루었다. 이슬람 회화가 내용에서는 인물의 표현을 삼가했지만 기법에서는 색채의 구성과 선의 효과를 기본으로 하는 특징을 지니고 있기 때문이다. 동양에서 세밀화의 시초는 사산조 페르시아 시대에 간행된 마니교 경전의 삽화에서 찾아볼 수 있으며, 이슬람 시대로 이어져 바그다드에서는 12세기, 이란에서는 13세기, 인도에서는 16세기에 세밀화가 유행하기 시작했다.

페르시아의 미니어처는 13세기 몽골 침략 이후 중국의 화풍이 전래되며 크게 발전했다. 그래서 몽골족 통치의 중심지로 삼았던 도시를 중심으로 타브리즈파, 시라즈파, 헤라트파의 3대 화파가 형성되었다. 이후 사파비왕조의 수도 이스파한에서 미니어처 예술은 활짝 꽃피었다. 이스파한파로 불리는 화파가 17세기부터 형성되었는데, 그 대표적인 인물은 샤 압바스 1세의 이름을 따서 스스로 압바시라는 예명을 사용한 제라 압바시였다. 이스파한 파는 유려한 자태의 인물화 화풍으로 유명했다. 압바스 1세는 이스파한에 수도를 정한 후 궁중 화원을 조성했

〈책 읽는 젊은이〉(레자 압바시 작)

는데, 이후 페르시아 미니어처의 중심은 타브리즈로부터 이스파한으로 옮겨졌다.

세밀화의 대가로 손꼽히는 레자 압바시는 1565년 사파비왕조의 페르시아 카샨에서 태어나 압바스 1세의 궁정화가로 활동했다. 그는 활동 초기에 정치적 혼란 속에서 왕실의 후원을 제대로 받지 못해 초상화 그리는 것을 주된 수입원으로 삼았는데, 섬세한 선과 대담한 색채 사용이 초기 작품의 특징이다. 압바스 1세의 궁정화가로 활약한 전성기에는 알리 카푸 궁전, 체헬소툰 궁전 등의 벽화를 그렸다. 뛰어난 스케치 능력, 인물 구도, 다양한 색채 선택 등의 실력을 발휘해 구체적인 주제가 드러나면서도 세부적 인물 묘사와 화려함을 자랑하는 작품을 남겼다. 후기 작품으로 갈수록 왕족이나 귀족 대신 노동자, 수도승, 나부 등을 사실적으로 묘사하는 화풍 변화가 나타난다.

레자 압바시의 대표작은 인물화를 중심으로 한 화집 《무라카》로, 그 안에 실린 1625년 작품 〈책 읽는 젊은이〉, 1630년 작 〈연인들〉 등이 유명하다. 레자 압바시는 1635년 궁정화가로 재직 중 타브리즈에서 사망했다. 현재 그의 작품을 이란 테헤란의 레자 압바시 박물관뿐만 아니라 튀르키예 톱카프 궁전 박물관, 대영박물관, 루브르 박물관 등에서 볼 수 있다.

한편, 페르시아 카펫은 세계 최고 품질로 인정받고 있으며, 이것을 예술품으로 승화시킨 것은 16세기 사파비왕조의 압바스 1세의 공로라고 할 수 있다. 압바스 1세는 왕실에 카펫 공방을 설립하고, 예술가들을 고용해 본격적으로 카펫 사업을 육성했다. 특히 이스파한 인근의 카

카샨의 전통 카펫 직조 기술

샨이라는 도시에서 생산되는 카펫은 이때부터 명성을 날렸으며, 17세기 초 비단 산업이 정착된 이후로 18세기까지 왕실의 카펫으로 쓰였다. 카샨 카펫은 유럽과 미국으로 수출되어 영국 런던의 빅토리아 알버트 박물관을 비롯한 유럽의 박물관들에 전시되었다. 1978년 수도 테헤란에 건립된 이란 카펫 박물관에는 아름다운 17세기 카샨 카펫이 소장되어 있다.

카샨은 이란 북부의 카비르 사막을 따라 위치한 오아시스 마을로, 수천 년의 역사를 지닌 고대 도시다. 인구의 30퍼센트가 카펫 산업에 종사하며, 가족 내의 도제제도를 통해 전승되었다. 절반 이상의 직조 기술자가 여성으로, 어머니와 할머니로부터 딸들에게 기술이 전해졌다. 남성들은 카펫의 디자인, 염색, 양털 깎기, 베틀 제작 등의 단계에 참여한다.

카펫은 면, 양모, 비단 실로 제작하는데, 꼭두서니의 뿌리, 석류, 포도나무 같은 자연에서 얻은 천연염료로 실을 염색하기 때문에 색이 선명하고 오래 유지된다. 대표적인 색은 어두운 붉은색, 파란색, 베이지색이며 초록색, 회청색 등도 자주 볼 수 있다. '파르시 매듭'으로 불리는 고유의 비대칭 매듭을 사용해 앞면과 뒷면의 무늬가 일정한 것이 특징이며 꽃, 나뭇잎, 동물, 인간, 그리고 역사적 전투 장면 등이 주요한 주제다.

카펫 디자인은 크게 세 가지로 구분한다. 첫 번째는 기하학적 무늬다. 수직선과 대각선이 결합하며, 끝없이 연결되는 매듭은 이슬람의 상

메트로폴리탄예술박물관이 소장 중인 카샨 카펫

징을 반영하기도 한다. 두 번째는 곡선과 꽃무늬로, 타원형의 메달리온이 가장 일반적인 주제다. 중앙에 타원형이 위치하고, 가장자리에는 직사각형의 형태가 타원을 감싸는데, 종려 잎 무늬와 아라베스크 문양이 흔히 사용된다. 마지막 세 번째는 그림의 형태로 가장 희귀한 디자인이다. 주로 역사, 종교적 사건 및 자연을 표현하는데, 이를 위해 가장 정교한 기술을 필요로 한다.

카펫을 제작하는 순서는 먼저 모눈종이에 밑그림을 그리고 색을 칠해 도안을 완성한다. 이때 모눈종이의 한 칸이 한 개의 매듭을 의미한다. 이어 다르라고 불리는 베틀에 날실을 건다. 일반적으로 6.5센티미터에 30~40개의 매듭을 묶으며, 비단 실을 사용한 고급 카펫의 경우 매듭의 수가 60개에 이르기도 한다. 도안을 따라 알맞은 색상의 실을 파르시 매듭으로 묶고 빗으로 두드려 단단하게 고정한다. 카펫이 모두 완성되면 물로 깨끗하게 세척하고 다듬어 튀어나온 실밥을 잘라내고, 필요한 부분을 바늘로 수선해 마무리한다.

영혼과
예술이 닿기를,
아그라

신들이 뛰놀던 곳

세계 7대 불가사의 중 하나인 타지마할의 도시, 경이로운 건축물과 아름다움의 극치를 보여주는 정원이 가득한 도시, 뛰어난 예술품과 공예품을 경험할 수 있는 도시가 인도 아그라다.

"해와 달이 눈물을 흘리게 한다". 타지마할을 건축한 무굴제국의 샤 자한 황제의 말 속에서 먼저 떠난 뭄타즈 마할 왕비에 대한 처연함이 배어나고, "영원의 뺨에 흐르는 눈물 방울"이라 묘사한 노벨문학상 수상자이자 인도의 시성인 타고르의 말에서 타지마할의 눈부시도록 아름다운 애가의 정수가 흘러넘친다.

아그라는 인도 야무나강 변에 위치한 도시로 우타르 프라데시주에 있다. 수도 뉴델리에서 야무나강을 따라 남동쪽으로 약 230킬로미터, 주도(主都)인 러크나우에서는 서쪽으로 330킬로미터 떨어진 곳에 있다. 발길 닿는 곳마다 '살아 있는 역사 교과서'라 불릴 정도로 아름다운 역사 유적이 많아 전 세계 관광객이 몰려오는 인도 최고의 관광도시이자 인도 북부 교통의 요지로 물류 유통의 중심지이기도 하다.

아그라를 중심으로 동쪽에는 갠지스 강 유역의 광대한 평야가 전개되고, 북쪽은 야무나강 연안을 따라 델리를 거쳐 펀잡 지방까지 평야가 이어지는, 두 강 사이에 평야가 연속되어 있다. 아크라는 무굴제국이 수도를 델리로 옮길 때까지 1564~1658년 약 1세기 동안 수도로서 북부 인도를 지배했다. 영국 동인도회사의 지배를 받을 때도 지역 행정지구의 중심지로서 중시되었으며 오늘날도 지방 행정부의 청사가 있다.

기원전 3세기의 고대 서사시 〈마하바라타〉에 '천국의 정원'이라는 뜻을 가진 아그라바나(Agrabana)로 쓰일 정도로 유서 깊고 아름다운 도시다. 15세기 중반에는 인도의 네 번째 이슬람 왕조

아그라의 타지마할

였던 로디왕조의 수도였으며, 16세기에는 무굴제국의 수도로 1658년 무굴제국이 수도를 델리로 옮길 때까지 엄청난 번영과 영광을 누렸다. 무굴제국의 아그라는 정치, 경제, 문화에서 당대 세계 최고의 도시 중 하나로 발전했다.

아그라는 종교와 사상이 융합되어 새롭게 탄생한 곳이기도 하다. 지금은 자취를 감추었으나 아크바르가 창시하고 '알라의 종교'라는 뜻을 지닌 딘일라히라는 종교의 발상지가 된 곳이며, 전 세계적으로 약 200만 명의 신도를 보유한 것으로 추산되는 라다스와미교도 이곳에서 시작되었다.

아그라라는 도시 이름의 기원에 대해서는 다양한 이견이 있으나, 가장 널리 받아들여지는 것은 '염전'을 의미하는 힌디어 '아가르'다. 특히 염분이 많이 섞여 있는 이 지역 토양에서 예전부터 물기를 증발시켜 소금을 얻었다는 사실은 도시 이름의 기원에 대한 타당성을 높여준다. 일부에서는 인도 신화의 크리슈나 여신이 뛰어놀던 작은 숲 아그라바나에서 유래되었다고 주장한다. 무굴제국 시대에는 아크바라바드로 알려지기도 했으며, 샤 자한은 자신의 조부 아크바르를 기려 동전에 도시의 이름을 아크바라바드라고 새겨 넣었다.

아그라는 대리석 세공, 면직물, 융단, 제화 등의 제조업이 활발한 도시이며 교통의 요지이기도 해서 농산물과 일용잡화가 모두 아그라를 거쳐 운송되는 화물 중심지다. 시내와 근교에 남아 있는 타지마할, 아그라성 등과 같은 무굴제국시대 최고 전성기의 건축과 미술 유적은 전 세계 관광객들의 관심으로 발길이 끊이지 않는 도시의 주요 관광지다.

여름은 최고기온이 45도에 이를 정도로 매우 덥고 겨울은 최저기온이 4.2도로 따뜻하다. 강수량 대부분이 7~9월 사이에 집중되었으나 월평균 강수량이 45밀리미터를 넘긴 달이 고작 4개월뿐이기 때문에 짧고 굵은 우기를 제외하면 거의 사막기후와 유사하다.

누가 그곳에 숲을 만들었을까

아그라가 처음 등장한 것은 기원전 3세기 인도 고대 산스크리트 대서사시인 〈마하바라타〉다. 이 작품에서는 아그라가 현재 아그라의 동편, 야무나 강둑의 왼편에 위치한 것으로 묘사되며 '천국의 정원'이란 뜻의 아그라바나로 불린다.

이후 아그라에 대한 기록은 거의 없으나 11세기에 가즈나왕조에서 활동한 페르시아 시인 마수드 사이드 살만의 기록에 의하면 약 1017년경 가즈나왕조의 마흐무드가 아그라를 공격했고, 당시 아그라를 다스리던 자야팔라 왕은 악몽을 꾼 후 바로 항복했으나 가즈나왕조의 마흐무드는 마을을 약탈해 폐허로 만들었다고 기록했다. 17세 아랍 연대기 작가 압둘라 역시 마투라 왕이 아그라성을 감옥으로 사용했다고 주장한다.

1504~1505년 사이 로디왕조의 2대 국왕 시칸다르 로디가 아그라를 재건하고 정부의 중심지로 삼았다. 시칸다르 로디는 심사단을 파견해 야무나강을 따라 델리에서 에타와까지 면밀히 조사하게 한 후에 도시

의 터로 야무나강 왼쪽 기슭인 아그라를 최종 결정했다고 한다. 그 후 아그라는 왕실, 관리, 상인, 학자, 신학자와 예술가 들이 있는 번성하는 큰 도시로 성장했다. 시칸다르 로디는 아그라 북쪽 교외에 시칸드라 마을을 만들고, 1495년에는 붉은 사암으로 바르라 다리를 건설했다. 1517년 술탄이 사망한 후 그의 아들 술탄 이브라힘 로디가 권력을 승계받았고 1526년 제1차 파니파트 전투에서 무굴 황제 바부르에게 패배해 살해될 때까지 아그라에서 그의 술탄국을 다스렸다.

아그라의 황금기는 무굴제국과 함께 시작되었다. 아그라는 독실한 무슬림 군주였던 무굴제국의 제6대 황제 아우랑제브가 델리로 수도를 옮긴 1658년까지 무굴제국의 수도이자 서아시아의 거점 도시로 명성을 떨쳤다.

무굴제국의 창시자인 바부르는 부계로는 티무르 5대의 직계 자손이며 모계로는 칭기즈 칸의 15대손이다. 그는 1526년 제1차 파니파트 전투에서 로디왕조의 군대를 격파한 후 그의 아들 후마윤을 보내 별다른 무력충돌 없이 아그라를 차지했다. 바부르는 야무나강 유역에 무굴제국 최초의 정원인 아람 바그를 건설했다. 아람 바그는 '쉼의 정원'이라는 의미다. 애초에 바부르는 제국의 수도를 이곳 아그라에 건설하기를 원했지만 지역의 황량한 모습에 결국 포기할 수밖에 없었다고 그의 회고록 《바부르나마》에 다음과 같이 기록했다.

"힌두스탄의 가장 큰 단점 중 하나는 인공 수로가 필요하다는 것이다. 나는 할 수만 있다면 물레방아든지 인공 연못이든지 다 만들어 내가 살 곳을 편리하고 쾌적하게 만들고 싶었다. 이런 꿈을 꾸며 나는 정원을 만들 장소도 수소문했다. (중략) 그러나 이런 노력에도 불구하고 우리는 힌두스탄의 더위, 강한 바람, 먼지를 더는 참을 수 없다. 오직 목욕만이 이 세 가지를 떨쳐낼 수 있는 유일한 방법이라니……."

1530년 바부르의 뒤를 이어 그의 아들 후마윤이 왕으로 등극하지만 고작 9년 후인 1539년 칸노에서 아프간 귀족 셰르 샤 수리에게 패배하고 아그라에서 무굴제국의 통치는 잠시 중단되는 듯했으나 1556년 제2차 파니파트 전투에서 무굴제국의 제3대 황제인 아크바르가 다시 탈환한다.

아크바르와 그의 손자 샤 자한의 통치 아래 아그라는 황금기를 누리며 후대에 위대한 문화유산을 남긴다. 아크바르는 야무나강 우편에 현재의 아그라를 건설했으며, 그의 치세 아래 아그라는 광활한 제국을 이어주는 새로운 정치, 경제, 사회의 중심지로 성장했다. 그는 아그라를 교육, 예술, 상업의 중심지로 만드는 것 외에도 아그라 성채를 지었으며, 아그라에서 35킬로미터 떨어진 외곽 파테푸르 시크리에 새로운 수도를 옮겼다가 다시 아그라로 돌아왔다. 그가 죽기 전까지 아그라는 인도 동부 지역에서 가장 큰 도시로 발전했고 막대한 양의 교역이 이루어지는 상업의 중심지가 되었다.

아크바르 재위 시절인 1585년 9월 아그라를 방문한 영국 여행가 랄프 피치는 당시의 아그라를 이렇게 기록하고 있다.

"아그라는 인구가 많은 대도시이며 집들은 돌로 지어져 있다. 거리는 깨끗하고 넓으며 그 옆으로 깨끗한 강이 흐른다. (중략) 아그라와 파테 푸르 시크리 둘 다 대도시로 런던보다 크고 인구가 많다."

아크바르의 뒤를 이은 무굴제국의 자한기르 제4대 황제의 통치 기간 에도 아그라는 번영과 발전을 계속해서 이어갔다. 무굴제국의 황제 가 운데 최초로 인도에서 태어난 인물인 자한기르는 특히 동식물을 사랑 해서 많은 정원을 조성했는데, 시칸드라에 있는 아크바르의 영묘, 아그 라성에 있는 자한기르 마할과 이트마드 우드다울라의 무덤도 이 시기 에 지어졌다.

자한기르의 뒤를 이은 제5대 황제 샤 자한의 치세 기간은 무굴제국의 황금기로 안정과 번영을 누렸으며 데칸고원 남부에까지 이르는 광대 한 영토를 다스렸다. 아버지 자한기르와 할아버지 아크바르 황제의 가 장 큰 총애를 받은 샤 자한은 어린 시절부터 폭넓은 교양을 쌓았으며, 10대 중반부터 원정에 참여해 군사적 능력도 보여주었다. 16살 때부터 무굴제국의 창시자 바부르가 세운 카불의 요새에 군사시설을 짓는 일 을 이끌고, 아그라성의 건물들을 새로 축조하면서 건축에서도 일찍부 터 재능을 나타냈다. 재위 시절 아그라의 타지마할, 델리 궁전 등 웅장 하고 화려한 건축물을 남겼는데, 그의 궁전에 온 외국 사절들은 궁전의 화려함에 매우 놀라고, 고도로 체계화된 통치 시스템에 다시 한번 놀랐 다. 샤 자한은 1646년 수도를 지금의 델리인 샤자하나바드로 옮겼고, 1658년 그의 아들 아우랑제브가 궁전 전체를 델리로 옮겨갔다. 이후 자연스럽게 아그라는 급속도로 쇠퇴하기 시작했으나 그럼에도 불구하고 아그라의 문화적, 전략적 중요성은 여전히 남아 제국의 두 번째 주요 도시의 기능을 담당했다.

여러 정복 활동으로 심각한 재정난을 겪게 된 무굴제국은 많은 세금을 거두어들였고 아우랑제브의 치세 말기에는 비이슬람교도에게 인두세까지 징세하기 시작하자 지방을 중심으로 반란이 곳곳에서 일어났다. 그중 서부 데칸 지역에서는 힌두교도들이 마라타왕국을 세워 무굴제국의 강력한 적으로 등장했다. 무굴제국이 쇠퇴한 후 아그라는 잠시 마라타왕국의 지배하에 놓였다가 1803년 영국 동인도회사의 손에 넘어가 영국령이 되었다.

1834~1836년에 아그라는 영국령 인도의 아그라 통치구 수도로 총독이 다스렸고, 그다음 1868년까지는 북서 지역구에 편입되어 지사가 관리하는 작은 수도의 기능을 유지했다.

아그라는 1857년 5월 인도인 용병들을 중심으로 점령군 영국에 대항해 일어난 세포이 항쟁의 중심 도시 중 하나였다. 그러나 세포이 항쟁은 그해 9월에 영국 에드워드 그레이트헤드 준장이 이끄는 보병부대에 의해 실패로 끝나면서 아그라는 다시 영국의 지배하에 들어갔다. 이후 1868년 북서 지역구의 수도가 알라하바드로 옮겨진 후 아그라는 서서히 지방 도시로 쇠퇴해갔다.

인도 독립 이후 아그라는 행정구역상 우타르 프라데시에 속하며, 점차 산업도시로 발전해 지역경제에 크게 이바지했다. 아그라 인근에 위치한 타지마할과 아그라성은 1983년 유네스코 세계 문화유산으로 등재되어 일 년 내내 엄청난 수의 관광객, 사진작가, 역사가와 고고학자들을 전 세계에서 불러 모으고 있다.

특히 타지마할은 전 세계 지도자들이 인도를 방문할 때 가장 먼저 방문하는 곳이다. 미국 대통령으로는 1959년 드와이트 D. 아이젠하워, 2000년 빌 클린턴, 2020년 도널드 트럼프가 방문했고, 영국의 엘리자베스 2세 여왕은 1961년 타지마할을 찾았다. 그 외에도 1999년 블라디미르 푸틴 러시아 대통령, 2006년 후진타오 중국 국가주석, 2018년 베냐민 네타냐후 이스라엘 총리와 캐나다 총리 쥐스탱 트뤼도 등도 타지마할을 방문했다.

아그라는 델리, 자이푸르와 함께 인도 관광의 황금 삼각지대에 속해 있으며, 우타르 프라데시의 관광 협력체인 우타르 프라데시 헤리티지 아크에도 루크나우, 바라나시와 함께 포함되어 있다.

영원한 사랑의 시, 타지마할

타지마할과 아그라성을 빼놓고는 인도와 아그라를 논할 수 없다. 아그라는 지금도 전 세계 관광객을 불러 모으는 인도의 대표적인 명소이기 때문이다. 특히 타지마할은 건축사의 불가사의라 할 만큼 웅장함과 세련미, 균형미가 압도적이다. 그러나 타지마할의 매력이 웅장한 건물의 외관이나 내부 장식에만 있는 것은 아니다. 타지마할과 아그라성의 아름다움 뒤에는 샤 자한과 왕비 뭄타즈 마할의 애절한 사랑 이야기가

샤 자한의 초상(스미소니안 소장)

몸타즈 마할

고스란히 담겨 있다.

어쩌면 아그라에 이런 사랑의 이야기가 간직되고 전해질 수 있었던 것은 당연한 결과일지도 모른다. 무굴제국은 기존의 이슬람 왕조나 인도 토착의 힌두 문화와는 다른 사회적인 질서 확립을 위해 노력했다. 사랑 이야기의 주인공인 샤 자한의 조부 아크바르 대제는 무굴제국의 전성기를 시작한 통치자로 유달리 여성의 인권 확립을 위해 앞장섰다. 그는 남편이 죽으면 아내도 따라 화장시키는 힌두교의 사띠 제도를 금지하고 과부의 재가를 허용했는데, 이는 당시로서는 획기적인 일로 평가된다. 인도 북부 지역에는 까타까르라 불리는 떠돌이 이야기꾼들이 있어 여러 신화나 영웅담 등 흥미진진한 이야기를 사람들에게 들려주곤 했다. 즉, 도시 내에는 항상 이야기들이 가득했다는 것이다. 여성의 지위가 향상되고 삶이 윤택해지면서 도시에 떠도는 사랑 이야기들은 낭만적인 서사가 되어 아그라를 더욱 빛나게 했다.

1983년 유네스코 세계문화유산으로 지정된 타지마할은 무굴제국의 5대 황제였던 샤 자한이 자신이 가장 사랑했던 왕비 뭄타즈 마할의 죽음을 애도하며 만든 분묘 궁전이다. 샤 자한의 세 번째 왕비였던 뭄타즈 마할은 페르시아 귀족 출신으로 1631년 열네 번째 아이를 낳던 중 39세의 나이로 사망했다. 샤 자한은 사랑하는 왕비 뭄타즈의 죽음을 애도하며 죽기 전 그녀의 소원에 따라 그녀가 죽은 지 6개월 후부터 건설을 시작해서 장장 22년에 걸쳐 왕비를 위한 세상에서 가장 아름다운 분묘 궁전을 완공했다.

세상에서 가장 아름다운 궁전 묘지를 짓기 위해 샤 자한은 오스만튀르크제국 최고의 사원 전문 건축가 우스타드 아흐마드 라호리를 비롯해 인도, 이란, 이탈리아와 프랑스를 비롯한 외국의 건축가와 전문 기능공들을 불러 모았다. 건물 공사를 위해 인부만 2만 명, 천 마리가 넘는 코끼리를 동원해 무려 22년 동안 대공사를 진행했는데, 타지마할 완공 후 다른 곳에 더 아름다운 건축물을 짓지 못하도록 공사에 동원된 노동자들의 손목을 잘랐다는 이야기가 전해지고 있다.

건물의 외장 재료는 정문에는 붉은 사암, 묘당 본 건물에는 순백의 대리석을 사용했다. 아울러 벽면 장식을 위해 수많은 보석을 사용했는데, 튀르크의 비취와 티베트의 수정, 미얀마 북부의 옥, 아프가니스탄과 이집트의 진주, 사파이어, 다이아몬드 등을 수입했다. 건축 비용을 감당하기 위해 세금을 절반 이상 올리는 등 당시 강대했던 무굴제국도 감당할 수 없을 정도로 예산을 낭비해 무굴제국이 멸망하는 계기가 되었다.

붉은 사암으로 만들어진 정문을 통과하면 가로 300미터, 세로 500미터의 넓은 부지 중앙의 수로 양 옆으로 넓은 무굴 양식의 정원이 펼쳐진다. 긴 수로의 끝에 완벽한 좌우 대칭을 이루는 순백색 대리석 건물이 서 있다. 네 모퉁이에 배치한 첨탑을 비롯해 좌우가 정확한 대칭을 이룬 건물 외부에 모두 보석으로 정교하게 장식한 아치 위로 꾸란 구절이 쓰여 있다. 건물 내부 1층에는 대리석으로 만든 샤 자한과 뭄타즈 마할의 관이 있지만 유골이 없는 빈 관이며 실제 관은 지하 묘실에 안장되어 있다.

한쪽 벽의 56미터, 중앙 돔의 높이가 58미터인 거대한 타지마할이 정

아치 출입문 위의 《꾸란》 구절

야무나강에서 바라본 타지마할. 정문의 붉은 사암과 묘당 건물의 순백 대리석이 대비된다.

원 중앙에 있는 연못에 비치는 모습이 마치 하늘에 떠 있는 듯한 느낌을 주도록 설계되었다. 아름다운 백색의 대리석 돔은 부드럽고 풍만한 왕비를, 그 돔을 둘러싸고 사방에 세운 뾰족탑은 샤 자한을 상징하는데, 죽은 왕비를 지켜주려는 샤의 마음을 담은 것이다.

타지마할은 바닥의 문양과 벽 장식의 완벽한 비율과 완벽하게 좌우 대칭을 이루는 수학적 완성도와 조형미로 인도 건축미의 탁월함을 보여준다. 구조상 타지마할은 세계 최대의 대칭형 건물로, 출입구부터 본관인 묘궁까지 모두 중앙 수로를 중심으로 아치와 입면이 완벽한 대칭을 이루며 원근법을 이용해서 멀리서도 직선 구조로 보이게 했다. 중앙

벽면의 섬세한 문양

의 돔 주위로 높이 솟아 있는 네 개의 미나렛은 본관을 중심으로 5도씩 바깥으로 벌어지게 함으로써 전면에서 똑바로 보았을 때 탑이 원근법에 의해 안쪽으로 구부러지지 않고 반듯하게 보이도록 설계되었고 지진이 발생할 때도 1만3천여 톤을 지탱하며 관이 있는 안쪽으로는 무너지지 않도록 설계 및 시공했다.

건축의 세련미도 타의 추종을 불허한다. 타지마할은 하루에도 네 번씩 색깔이 바뀌는데, 빛이 순백색 대리석으로 이루어진 외관과 어우러져 달빛 아래에서는 은색으로 반짝이고, 동틀 무렵에는 옅은 분홍색을 띠며, 낮에는 보석 장식들의 빛을 반사해 천연의 빛을 발하며 해질녘에는 노을이 붉게 물든다. 꾸란을 새겨 넣은 높은 대리석 기둥은 밑에서 쳐다보았을 때 맨 윗부분과 아랫부분이 정확히 같은 너비로 보이게끔

보석을 박아 새긴 피에트라 두라 기법의 꽃문양

샤 자한(왼쪽)과 몸타즈 마할의 관

위로 올라갈수록 점점 판의 너비와 글자를 넓히고 크게 새겨 넣었는데, 그 세심함에 놀라지 않을 수 없다. 무엇보다 대리석에 홈을 파고 그 안에 온갖 보석을 박아 수를 놓은 것처럼 형상을 새긴 피에트라 두라 기법, 즉 상감 기법의 꽃문양은 타지마할의 자랑이다.

건축 양식 역시 전통과 혁신, 이슬람 풍과 힌두풍이 절묘하게 조화를 이룬다. 인도의 역대 이슬람 황제들은 성 건축 재료로 붉은 사암을 주로 사용했으나 샤 자한은 붉은 사암은 정문과 타지마할 전 구역을 둘러싼 담벽을 쌓는 데 사용했다. 중심이 되는 묘당 건물은 백색 대리석을 사용했는데, 이는 힌두 전통 방식을 따른 것이다. 타지마할은 이슬람교와 힌두교의 건축 양식을 교묘하게 배합해 그 아름다움을 완성했는데, 힌두교 사원에서 볼 수 있는 섬세한 대리석 격자 세공에 이슬람풍의 아치를 걸었고 문에 새긴 연꽃은 힌두교와 관계가 깊은 반면에 바깥 면의 아라베스크와 갈매기 무늬는 전형적인 이슬람풍으로 장식했다.

여기서 그리워하노라, 아그라성

유네스코 세계문화유산으로 지정된 아그라성은 '아그라 요새' 또는 '붉은 성'으로도 불린다. 타지마할 북서쪽 강변에 자리한 아그라성은 무굴제국의 성채로 1565년 무굴제국의 제3대 황제 아크바르 대제가 건설을 시작해 1573년 완공했다. 그리고 후대의 왕들에 의해 지속적으로 증축되었는데, 특히 건축에 남다른 애정과 재능을 보였던 샤 자한 시대에 궁성으로 개조되면서 화려한 건축물이 대거 추가되고, 샤 자한의 아들 아우랑제브가 1638년 무굴제국의 수도를 델리로 이전할 때까지 이곳은 무굴제국 황제들의 거주지였다.

야무나강의 서쪽 강변에 있는 이 거대한 성채는 평면 형태가 불규칙한 반원형으로 되어 있으며 강변에 면한 직선으로 된 성채 부분의 길이는 810미터다. 붉은 사암으로 축조된 성채의 높이는 21~30미터이며, 전체 길이는 2.4킬로미터로 여러 지점마다 반원형 평면의 보루가 돌출되어 있다.

아크바르 대제가 건축한 아그라성은 남쪽과 서쪽에 출입문이 있는

아그라성의 델리문

데, 그중 서쪽 출입문은 '델리 게이트(Delhi Gate)'라고 불린다. 이 두 입구의 전면 아치형 대문 가장자리에는 반원 모양의 돌출된 팔각형 탑이 서 있으며 후면에는 아치형 대문 상부에 아케이드 테라스와 작은 정자들이 서 있다.

성 내부에 붉은 사암으로 된 자한기르 마할 궁전은 아크바르 대제가 힘겹게 얻은 아들 자한기르를 위해 지은 것으로, 힌두 궁전 건축 양식에서 무굴 양식으로 변화하는 과정을 잘 나타내는 건축물이다.

자한기르 마할 궁전을 제외한 성 내부의 다른 궁전들은 대부분의 샤

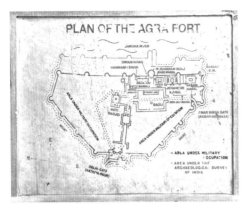

아그라 성 입구에 걸려 있는 평면도(2012년)

무삼만 부르즈 테라스에서 멀리 보이는 타지마할

자한 시대에 건설되었다. 디완이암과 디완이카스는 장방형 평면 구도의 전당이다. 샤 자한이 사람들을 접견하고 그들의 문제를 청취했던 장소인 디완이암은 1631년~1940년에 붉은 사암으로 건축했으며 백색 치장 벽토로 장식해 내부와 외부가 무척 호화롭다. 디완이카스는 귀빈들을 맞는 왕의 접견실로 1635년에 건설되었으며, 자한기르 왕이 만든 검은색 왕좌가 놓여 있다. 야무나강에 면해 있는 카스마할 궁전은 샤 자한 황제가 거주한 곳으로, 중정에는 네 개의 구획으로 나눈 정원을 만들어 화단, 수로, 분수 등을 설치했다. 카스마할과 자한기르 마할 궁전 사이에는 골든 파빌리온이 서 있다. 이 건물은 지붕의 네 모서리 부분이 처져 있으며, 이와 같은 건축 양식은 벵갈 지방의 민가 전통 건축 형식을 궁전 건축에 채택한 것으로 매우 특이하다.

샤 자한의 아들 아우랑제브는 외부 성채를 건설하고 2중으로 된 성벽 사이에 물길을 설치했다. 특히, '포로의 탑'을 의미하는 팔각형의 무삼만 부르즈는 샤 자한이 아들 아우랑제브에 의해 유폐되어 말년을 보낸 감옥이다. 샤 자한은 엄청난 재정난에도 불구하고 자신이 사후에 묻힐 무덤을 사랑하는 아내의 무덤 타지마할과 대칭을 이루는 장소에 검은색 대리석으로 호화롭게 지으려 했다. 이런 아버지의 계획에 분개한 아우랑제브는 호화 분묘 조성과 제국 수도의 이전 등을 구실로 삼아 샤 자한을 이 탑에 가둔다. 샤 자한은 날씨가 맑은 날이면 이 탑의 테라스에 서서 타지마할을 바라보며 죽은 아내를 그리워했다고 한다. 감옥이었지만 하얀 대리석에 온갖 보석이 박힌 내부 생활공간은 아름답고 화려하다.

그 외에도 아그라성 안에는 여러 개의 아름다운 사원이 있는데, 가장 유명한 것은 샤 자한이 심혈을 기울여 건축했다는 이슬람사원 모티 마스지드다. 대리석으로 만든 모티 사원은 '진주사원'라고도 불리는데, 완벽한 조형미를 자랑하고 있다. 이외에도 궁녀들을 위한 사원인 나기나 사원, 황제의 개인 예배실로 규모가 작은 미나 사원 등이 있다.

모든 삶은 예술이 된다

인도는 예술과 공예의 나라라고 해도 과언이 아니다. 거대한 제국의 영토만큼이나 고전적인 화법의 그림, 고대 직물 및 기타 수공예품, 신성한 춤 형태, 매혹적인 축제 등 다채로운 예술적 매력이 가득하다. 여러 시대에 걸쳐 발전된 예술 전통의 초점은 늘 조화와 균형, 융합과 공존이었다.

17세기 무굴제국에는 수도 아그라를 시작으로 인구 20만 명이 넘는 도시가 아홉 개였는데, 같은 시기 유럽에는 이와 같은 규모의 도시가 콘스탄티노플, 나폴리, 파리, 런던이 전부였던 때다. 특히 아크바르 대제와 함께 건축과 예술에 대한 심미안을 소유하고 끝없이 아름다움을 추구했던 샤 자한 시대에 건축과 예술과 공예는 이곳 아그라에서 꽃피웠다.

새로운 문화나 예술 장르를 탄생시킨 것이 아니라 주변의 평범함 속에서 발견한 아름다움을 발전시키고 적극적으로 받아들여 아그라만의

고대 로마의 도로 바닥 모자이크 기법

19,444개의 준보석이 새겨진 아그라의 파르킨카리 기법 제품

감성과 기술로 재탄생시켰다. 예술이든 공예든 아그라를 거치면 이전 과는 다른 아름다움을 더해 한 단계 발전했다.

타지마할의 상징이 된 대리석 상감 장식법을 가리키는 명칭이 '피에트라 두라(Pietra dura)' 다. 피에트라 두라는 이탈리아어로 '단단한 돌'이라는 의미다. 대리석과 같은 석재를 다양한 모양으로 자른 후 원판 석재 안에 끼워 넣어 각 부분 사이의 접촉이 보이지 않을 정도로 정밀하게 조립하는 방식을 말한다. 일반적으로 녹색, 흰색 또는 검은색 대리석 원판에 형형색색의 유리구슬이나 보석을 잘라 안에 끼워 넣어 문양을 만들었다.

이 기법의 기원은 고대 로마 시대 모자이크 기법인 오푸스 세크틸레 다. 대리석, 경석, 유리 등을 표현하려는 형상에 따라 끊어서 끼워 넣는 방식으로 제정 로마 시대의 주택이나 신전의 바닥의 포장법으로 사용되었고, 기독교 성당 등의 벽 장식에도 사용되었다. 이 모자이크 기법은 15세기 이후 피렌체의 메디치가 공방에서 피에트라 두라 기법으로 진화되어 발달했다.

이 기법은 17세기에 인도의 무굴제국까지 전해져 더 정교하고 세련된 모습의 피에트라 두라 기법으로 발전한다. 특히 타지마할은 최고의 피에트라 두라 기법이 사용된 예로 평가되며, 기술의 탁월함으로 인해 기법의 명칭 자체가 바뀌는 결과를 낳는다. '단단한 돌'을 뜻하는 '피에트라 두라'에서 '무늬를 새겨 넣다'는 뜻의 '파르킨카리'로 서아시아와 그 주변국에 널리 알려졌다.

주요 관광명소인 타지마할 덕분에 지금도 아그라에는 힌두교의 신의 형상 조각품, 코끼리 공예품, 보석함, 기타 장식용품에 이르기까지 피에트라 두라 공예품 산업이 번창하고 있다. 피에트라 두라 공예에 사용되는 문양도 아그라에서 재해석하고 발전시킨 페르시아풍이 더 많이 새겨졌고, 아그라는 피에트라 두라 기법을 활용한 대리석의 최고 제작지로 손꼽힌다.

전통춤 까탁과 미나카리 장신구

인도 8대 고전 무용 중 하나인 까탁은 인도 북부의 대표적인 춤이다. 남성과 여성이 함께 추는 춤으로, 내용보다는 음악과 리듬이 중요한 요소다. 발목에 종을 매달아 타악기 효과를 내는데, 춤을 추는 사람들이 서로 엇갈리며 다채로운 리듬을 만들어낸다. 무엇보다 발의 움직임에 중점을 두는 서정적인 몸짓의 춤으로, 이는 신과 소통해 신과의 화합을 영적으로 찬양하는 의미를 담고 있다.

까탁의 원조는 까타까르로 불리던 이야기꾼들이다. 여기서 까타는 '이야기'라는 뜻의 산스크리트어다. 까타까르들은 여기저기를 떠돌며 위대한 서사시나 고대 신화에 등장하는 이야기들을 동작, 노래, 악기 연주를 곁들여 최대한 흥미진진하게 소개했다. 이런 까타까르의 전통이 까탁이라는 춤으로 나타난 것은 서기 7, 8세기 중세 힌두교의 중요한 종교 운동인 박띠운동 기간이다. 인도 북부의 왕국들은 힌두교의 최고 신 중 하나인 크리슈나의 어린 시절 이야기 및 업적을 백성들에게 가르치려는 방법으로 춤의 형태로 발전시킨 것이 까탁의 기원이다. 이야기를 몸짓으로 잘 전달해야 하는 것에 기원을 둔 춤이므로 까탁 무용수들은 현란한 손놀림과 역동적인 발놀림, 몸의 움직임과 유연성을 통해 다양한 이야기를 하지만 무엇보다 표정을 통해 감정을 전달한다.

이슬람 왕조인 무굴제국, 특히 아크바르 대제 시절에 까탁의 전통은 장려되어 아그라 궁전에서는 까탁 공연이 자주 열렸다. 무굴제국을 통해 까탁은 힌두 전통에서 널리 퍼지고 이슬람적 요소가 가미되면서 더욱 통합적인 형태로 발전했다.

무굴제국을 계기로 까탁은 평민부터 왕실 귀족까지 전 계층이 즐기는 춤이 되었으며, 인도 전역으로 전해져 자이푸르, 바라나시, 러크나우를 중심으로 세 개의 주요 까탁 계파를 형성한다. 그중 아그라를 중

무굴 전통 의상을 입고 까탁을 추는 무용수

심으로 한 자이푸르 계파는 까탁의 기술적 측면을 중시해 리듬감 있는 발놀림, 빠른 노래와 빠른 회전을 특징으로 한다. 이에 비해 바나라스와 러크나우 계파는 표정과 우아한 손놀림을 더 강조한다.

까탁 춤 기술은 후대에 계승되다 영국 식민지 시대에 침체해 거의 사라질 위기에 직면했다가 인도의 독립 이후부터 민족 정체성을 고취하는 목적으로 서서히 복원되기 시작했다.

한편 인도에서 가장 희귀한 공예품으로 손꼽히는 미나카리는 금속이

인도 미나카리 장신구

나 세라믹의 표면을 유릿가루로 색과 문양을 입히는 과정을 말한다.

미나카리의 기원은 페르시아의 파르티아왕조와 사산왕조 시대로 거슬러 올라가지만, 오늘날의 세심한 형태는 15세기경 사파비왕조에서 시작했다가 무굴제국에 전파되었고, 무굴제국은 문양과 소재를 다양화하고 복잡하게 만드는 기술을 발전시켰다. 특히 무굴제국에서 발달한 까탁 무용수들의 화려한 장신구에 미나카리 양식이 도입되면서 아그라는 미나카리 장신구를 제국 전체로 유행시켰다.

미나카리는 페르시아어 '미나'와 '카리'의 합성어로 미나는 '낙원' 또는 '천국'을 의미하고, 카리는 '무언가를 하다' 또는 '다른 무언가 위에 올려놓다'는 의미로 미나카리는 '천국을 올려놓다'라는 의미를 갖게 되었다. 미나카리 장식으로 금속이나 세라믹 위에 천국과 같은 아름다움을 올려놓는 예술 방식이라는 의미다.

곱게 빻은 유릿가루를 섭씨 750~850도에 달하는 강한 불로 녹여 금속판이나 유리 혹은 세라믹 위에 덧입혀 기하학적 문양을 그려내는 공예 방식인 미나카리는 이 과정을 통해 덧입혀진 금속이나 세라믹 등은 광택이 나며 부드럽고 내구성을 동시에 지니게 된다.

도자기 분야의 미나카리 방식은 이란에서 더욱 발전해 18세기와 19세기에 절정에 이르렀고 이란의 미나카리 장인들은 인근 국가로 초청되어 미나카리 도예 채색법을 전파했다. 미나카리는 지금도 인도, 이란, 파키스탄, 아프가니스탄에서 공예 기법으로 많이 사용되며 접시, 용기, 꽃병, 프레임, 디스플레이 장식 및 장신구로 생산된다.

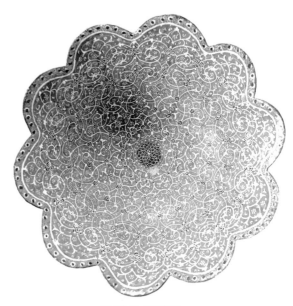

이란의 미나카리 접시

#4

인간의 욕망과 만나는 기술

새로운 창조를 만드는 요소는 과학과 기술이다. 과학과 기술은 문화의 파생과 결합의 큰 흐름을 만든다. 중동 지역은 동서양 간의 무역 중계지로서 예로부터 수학과 과학, 천문학, 화학 등 다양한 학문이 발달했다. 그리스, 이집트, 인도, 중국 등 다양한 문명에 노출되었던 중동 출신 학자들의 지식이 유럽으로 이동하면서 갈릴레오 같은 과학자가 배출되는 배경을 만들어주었다.

우즈베키스탄의
자존심,
사마르칸트

중앙아시아 최고의 실크로드 도시

실크로드는 항상 우리의 호기심과 낭만을 자극한다. 그곳에는 찬란한 도시문화가 있고, 함께 살아 더욱 아름다운 인류의 지혜가 번득였다. 고대부터 실크로드는 문명의 젖줄을 통해 인류가 이룩한 과학기술과 정보, 신화와 종교, 진귀한 물품과 발명품이 몰려들고 재창조되는, 그리고 소중한 결실을 사방팔방으로 실어 나르는 문명의 허브였다.

14세기 티무르제국의 수도였던 사마르칸트도 그런 도시였다. 신라와 중국에서 출발한 비단이나 인삼 같은 동방의 교역품은 사마르칸트를 경유해 콘스탄티노플과 이집트로 향하고, 지중해와 동부 아프리카의 값비싼 물품 역시 사마르칸트를 거쳐 아시아에 전달되었다. 이슬람교를 받아들인 티무르는 한때 세계 최고의 제국이었던 오스만튀르크를 공격해 술탄을 생포할 정도로 강성했다. 티무르는 칭기스칸 이후 중앙아시아 최대의 제국을 건설하고 사마르칸트를 지식과 문화가 넘치는 독특한 도시로 만들었다.

　동서 문화의 교차로이며 용광
로인 사마르칸트. 이곳을 빼고
실크로드의 문명사를 논하기는
어렵다. 실크로드상의 도시들이
대부분 그렇듯 이 도시 또한 오
아시스에서 기원한다. 자라프샨
강을 터전으로 기원전 6세기부
터 도시가 형성되었으니 중앙아
시아권에서는 연륜이 가장 오래
된 도시라 할 것이다. 사통팔달
의 요지에 자리했기에 이곳을 차
지하기 위해 많은 종족들이 각축
을 벌였다. 알렉산더, 칭기스칸,
티무르 등 역사적인 전쟁 영웅들
이 모두 이곳을 거쳐 갔다.

　지금은 우즈베키스탄에 속해
있는 사마르칸트는 부하라와 함
께 중앙아시아 실크로드의 가장
오래된 교역 도시다. 지금 남아
있는 대부분의 유적은 14~15세
기 티무르제국 시대의 작품이지

사마르칸트의 레기스탄 광장

만, 이 도시의 역사는 2,500년이 넘는다. 1996년 사마르칸트는 유네스코 주관으로 도시 건설 2,500년을 기념하는 성대한 기념식과 축제를 열었다. 이어 2001년, 실크로드를 이어주는 문명의 교차로로서 역사적인 역할에 주목해 유네스코 세계 문화유산에 등재되었다.

세상에서 가장 맛있다는 사마르칸트 멜론이나 수박과 참외, 포도의 원산지가 사마르칸트이며 오이, 파, 참깨, 마늘 등도 모두 이곳 중앙아시아를 거쳐 건너왔다. 또한 우즈베키스탄은 세계 최대의 목화 산지다. 풍부한 과일과 목화밭, 넓고 비옥한 평원을 바라보면 이곳을 차지하기 위한 수많은 전쟁과 약탈의 역사가 생생하게 다가온다.

사마르(samar)는 산스크리트어 사마르야(samarya)에서 유래된 것으로, '사람들이 만나는 곳'이라는 뜻이다. 이는 초원의 부족들이 종교적 행사나 정치적 회담을 위해 함께 모이는 장소였을 만큼 교통의 요지였음을 뜻한다. 그 후 동서양을 잇는 무역로 실크로드가 발달하면서 다시 상인들이 모여드는 곳, 길의 교차점에서 사람들이 밀집한 곳이라는 뜻으로 진화했고, '도시'와 '취락'을 뜻하는 칸트(kand)와 만나 오늘날의 사마르칸트가 되었다. 이 지역의 역사를 많이 기록한 한자로 된 문헌에서는 심사간(尋思干)으로 음사되고 있다.

무그산 유적에서 최근에 발견된 소그드어 고문서에 의하면 사마르칸트의 옛날 명칭은 사마라칸다(Smarakanda)라 전해지는데, 기원전 329년 알렉산더 동방원정군이 이곳을 점령하면서 그리스인들에 의해 어두의 'S'가 탈락되어 마라칸다로 불렸다고 한다.

사마르칸트의 역사

중앙아시아를 가로지르는 큰 교역로들이 교차하는 곳에 자리 잡은 사마르칸트는 수천 년의 역사를 간직하고 있다. 고고학 발굴에 의하면 약 기원전 제1천년기의 전반기부터 이 지역에 집단 거주지의 흔적이 발견된다. 중앙아시아에 처음으로 호라즘, 박트리아 같은 거대 국가들이 생기던 기원전 7세기, 사마르칸트는 자라프샨강을 터전으로 고대 도시 아프라시압으로 건설된다. 아프라시압은 소그디아나의 수도로 전략적인 요충지였다. 그 후 기원전 6세기에서 4세기까지 사마르칸트는 아케메네스제국의 지배를 받았고, 기원전 4세기에는 알렉산더대왕의 셀레우코스제국의 치하에 있었다. 기원전 2세기 현지 유목민들의 봉기로 셀레우코스제국은 분열되었다.

서기 1세기 초 아프가니스탄을 중심으로 일어난 쿠샨왕조가 사마르칸트를 다스렸으며, 서기 2세기에는 비단 교역의 중요한 중심지로 명성을 떨쳤다. 쿠샨왕조의 붕괴 이후 사마르칸트는 이란계 유목 민족인 에프탈과 튀르크족에 복속되었으나 교역을 비롯한 경제와 문화는 부단히 발전했다. 7세기 이후 사마르칸트의 소그드인들은 동서 교역의 주역으로 등장했는데, 동으로는 톈산 산맥의 북쪽과 동투르키스탄, 중국 내지까지 진출했으며, 서로는 흑해 북안까지 교역 활동을 확대해갔다.

712년 우마이야왕조의 쿠타이바 이븐 무슬림에게 정복당해 오늘날 우즈베키스탄 영토인 마베란나흐르와 트란스옥시아나 지역에 이슬람 문화가 유입되었는데, 아랍 이슬람 지배자들은 고대 신전을 사원, 행정 건물, 교육 시설, 궁전 그리고 국고로 바꾸었다. 8세기 중반의 탈라스 전투를 계기로 중국의 제지 기술을 수용해 첫 제지공장이 이곳에 출현했고, 이후 이슬람 세계 각지로 전파되었다. 그 후 9~10세기에는 페르시아계 사만왕조, 11~13세기에는 튀르크인들이 이 도시를 점령했다.

1220년 몽골의 침략으로 파괴되지만, 티무르제국의 부상과 함께 다시 부활해 제국의 수도로서 최대 전성기를 맞이했다. 사마르칸트는 아프라시압의 남서쪽인 현재 위치에 다시 지어졌고, 강력한 티무르제국의 수도로서 페르시아, 아프가니스탄, 인도로까지 뻗은 광활한 영토에서 가져온 온갖 재화로 넘쳐났다. 현존하는 웅대하고 화려한 도시 구조물들도 대체로 이 시기에 건축되었는데, 1371~1372년 웅장한 규모로 칼라성을 건출했고 각 시장들과 연결되는 여섯 개의 큰 도로가 정비되었다. 또한 대규모 수로 시설, 광장, 과수원 등이 조성되었으며, 울루그 베그 천문대도 이때 건설되었다. 그리고 티무르제국의 4대 군주였던 울루그 베그와 그의 후계자들이 통치할 때까지 티무르제국의 문화적 수도로 남아 있었다.

1500년 우즈벡의 점령 후 사마르칸트는 부하라한국에 복속되며 점차 이전의 중요성을 잃었다. 그러나 1868년 사마르칸트를 점령한 러시아가 9년 후인 1887년 사마르칸트를 지방 수도로 삼으면서 경제는 점차 회복되었다. 1888년 러시아와 중앙아시아를 연결하는 카스피해 철도가 놓이면서 교역 중심지로서 사마르칸트의 역할은 더욱 커졌다. 러시아는 학교, 교회, 병원을 지었고, 사마르칸트의 서쪽 지역은 새로운 도시 계획에 따라 재개발되었다. 20세기 초 사마르칸트는 고대 도시 아프라시압의 고고학 발굴 지역, 중세 티무르 지역, 1870년대에 건설을 시작한 현대 지역 등 세 주요 구역으로 나누어졌다.

제1차 세계대전 후 1925~1930년에는 우즈벡 소비에트 사회주의 공화국의 수도였다가 1930년 타슈켄트가 새 수도로 결정되었다. 1991년 우즈베키스탄공화국 수립 이후에도 사마르칸트는 '역사와 문화의 수도'로 남아 있다.

온씨는 사마르칸트에서 왔을까

중앙아시아에서 가장 오래된 도시이자 동서양이 만나는 역사적인 장소가 사마르칸트다. 일찍이 알렉산더대왕이 건설한 2,500년 된 오아시스 도시로 고대 그리스 문명의 흔적이 남아 있으며, 이 도시의 기초를 놓은 것도 어쩌면 그리스 문명에 의한 것이라고 볼 수 있다. 또한 목마른 사막과 초원을 가로지르는 무역상들에게 넉넉한 물과 풍요로운 나무 그늘을 선사한 푸른 도시로 유목문화와 정주문화의 모든 특징을 아우른다.

사마르칸트는 유럽과 이슬람 세계, 중국을 잇는 동서 무역로의 길목이자 러시아에서 킵차크 초원, 인도를 연결하는 남북 교역로가 겹치는 노른자위 땅이며, 페르시아와 시리아, 중국에서 온 공예 기술자들이 솜씨를 겨루고 곳곳에 시장과 상인의 숙소가 있던 곳으로 동양과 서양의 문물이 한자리에 모이는 그야말로 세계의 축소판이었다.

6세기 당나라의 전반기에는 돌궐족, 후반기에는 위구르족이 최강의 초원세력으로 부각되었는데, 그 그늘에서 소그드인의 본거지가 사마르칸트 지역이다. 소그드인은 일찍부터 상업 활동에 매진해서 중국으로부터 동로마제국에 이르는 광대한 지역에 디아스포라를 형성하고 상품과 문화의 교류에 앞장섰다. 특히 상업 활동으로 셈과 주변 정세에 능했던 소그드인들은 돌궐과 위구르제국에서 행정 담당 업무를 맡고 당나라에 보내는 사절단의 일원으로 파견되는 등 문화 교류 사절단 역할을 톡톡히 했다. 소그드인들이 별개의 국가를 형성한 적은 없었으나 이들의 주무대가 사마르칸트였다는 점은 이슬람 이전에도 사마르칸트는 문화의 교차로의 역할을 이미 수행하고 있었음을 알 수 있다.

사마르칸트 구시가지를 벗어나면 황량한 아프라시압 언덕이 보인다. 알렉산더대왕이 점령해 머물고 아랍 이슬람 군대가 주둔했으며 1220년 칭기즈칸에 의해 철저하게 약탈과 살육을 당한 회한이 어려 있는 곳이자 동서 교류사와 실크로드학적 측면에서 중요한 유적이다. 8세기 중엽에는 고구려 유민 출신 고선지 장군이 당나라 장수로 서역 원정을 떠날 때 당시 강국이라 불리던 사마르칸트를 거쳐 가기도 했다.

1965년 아프라시압의 제23호 발굴 지점 1호실에서 7세기 후반 사마르칸트 왕 바르후만의 궁전에서 각국의 사절단이 행진하는 모습을 그린 채색 벽화가 발견되었다. 이 벽화의 오른쪽 맨 끝에 새 깃털이 달린 모자 조우관을 쓰고 둥근 고리가 달린 큰 칼 환두대도를 찬 두 사람이 그려져 있는데, 이들이 고구려 사신이라는 데 국내외 학자들의 견해가 일치한다. 즉 7세기 중엽 고구려는 당나라라는 거대한 적과 맞서기 위

아프라시압 벽화의 두 고구려인

해 멀리 소그디아나에 사절을 보내 상호 교역과 동맹을 논의한 것으로
여겨진다. 이 벽화는 현재 아프라시압 박물관에 전시되어 있다.

사마르칸트와 고구려의 교류사에 관해 흥미로운 주장이 또 있는데,
어릴 적 누구나 들었던 '평강 공주와 바보 온달'의 이야기와 연관이 있
다. 이 이야기의 주인공인 온달 장군은 6세기 고구려 25대 왕 평원왕의
딸, 평강 공주의 남편이다. 연세대 사학과 지배선 교수는 온달 장군의
사마르칸트 도래설을 주장한다. 오랫동안 고구려와 긴밀하게 상호 교
류를 해오던 사마르칸트 왕국의 온씨 지배층이 정치적 대격변기를 거
치면서 고구려로 이주했고, 그들이 온달 집안이었다는 것이다. 사료 부
족으로 논란의 여지가 많은 주장이기는 하지만 아프라시압 벽화 등 당
시 양국 간의 교류 정황에 비춰 본다면 가능성이 없지는 않다.

울루그 베그 마드라사

이슬람 건축예술의 도시

9세기부터 사마르칸트를 지배하기 시작한 페르시아계 이슬람의 사만왕조, 11~13세기까지 중앙아시아 최초의 이슬람계 유목 튀르크족 왕조인 카라한왕조, 13세기 초 지배계층은 불교도였으나 백성은 무슬림이었던 거란족의 카라키타이 왕국, 그 후 호라즘왕조를 거치며 중앙아시아의 패권을 담당했던 도시가 사마르칸트다. 그동안 사마르칸트를 다스린 왕국들은 대부분 이슬람 왕조였으나 제각각 다른 인종 및 문화적 배경 아래 상이한 이슬람의 형태로 나타났다. 여기에 거대한 페르시아 문명과 합해진 이슬람 문명은 또 다른 아름다움을 드러냈는데, 특히 티무르제국의 건축예술에서 그 아름다움이 잘 표현되었다.

14세기 칭기즈칸의 후예임을 자

처한 티무르는 사마르칸트에서 시작해 지중해를 거쳐 인도에 이르는 대제국을 건설했는데, 티무르제국은 중앙아시아 초원에 세운 마지막 제국이다. 티무르는 페르시아만과 튀르크인이 사는 지역을 통합함으로써 중앙아시아와 서아시아를 하나로 연결했고, 페르시아–이슬람 문화를 발달시켰다. 사마르칸트는 새로운 제국의 상징이 되었고 전무후무한 도시 건설이 이루어졌다. 티무르와 후계자들은 그들이 정복한 아랍 제국의 도시 문명에 감명받았고, 곧 아랍 이슬람 문화의 바탕을 이루고 있던 페르시아 문명의 열렬한 신봉자가 되었다.

정복 전쟁에서 포로로 잡힌 페르시아인들은 사마르칸트에 이송되어 수도 건설에 투입되어 페르시아 건축의 미학적 천재성과 풍부한 경험을 유감없이 발휘했다. 여기에 아랍 세계에서부터 인도, 튀르크 지역에 이르는 광대한 정복지에서 모여드는 재화와 문명, 기술들이 융합되면서 새로운 도시를 만들어냈다. 페르시아 문명을 중앙아시아로 이식해 또 하나의 경이로운 도시 중심을 만든 것이다. 거대한 입구와 푸른 돔, 세련된 자기 타일로 만들어진 새로운 건축은 유라시아 도성들과 경쟁하면서 새로운 중앙아시아 제국의 건축 양식의 탄생을 알렸다.

가장 대표적인 건축물은 레기스탄 광장으로, 사마르칸트의 상징이자 티무르 시대의 모습을 가장 잘 반영하고 있다. 넓은 광장은 세 개의 마드라사가 삼면을 둘러싸고 있으며, 화려한 아라베스크 타일로 장식한 출입문과 일일이 손으로 주름을 잡은 듯한 푸른 돔이 있다. 마드라사 안뜰에는 수십 개의 방이 있다. 방사형으로 뻗은 여섯 갈래의 길이 만나는 교차로에 지어져 도시의 중심지로서 제국의 정책과 통치자의 칙

시르-도르 마드라사

령이 이 광장에서 발표되었다. 마드라사는 종교와 교육 시설인 동시에 광장을 중심으로 형성된 시장에는 중앙아시아의 모든 상품이 몰려들던 교역의 중심지이기도 했다. 한때 각지에서 가져온 상품을 진열할 곳이 없어 밤낮으로 공사해서 20일 만에 대규모 시장을 세울 정도로 엄청난 교역의 장소였다.

레기스탄 광장에 있는 세 개의 마드라사 중 가장 오래된 것은 15세기

틸라-코리 마드라사

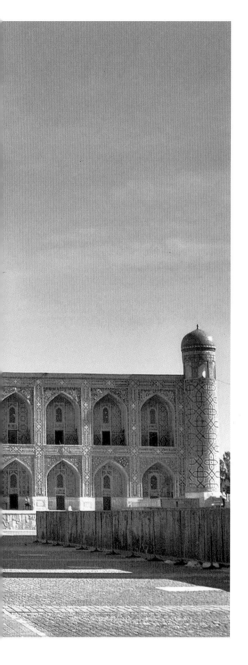

에 지어진 울루그 베그 마드라사이고, 그 맞은편에 있는 시르-도르 마드라사와 중앙에 있는 틸라-코리 마드라사는 모두 17세기에 건설된 것이다. 틸라-코리 마드라사는 원래는 티무르의 아내인 비비하눔을 기념하기 위한 모스크로 지어졌으나 17세기에 무너져 재건하면서 마드라사를 겸용했다. 금박을 뜻하는 틸라의 의미 그대로 입구에서부터 금박으로 장식되어 매우 휘황찬란하며 건축이라기보다 건물 자체가 하나의 보석과 같다. 이슬람식 교육기관인 마드라사를 수도의 중심에 세운 것은 종교와 학문에 대한 자신감의 표현이다. 물론 이것들이 학교로만 사용된 것은 아니다. 이슬람 사원과 대상 숙소, 시장, 수행자들의 숙소 등이 포함된 복합 시설이었다.

이슬람의 문화적 창조성을 잘 보여주는 사마르칸트의 다음 건축

구르–에미르 외관

물은 비비하눔 대사원으로 중앙아
시아 최대의 사원이다. 비비하눔
은 티무르의 아홉 명의 부인 중 티
무르가 사랑한 중국인 왕비의 이름
이다. 1390년 인도 원정에서 돌아
온 티무르는 이슬람 세계에서 가장
웅장하고 화려한 사원을 짓기로 결
심하고 인도, 아제르바이잔, 호라
산, 이란, 시리아 등 여러 정복지로
부터 차출한 200명의 건축 장인과
500명의 노동자뿐만 아니라 대리
석 운반을 위해 인도에서 95마리의
코끼리까지 끌어왔다. 14세기 당시
로는 중앙아시아와 서아시아의 최
고의 기술 수준이 투영되었다고 할
수 있을 것이다.

매일 아침 몸소 작업 현장에 나가
작업을 독려하고, 음식물을 제공하
며 노동자들에게 주화로 포상하기
까지 했다고 한다. 마침내 높이 35
미터에 달하는 쪽빛 돔을 비롯해
50미터 높이의 미나렛, 가로 167미

터와 세로 109미터의 대리석 안뜰, 천장을 받치는 400개의 대리석 기둥을 가진 대형 사원이 완공되었다. 그러나 건축 기술의 한계로 수년에 걸쳐 조금씩 부서지다가 1897년 발생한 지진 및 사람들의 무관심과 파괴 행위로 인해 화려한 대사원은 만신창이가 되었다.

영묘 건축도 티무르제국이 남긴 가장 인상적인 건축 유산이다. 탑 형식의 영묘 건축은 이미 10세기 이전부터 페르시아 문명권 일대에 출현하고 있었다. 그러나 형식적인 면에서 영묘의 외부 및 내부 장식이 괄목하게 발전한 것은 티무르 시기다. 이런 형식은 티무르의 후손인 무굴제국에 이어져 인도 영묘 건축의 뿌리가 되었다. 인도 최고의 문화유산으로 꼽히는 타지마할도 중앙아시아 영묘 건축의 형식에 바탕을 둔 것으로, 그 뿌리는 페르시아 문명이라 할 수 있다.

가장 대표적인 영묘는 티무르가 묻힌 구르 에미르다. 티무르 가문의 가족무덤으로 티무르가 죽기 2년 전인 1404년에 지어졌다. 원래 티무르가 요절한 자신의 손자 무함마드 술탄 미르자를 위해 지었는데, 티무르의 손자 울루그 베그가 영묘의 크기를 넓혀 공사했으며 티무르 자신도 사후 이곳에 묻혔다.

주건물은 팔각형으로 건물 전체가 파란 유광 타일로 덮여 있으며, 하늘로 솟은 푸른색 돔을 설치해 중앙아시아식 영묘 건축의 특징을 보여준다. 관을 안치한 묘실은 지하에 자리하고, 묘실의 천장은 화려하게 장식된 돔으로 되어 있다. 영묘 중앙에 있는 독립된 방에는 묘석들이 서 있는데, 이 묘석들은 바닥 아래 지하 납골당에 유해가 안치된 장소를 표시한다. 이곳에는 티무르와 티무르의 두 아들 샤 루흐와 미란 샤,

영묘 내부의 묘실(검은 석관이 티무루의 관)

티무르의 요절한 손자 무함마드 술탄 미르자, 티무르의 둘째 손자 울루
그 베그, 그리고 티무르의 스승 사이드 바라카가 나란히 묻혀 있다.

티무르의 묘석은 대리석으로 된 그의 친지와 스승의 묘석과는 뚜렷
하게 구별된다. 티무르의 묘석은 진한 녹색 옥으로 된 판이 그의 무덤
자리를 표시해주는데, 이 옥은 몽골의 황금 군단이 약탈해 오기 전에는
중국 황제의 궁전에 서 있던 것으로 추정된다. 티무르의 묘석에는 "나

복원된 샤히 진다의 외관

의 평온함을 어지럽히는 자는 누구든 (중략) 피할 수 없는 징벌과 고통을 받게 될 것이다"라는 문구가 새겨져 있다.

　12세기의 샤히 진다 영묘 또한 사마르칸트의 대표적인 건축물이다. '살아 있는 왕'이라는 뜻을 지닌 '샤히 진다' 영묘는 아프라시압 동남부에 위치해 있으며, 이슬람교 선지자 무함마드의 사촌인 쿠삼의 무덤

이라고 알려져 무슬림들의 순례지가 되었다. 11~15세기 영묘 위주의 건물군으로 이 시기 티무르제국 및 여러 왕조가 지은 약 20여 기의 건물이 폭 2미터의 통로를 사이에 두고 밀집해 있다. 이 묘역 내의 묘당 건물은 아랍 특유의 기하학적 아라베스크 문양과 아랍식 채색 모자이크 방식인 사프사파로 화려하게 장식되어 있는 것이 특징이다. 영묘 외에도 사원과 마드라사 등 다양한 용도와 형태의 건물이 있어 중세 중앙아시아 건축술의 전시장으로 여겨진다.

고대 문화의 교차로에 있는 사마르칸트의 건축물과 경관은 이슬람의 문화적 창조성을 보여주는 걸작이다. 그중에서도 비비하눔 사원과 레기스탄 광장 같은 건축물들은 지중해부터 인도를 포함한 중앙아시아 전 지역의 이슬람 건축 발전에서 중대한 역할을 했다. 특히 중세 중앙아시아 건축의 압권으로 회자되는 구르 에미르 영묘는 당연히 후대 중앙아시아와 인도 무굴제국의 건축에 영향을 끼쳤다. 구체적으로는 카불에 있는 바부르 정원, 델리의 후마윤 영묘에 이어 아그라의 타지마할이라는 인류 최고의 건축예술로 이어졌다.

천문학에서 사마르칸트 종이까지

모든 무슬림이 지켜야 하는 다섯 가지 의무 중에는 하루 다섯 번 태양의 움직임에 따라 정해진 시각에 사우디아라비아의 메카를 향해 드려야 하는 예배가 있다. 그런데 해가 뜨고 지는 위치는 매일 달라지므로 내일의 정오, 한 달 뒤의 정오, 반년 뒤의 정오는 어떻게 예측할 수 있을까? 메카는 어느 쪽일까? 메디나에서 이웃 도시 방향은 쉽게 알 수 있겠지만 멀리 중앙아시아나 아프리카에 사는 무슬림들은 어디를 향해 기도를 올려야 할까? 기준으로 삼을 만한 건물조차 없는 사막이나 초원을 여행하는 사람들은 어떻게 시간을 재고, 어떻게 메카 방향을 알 수 있을까? 이슬람 천문학은 이런 문제에 대한 답을 찾는 과정에서 발달했다.

아시아, 아프리카, 유럽 세 대륙에 걸친 광대한 이슬람 세계의 여러 도시에서 수많은 천문학자들이 자신이 발 디딘 곳의 정확한 위치를 측정하고 그에 바탕을 둔 정밀한 지도와 성도와 달력을 만들기 위해 하루도 빠짐없이 해와 달과 중요한 별들을 관측했다. 왕들은 유능한 관측가와 수학자들을 고용했고, 학교와 도서관과 거대한 관측소를 세우는 데 투자를 아끼지 않았다. 이는 백성들의 신앙생활을 잘 지도하기 위함과 더불어 자신의 권위를 드높이기 위해서였다. 하지만 간혹 왕 자신이 과학 연구를 즐긴 경우도 있었는데, 사마르칸트의 거대한 천문대는 티무르의 손자 울루그 베그가 왕세자 시절 직접 건설을 지휘한 것으로 그의 천문학에 대한 사랑을 보여준다.

울루그 베그의 초상화

1405년 티무르가 병으로 죽고 그의 뒤를 이은 울루그 베그는 천문학에 심취해 고대 그리스 천문학자 프톨레마이오스의 계산이 여러 군데 잘못되었음을 관측을 통해 발견했다. 이외에도 시를 짓고 역사와 꾸란을 연구했으며 과학과 예술을 적극적으로 보호하고 장려했다. 그는 젊었을 때 사마르칸트에 과학과 신학을 가르치는 학교를 세웠고, 얼마 지나지 않아 천문대를 지어 사마르칸트를 동양에서 가장 중요한 학문의 중심지로 만들었다.

천문학에 지대한 관심을 보인 울루그 베그는 1428년 사마르칸트의 초판아타 언덕에 지름 48미터, 3층 높이의 원형 천문대를 세웠다. 이 울루그 베그 천문대는 육분의, 상한의, 해시계 등을 갖춘 당대 세계 최고의 천문대다. 울루그 베그는 이곳에서 관측한 것을 바탕으로 1437년 994개 별의 위치를 밝힌 《지지이 술타니》라는 당대 최고의 천문도를 발간했고, 프톨레마이오스 이래 12세기 동안 바뀌지 않았던 천문 상식들을 수정했다. 1년을 365일 6시간 10분 8초라고 계산했는데, 오늘날의 관측 결과와 고작 58초의 오차를 보이는 높은 과학기술이었다. 울루그 베그가 죽은 뒤 내분으로 천문대는 파괴되어 현재 남아 있는 것은 1908년 구소련의 고고학자에 의해 발견된 육분의를 지탱했던 지하 부분과 천문대의 기초뿐이다. 언덕의 정상에 육분의의 흔적과 작은 박물관이 있는데, 이 박물관에 전시된 관측기구 모형과 그림으로 당시를 추측해볼 수 있다.

울루그 베그 천문대에서 역사에 길이 남을 천문학적, 수학적 업적을 남긴 인물이 잠시드 알 카시다. 이란 북부의 카샨에서 태어난 그는 의

사였지만 수학과 천문학 연구에 종사하기를 원했다. 오랜 기간의 가난과 방황 끝에 울루그 베그의 아버지인 샤 루흐의 후원으로 사마르칸트에 와서 월식을 관측했는데, 이때의 행복한 심정은 그의 저서 《정원의 즐거움》에 잘 담겨 있다. 이후 그는 울루그 베그의 궁전에서 과학 분야의 사업을 기획하고 진행하는 업무를 맡고, 울루그 베그의 염원에 발맞춰 천문대 건설과 관측기구의 설치에 참여했으며, 천문대가 완공된 뒤에는 그곳의 책임자로 임명된다. 《하늘의 계단》과 같은 천문학 서적에서 별들의 거리와 크기를 밝혔고, 혼의 등 천문기기를 소개했으며, 본인만의 독창적인 의견도 제시했다. 역법의 개혁 또한 빼놓을 수 없는 그의 업적 중 하나다.

무엇보다 수학에서 알 카시가 이룬 세계적인 성과는 원주율의 계산이다. 고대에 원주율의 계산은 그 지역 혹은 그 시대의 수학 수준을 나타낸다. 이는 오늘날 가장 큰 소수를 찾는 것이 대기업 혹은 국가의 컴퓨터 연구 수준을 나타내는 것과 같다. 962년 중국 수학자 조충지가 파이(π)의 값으로 소수점 아래 일곱 자리까지 정확하게 계산한 이래 1424년 알 카시가 이 세계적인 기록을 깨고 소수점 아래 17자리까지 정확히 계산해냈다. 그는 이 발견으로 3×2^{28}정각형의 둘레도 계산할 수 있었다.

$$\pi = 3.14159265358979323$$

울루그 베그는 천문대에 이어 종합 교육기관이자 학문 연구의 전당

Mirzo Ulug'bek rasadxonasi maketi.(V.A.Nilsen rekonstruksiyasi)

The model of Mirzo Ulugh Beg observatory (reconstruction by V.A.Nilsen)

Модель обсерватории Мирза Улугбека (реконструкция В.А.Нильсена)

울루그 베그 천문대 모습 미니어처

인 마드라사도 함께 건립했다. 1420년 그가 세운 울루그 베그 마드라사는 사마르칸트에서 가장 오래된 마드라사로 처음에는 이슬람 신학만 가르쳤는데, 이후에 천문학, 철학, 수학 등을 가르쳐 티무르왕조의 문화를 세우는 원천이 되었다. 마당을 둘러싸고 있는 건물은 수많은 방들이 계단으로 연결된 복층 구조다. 다락 형태의 위층은 숙소, 아래층은 공부방으로 복층 방 하나에 학생 한 명씩 사용했다. 현재는 방들이 카펫이나 공예품 등을 파는 상점으로 변해 있다.

이런 울루그 베그의 업적은 많은 과학자들과 연구 기관을 통해 높이 기려지는데, 1830년 독일 천문학자 요한 하인리히 폰 매들러가 그린 달의 지도에서 한 분화구를 울루그 베그로 명명했으며, 1977년 8월 21일 천문학자 N. 체르니크와 노크니지가 발견한 소행성도 그의 이름을 따 '2439 울루그 베그'라고 명명되었다. 2021년 이름 붙인 공룡 울루그베그사우러스도 그의 이름을 따른 것이다.

천문학의 발전과 함께 대표적인 사마르칸트의 자랑거리는 바로 사마르칸트 종이다.

종이는 문자와 인쇄술의 발명과 더불어 인류의 정신문화를 발전시킨 3대 발명품으로 일컫는다. 문명 전승의 수단이며 발달의 척도라고 할 수 있는 종이는 예로부터 중요한 대상의 교역품 중 하나였다. 최초의 종이는 105년 중국 후한의 채륜이 낙양에서 나무껍질로 만들었다고 전해진다. 이후 제지술은 2~3세기에 신장 일대를 거쳐 탈라스전투를 계기로 8세기 중엽 사마르칸트에 전해진다.

그때까지 아랍 세계에서는 양피지나 이집트에서 만든 파피루스를 쓰고 있었다. 그러나 이슬람 세력이 승승장구 동진하면서 중앙아시아마저 이슬람화되어 갈 때, 그 중심지였던 사마르칸트는 수자원이 넉넉하고 수리 관리가 발달한 오아시스 도시로서 종이 원료인 아마나 대마를 재배하는 데 더없는 적지였다.

새로운 문명에 대한 목마름 속에서 이곳에 진출한 아랍 무슬림들은 탈라스전투에서 생포한 중국인 제지 기술자들을 활용해 처음으로 제지 공장을 세워 품질이 뛰어난 종이를 만드는 데 성공한다. 얼마 가지 않아 사마르칸트에는 300여 곳의 제지공장이 생겨나 품질 좋은 사마르칸트 종이를 대량생산하는 제지업의 중심지가 되고, 종이는 가장 주요한 교역 물품으로 부상했다.

당시 외지인들은 이곳에서 생산되는 종이를 산지 이름을 따서 '사마르칸트지(紙)'라고 불렀는데, 사마르칸트지는 이집트의 파피루스나 양 가죽을 무용지물로 만들 만큼 매끈하고 질이 좋았으며, 이런 최상품의 종이는 사마르칸트와 중국에서만 제조되었다.

이런 사실은 아랍 역사학자 아부 오스만 알 자히즈, 페르시아 출신의 역사학자이자 시인인 아부 만수르 이스마일 알 사알리비, 아랍 철학자 알 카즈위니, 이븐 쿠르다드비의 《왕국과 도로총람》 기록, 독일의 동 양학자 카라바세크, 프랑스의 동양학자 에두아르 샤반느 등 여러 중세 아랍이슬람 학자들의 기록에 의해 공통적으로 확인된다.

사마르칸트에서 종이를 제작하는 방법은 다음과 같다. 먼저 마른 뽕 나무 섬유를 잿물 속에 넣어 6~7시간 끓인 다음 목판 위에 놓고 가볍게 두드려 섬유질이 풀어지게 한 다음 물로 깨끗이 씻는다. 씻어낸 섬

울루그 베그 천문대 내부(당시에는 양 벽이 빛나는 대리석으로 장식되었다고 한다.)

유를 채에 걸러 물기를 뺀 뒤 널어 구덕구덕 말린다. 그러고 나서 롤러
나 두 널판자 속에 끼워 압축해 물기를 말끔히 빼낸 다음 목판 위에 널
어 말리면 애벌 종이가 된다. 그 뒤 조개껍데기로 문지르면 반들반들해
지고 윤이 나며, 암염 가루를 약간 뿌리면 글씨를 쓰거나 그림을 그릴
때 앞뒤가 비치는 것을 방지할 수 있다. 흰 종이는 눈을 자극하기 때문
에 요즘은 주로 황지를 제조하는데, 판매용이 아닌 고서 복원이나 전통

사마르칸트 외곽에 자리한 8세기 종이공장의 종이 물레 '메로스'

그림을 그리는 데 주로 쓰인다.

사마르칸트지는 종이가 서방으로 전파하는 길, 이른바 '종이의 길'에서 관문과 고리 역할을 함으로써 동서 문명 교류에 크게 이바지했다. 사마르칸트지의 수출과 더불어 8세기 말경부터 11세기 말경까지 제지술이 점차 바그다드, 카이로, 페스를 비롯한 아랍 이슬람 제국의 각지에 전파되었다. 그곳을 발판으로 12세기 중엽 스페인과 프랑스, 13세기 중엽에는 이탈리아, 독일과 영국은 14세기 초엽에, 스위스는 14세기 말엽에 전파된 데 이어 16세기 중반 스웨덴, 17세기 말엽에는 미국 등지로 전파되어 종교개혁을 비롯한 유럽의 문예부흥에 기폭제 역할을 했다.

유럽 문화와
기술의 마중물,
코르도바

이슬람 색채가 강한 스페인 도시

코르도바는 스페인 남부 이베리아반도에 위치한 안달루시아 지방의 역사 도시다. 과달키비르강 중류, 안달루시아 지방의 중앙에 위치한 코르도바는 '큰 도시' 또는 '올리브기름을 만드는 곳'이라는 페니키아어 카르타튜바(Kartatuba)에서 지명이 유래되었다.

8세기부터 이슬람의 지배를 받기 시작해 15세기까지 약 800년 동안 이슬람의 영향권 아래 놓여 있었던 코르도바는 오늘날에도 스페인에서 이슬람의 색채가 강하게 남아 있는 도시다. 특히 이 지역에 살았던 무슬림 거주민들을 무어인이라고 불렀는데, 이들은 아랍계와 북아프리카에서 온 베르베르계 무슬림들이었다.

코르도바가 도시로서 가장 전성기를 누렸던 때는 10세기 아랍계 무슬림들이 다스렸던 후우마이야왕조 시절로, 당시 코르도바는 튀르키예의 콘스탄티노플에 이어 유럽에서 두 번째로 큰 대도시였다. 코르도바

코르도바의 로마 다리 전경

는 이슬람과 함께 유입된 기술 문명과 학문, 다양한 관리체계로 유례없는 번영을 누렸고, 인간의 이성을 깨우고 근대 유럽을 일으킨 르네상스의 기초를 놓았다.

전통적으로 따뜻한 지중해성기후와 비옥한 토양으로 올리브, 포도와 같은 농업이 발달했으며, 북쪽의 시에라 모레나 산맥에서 생산되는

석탄, 납, 아연 등 광물자원을 제련하기에 유리한 지리적 이점이 있다. 전통산업으로는 이슬람 시대 이래의 피혁 제품과 각종 금속 가공이 있으며, 300여 개의 사원과 수많은 왕궁 등 유적지가 많아 관광산업도 도시의 경제를 지탱한다. 구시가지의 역사지구는 다양한 시대와 문화 유산이 잘 보존되어 있어서 1984년 유네스코 세계유산으로 지정되었다.

지중해성기후로 한여름 평균기온이 유럽에서 가장 높으며 최고기온이 40도를 넘는 날이 잦다. 8월 평균기온이 28도에 달하며 밤에는 비교적 시원하다. 겨울은 내륙에 위치한 탓에 스페인 남부의 다른 도시들보다 춥지만 온화한 편이다. 비는 서쪽에서 불어오는 바람 탓에 겨울에 집중된다. 연간 강수량은 600밀리미터 정도로 여름은 덥고 건조하다.

코르도바의 역사

이 지역 첫 인류의 자취는 기원전 4만2천 년에서 3만5천 년 사이의 네안데르탈인이다. 과달키비르 강가의 주거지가 기원전 8세기에 있었던 것으로 알려져 있는데, 이들은 동과 은을 야금할 줄 알았다.

최초의 역사 기록은 과달키비르강을 건넌 카르타고인들에 관한 것으로, 기원전 238년 카르타고의 장군 하밀카르 바르카가 스페인 정복에 나선 지 8년 만에 코르도바를 비롯한 스페인의 대부분 지역을 점령했다. 이어 기원전 206년 로마인들이 이곳을 차지하고 '코르두바'라고 명명했다. 기원전 45년에는 로마 카이사르 황제가 코르도바에 있는 폼페이우스파를 대학살하는 사건이 있었고, 그 후에 아우구스투스 황제가 퇴역 군인들을 코르도바에 정착시켰다. 이 시기 코르도바는 로마제국 히스파니아 바에티카 지방의 수도였다. 로마의 유명한 철학자 세네카와 시인 루칸이 이 시기 코르도바 출신이다.

4세기 초반, 코르도바의 주교 호시우스는 서방 교회의 지도자로 유럽

교회 내에 큰 영향력을 발휘했으나 6세기 서고트에 점령당했다.

서기 711년 봄, 이슬람 우마이야제국이 모로코에 설치한 총독부의 장군 타리크 이븐 빈 지야드가 이끄는 아랍 이슬람 정복군은 지브롤터 해협을 건너 이베리아반도를 습격했다. 그들은 당시 스페인을 지배하던 서고트족과의 전투에서 가볍게 승리하고 모로코를 떠난 지 불과 3년 만에 세비야, 코르도바, 톨레도, 사라고사 등 스페인의 절반에 해당하는 지역을 점령했다.

타리크 장군이 스페인에 첫발을 디딘 후 40년이 채 지나지 않은 748년, 이슬람 우마이야제국의 내부에 반란이 일어난다. 이 반란으로 750년 우마이야왕조는 멸망하고 새로운 압바스왕조가 들어서자 이전 우마이야 왕실에 대한 학살이 시작되었다. 우마이야왕조의 10대 칼리파 히샴의 손자 압드 알 라흐만은 이 학살 속에서 살아남은 마지막 우마이야 왕조의 왕자였다. 압드 알 라흐만의 어머니가 베르베르족 출신의 여성이었으므로 모계 혈족의 도움으로 안달루시아까지 입성했고, 755년 남부 해안 도시 말라가에서 세력을 구축하기 시작했다. 그는 300여의 기병대를 바탕으로 756년에는 세비야를 점령했고, 곧 중부에 위치한 사라고사까지 진출했다.

756년 압드 알 라흐만은 코르도바를 수도로 정하고 공식적으로 후 우마이야왕조를 세웠다. 지속적으로 영토 확장 전쟁을 벌여 안달루시아 전역에 진출했고, 왕조를 위한 다양한 사회시설 확충과 함께 코르도바 대모스크 건축을 시작했다. 압드 알 라흐만의 사망 시기는 785년부터 788년 사이라고 추정되며 시신은 코르도바 대모스크 옆에 안치되었

압드 알 라흐만 3세가 메디나 알 자흐라에서 발행한 주화(10세기)

다. 첫째 아들 히샴 1세가 후계자로 압드 라흐만 1세의 사망 후 왕위를
양도받았다.

818년 코르도바 남부 외곽에서 일어난 반란을 칼리파의 군대가 무자
비하게 진압하면서 가톨릭교회의 주교좌 성당인 '코르도바 산타마리
아 성당', 즉 메스키타 주변이 훼손되는 결과를 낳았다. 912년 압드 알
라흐만 3세가 등극했고, 그는 안달루시아 전역에서 중앙집권 강화를
위해 장기간의 체계적인 군사작전을 펼쳤다. 장기간의 무력 개입 및 외
교적 노력의 결과 929년 압드 알 라흐만 3세는 스스로를 안달루시아의
칼리파로 선언했다.

후우마이야왕조 압드 알 라흐만 3세의 칼리파 선포는 여러 가지 면에
서 의미 있는 사건이었다. 칼리파의 선포를 통해 후우마이야왕조는 정
치적인 이익을 도모함은 물론 안달루시아가 갖는 독특한 정체성을 과
시할 수도 있었다. 압드 알 라흐만 3세의 치세 동안 스페인의 후우마이
야왕조는 최고의 절정기를 맞았다.

그러나 11세기에 들어서면서 후우마이야왕조가 서서히 쇠퇴하면서 여러 군소 왕국들로 분할되었다. 군소 왕국들을 다스렸던 아랍 또는 베르베르 군주들은 '군소 왕국의 군주'라는 뜻으로 '물루크 알 따와이프'라고 불렸다. 그 후 군소 왕국 간의 세력다툼, 안정된 제도 창출의 실패, 그리고 통치자들의 일관성 결여 등으로 인해 결국 몰락의 길로 들어섰다.

기독교 수복 전쟁 중인 1236년 6월 29일, 페르디난드 3세가 코르도바를 정복하면서 코르도바는 카스티야 연합왕국의 속주로 전락해 본격적인 내리막길로 접어들었다. 도시는 14개 교구로 나뉘었고, 교회가 다수 건립되었으며, 사원의 중앙부는 대규모 가톨릭 성당으로 바뀌었다. 1492년 스페인의 마지막 이슬람 지역인 그라나다가 정복당하면서 이베리아반도 내에서의 이슬람의 통치는 대단원의 막을 내리고 만다.

르네상스 이후 도시가 쇠락해 18세기에 인구가 2만 명으로 줄었다가 인구가 늘고 경제가 다시 성장한 것은 20세기에 들어서다. 2022년 기준 코르도바의 인구는 약 34만5천 명이다.

과학기술의 연결통로

이슬람의 세력권이 된 스페인 남부의 안달루시아는 무슬림과 유대인, 기독교도가 함께 조화롭게 살던 사회였다. 세 종교의 공존은 800년 가까이 지속되었다. 아랍인, 베르베르인, 토착 스페인인은 말할 것도 없고 이슬람으로 개종한 사람이나 유럽에서 이주한 외국인 병사들까지 한데 어울려 살았다. 떠나는 사람은 적고 수많은 이들이 안달루시아로 몰려들었다.

무슬림, 기독교도, 유대인들은 일상생활에서 안달루시아 아랍어와 뒷날 스페인어로 발전한 로망스어를 함께 사용했다. 아랍인은 고전 아랍어를, 기독교도는 라틴어를, 유대인은 히브리어와 아랍어를 함께 사용하면서 학문과 문학을 발전시켰다. 학자들은 현대 스페인어 단어 중 8퍼센트가 아랍어에서 유래한 것으로 추산한다. 이는 안달루시아 문화 특유의 공존 정신인 콘비벤시아(Convivencia) 전통의 결과였다. 이런 융합적인 사회 분위기 속에서 안달루시아는 주변 문화를 쉽게 받아들이고, 수준 높은 과학기술과 절충의 미가 빛을 발하면서 새로운 문화를 꽃피웠다.

이슬람문화가 서유럽에 상당한 영향을 미쳤다는 것은 영어 및 기타 유럽의 언어에서 다양한 분야의 단어들이 아랍어로부터 유래했다는 사실로 보면 쉽게 알 수 있다. 예를 들면 coffee(커피), algebra(대수학), zero(제로 0), alcohol(알코올), alkali(알칼리), lemon(레몬), orange(오렌지), sugar(설탕), adobe(아도비 벽돌), alcove(정자), tariff(관세), magazine(잡지), jar(단지), mattress(매트리스), sofa(소파) 등과 같은 단어들이 있다.

아랍 이슬람의 등장으로 당대 최고의 기술 문명이 들어와 일상이 편리해지고 자연히 삶의 질이 윤택해지면서 이와 함께 도시의 발전이 뒤따랐다. 아랍의 선진화된 건축, 과학 및 농업 기술은 스페인의 건축,

농업 및 과학 등 다양한 분야에 영향을 미쳤다.

10세기 독일 여류 시인 흐로츠비타는 당시 코르도바를 가리켜 '세계의 보석'이라고 묘사할 정도로 코르도바의 거리는 모두 말끔히 포장되어 있었으며 가로등 같은 조명 장치가 밤거리를 환하게 밝혔다. 공원, 폭포 및 장식용 호수가 도시를 아름답게 수놓고, 수로를 통해 수원지와 공중목욕탕에 신선한 물을 풍부히 공급했다. 10세기 코르도바에는 공중목욕탕 700개, 상점 8만 개가 있었고, 여러 상점과 공방에서 일하는 직공이 약 1만3천 명에 달하는 대도시로 발전했다.

이처럼 이슬람의 이베리아반도 통치는 동서 간의 중재자 역할을 하면서 동양의 문화, 과학 및 기술이 유럽과 그 밖의 지역까지 보급되도록 촉진시켰다. 아랍 이슬람 왕조들은 그리스 철학과 과학 및 기술의 업적을 부지런히 흡수하고 보존해서 발전시켜 왔다. 또한 이슬람 제국의 확장 과정에서 동아시아와 남아시아, 특히 인도와 중국 고대문명의 찬란한 과학기술이 아랍 세계에 전달되었고, 아랍인들이 발전시킨 아랍 세계의 지식과 기술 문명이 안달루시아의 이슬람 지배를 통해 고스란히 서양으로 전해졌다.

새로운 기술의 전래

중국을 거쳐 중앙아시아를 통해 아랍에 종이 제조 기술이 전파되었다. 압바스왕조의 바그다드에는 상당한 숫자의 제지 공장이 있었으며,

'바그다드지' 라고 불리던 고품질의 종이가 생산되었다. 이 기술은 이슬람 세계 전역으로 퍼졌으며, 9세기에 스페인에 도달해 코르도바는 유럽에서 최초로 종이를 만드는 도시가 되었다. 특히 이 제지술로 코르도바와 다른 스페인 도시에서 서적 생산이 엄청나게 증가했다. 제지술은 14세기에 스페인에서 이탈리아와 독일로, 그 뒤에는 프랑스와 영국으로 전해졌다. 많은 유럽인들이 스페인에 와서 습득한 제지술을 그들의 조국에 전달했다. 이렇게 스페인을 통해 전달된 제지술 및 종이의 사용은 15세기의 유럽 인쇄술의 발전을 촉진시켰다.

제지술과 함께 전해진 비단 등 각종 섬유의 유럽 전파에도 안달루시아가 중요한 교차로 역할을 담당했다. 이런 영향력은 오늘날 직물에 붙인 이름만 봐도 쉽게 짐작할 수 있다. 속이 거의 다 비치는 고운 면직물인 모슬린은 이라크 북쪽 모술에서 온 직물이고, 주로 궁중 연회의 캐노피나 성당의 제단 덮개 등에 사용되는 고급 천 발다친은 바그다드를 의미하는 이탈리아어 발다치노(Baldachino)에서 유래된 단어로 바그다드에서 온 고급 천이며, 다마쉬크는 다마스쿠스에서 온 천을 뜻했다. 종이와 함께 전래된 비단도 의복의 멋을 한층 더해주어 당시 프랑스 귀족들은 좋은 천을 구하기 위해 코르도바로 몰려들었다는 기록들이 넘쳐난다.

그 외에도 유리 제조술 및 공예, 화약 제조법, 풍차의 사용 등 동양의 다른 혁신적인 기술도 이 시기에 이슬람 제국을 통해 유럽으로 전래되었다.

스페인 남부의 안달루시아는 온화한 기후와 비옥한 토양으로 유명하다. 오늘날에도 안달루시아는 스페인의 주요 농업과 농산물 가공업을 담당하는 지역으로 스페인 올리브의 70퍼센트가 이 지역에서 생산되며 보리, 포도, 오렌지, 커피 등의 재배가 활발하다. 그런데 이 농업의 기초가 형성된 것이 이슬람 왕조 때다. 안달루시아에 새로 들어온 아랍 이슬람 세력은 4세기 이후 사용되지 않고 안달루시아에 그대로 남아 있던 로마의 수로 시설을 보완했고, 시리아로부터 나우라(naura)라고 불리는 수차와 이란으로부터는 카나트(qanat)라고 불리는 지하수로를 받아들여 효율적인 관개 시스템을 완성했다.

14세기 이탈리아에서 직조된
다색 견직 다마스크 천

이 수로 체제는 아직도 스페인의 여러 지역에서 사용되고 있으며, 아랍 원예가들이 처음으로 심었던 오렌지와 레몬 숲에 물을 대는 데 사용되고 있다. 로마인들의 통치 기간 동안 지중해 과일을 유럽에 도입한 것으로 알려져 있었지만, 안달루시아를 주요 농업 지역으로 확립한 것은 다름아닌 아랍인들의 체계적인 농작물 재배 기술이었다. 그리고 이런 농작물 기술로 재배된 농작물 중 대다수가 후에 스페인과 포르투갈 탐험가들에 의해 아메리카 대륙으로 전해졌다.

이슬람의 지배를 통해 많은 유실수와 농작물들이 소개되었다. 유실수로는 오렌지, 레몬, 라임, 석류, 귤, 살구, 무화과, 대추야자, 바나나가 있는데, 그중 귤은 베르베르와 사하라 사막 이남에서 온 군인들이 탕헤르를 통해 가져왔다고 해서 지명을 따라 이름이 붙여졌다. 새로운 윤작 기법이 소개되면서 비옥한 토양에는 보리, 쌀을 심어 수확량이 늘어나 이른바 '쌀의 문명'이 획기적으로 보급되었다. 오늘날 전 세계 사람들이 스페인의 대표 전통 음식으로 손꼽는 파에야도 이런 쌀의 획기적인 보급이 없었다면 불가능했다.

재배 작물의 품종도 놀라울 정도로 다양해졌다. 강변을 따라 바나나와 대추야자를 심었고, 시금치, 아티초크, 가지 같은 채소도 심기 시작했다. 아몬드, 잣, 호두뿐만 아니라 큐민, 고수, 샤프란, 생강을 포함한 허브와 향신료도 도입되어 오늘날 우리가 지중해 식단이라고 부르는 대표적인 건강 식단의 재료가 이때부터 재배되기 시작했다.

식재료가 다양해지자 다채로운 요리 방법도 등장했고 미식가들이 나타나면서 식도락을 즐기는 문화도 형성되었다. 아랍 식문화의 영향이 가장 두드러진 것은 디저트였다. 아랍인들에 의해 안달루시아에 아몬드가 소개되자 그동안 안달루시아인들이 먹던 페스트리에 아몬드와 꿀이 더해져 오늘날 유럽 전역에서 사랑받는 달콤한 디저트 마지팬이 탄생했다.

동물의 경우도 예외는 아니었다. 느릿느릿한 소는 노새와 나귀 및 말로 대체되었고, 이들이 북아프리카 말과 이베리아 준마를 교배해 탄생시킨 안달루시안은 세계에서 가장 오래된 교배종으로 알려져 있다. 이 말은 당시 유럽에서 최고의 품종이어서 그 후손은 이탈리아의 네아폴리탄 말과 더불어 유럽 각지에서 품종 개량에 사용되었다. 또한 누에를 길러 비단 직물을 짜서 멀리 인도까지 수출했다.

인체에서 지도 밖으로

학문의 발달, 기술의 발전을 가져온 탐구 정신은 의학 분야에서도 예외가 아니었다. 코르도바에는 다수의 병원이 설립되었고, 분과별로 나누어 진료를 담당하는 이른바 종합병원 시스템이 생겨났다. 코르도바의 의사들은 당대 유럽 최고의 의사들이었으며 그들의 저작은 여러 언어로 번역되어 교과서처럼 사용되었다. 수술 기구는 오늘날 사용되는 것과 놀라울 만큼 비슷했다. 알려진 바에 의하면 술, 대마초 및 그 밖의 약품들이 마취제로 사용되었다.

약학도 발전해 다양한 치료약 및 약초들의 연구가 진행되었고 대중에게 퍼졌다. 치료약과 약초를 이용한 치료법 사용이 상당히 강조되었으며, 11세기 스페인에서 이미 모유 수유가 영아의 건강에 매우 중요하다는 것이 이븐 시나와 같은 위대한 아랍 의학자들을 통해 상식으로 인식될 정도로 평균 의학 지식수준이 높았다.

당시 스페인에서 활약했던 대표적인 무슬림 의사로는 알 자흐라위가

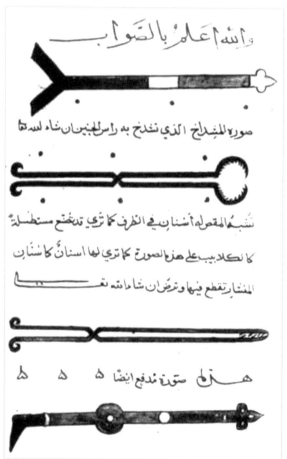

《약학집대성》에 묘사된
수술 도구

있다. 그는 10세기 후반 스페인 코르도바에서 활약한 외과의사로 '현대 수술의 아버지'라고 불린다. 라틴식 이름은 아불카시스 또는 알부카시스다. 후우마이야왕조의 2대 칼리파인 알 하캄 2세의 궁정시의로 활동했으며 수세기 동안 의학계에 큰 영향을 미친, 30권으로 구성된 의료 백과사전 《약학집대성》의 저자로 유명하다. 《약학집대성》은 그의 50년에 걸친 의사 생활 중 진료 경험을 기록한 명저로 온갖 질병의 종류, 증상, 치료법, 수술 과정 등의 상세한 묘사, 200개가 넘는 다양한 수술 도구들에 대한 그림 묘사, 승화와 증류 등 다양한 약제법을 소개하고 있다. 일찍부터 라틴어와 프로방스어, 히브리어로 번역되어 이슬람권보다 기독교 세계에서 더 유명하다. 알 자르하위는 발명한 약 200개의 의료 기구를 사용하며, 그가 살던 시대의 치과, 제약, 외과 분야에 혁명을 일으켰다. 그중 상당수가 오늘날에도 사용되고 있는데, 메스와 칼, 톱과 긁개, 드릴과 집게 등의 수술 기구는 천 년의 시간을 겪으면서도 놀랄 정도로 거의 변하지 않았다.

또 다른 인물은 중세 최고의 임상의이자 부검과 인체 해부를 시도한 최초의 무슬림 의사 이븐 주르다. 서방에서는 아벤조아르로 더 유명한 그는 1090년 스페인 세비아에서 대대로 유명한 의학자를 배출한 주르 가문의 자손으로 태어났다. 알모하드왕조의 군주 압둘 무민의 시의 겸 재상으로 활약했던 그는 종교상의 이유로 시체 해부가 금지되어 있을 때 우연히 발견한 인골의 연구로 의사로서 큰 명성을 얻었다. 병을 옮기는 기생충의 존재도 발견했으며, 염소를 이용해 최초의 기관절제술을 시행하기도 했다. 병리학과 치료학을 다룬 그의 논문인 〈치료와 식이요법에 관한 참고서〉는 의학사상 중요한 저작으로 다수의 임상 실험 기록 및 해독제 처방을 모아 놓은 것이다. 그의 저서는 라틴어와 히브리어로 번역되어 서양 의학에 큰 영향을 끼쳤다.

코르도바는 의학은 물론 지도 제작술과 천체 측정 기구에서도 널리 알려졌다. 12세기 코르도바에서는 주목할 만한 지리학 및 천문학 저서가 등장했다. 무함마드 알 이드리시는 중세 스페인에서 활동한 아랍 지리학자이자 여행가로 근대 역사상 가장 정확한 세계 지도를 제작했다. 그는 16세 때부터 지중해를 중심으로 유럽과 아프리카, 아랍 제국, 그리고 멀리 아시아 일대까지 수차례 여행하면서 지리 지식의 현지 고증과 지도 제작에 전력했다.

당시 시칠리아섬과 이탈리아반도 남부를 지배하고 있던 시칠리아왕국의 로제르 2세는 알 이드리시의 풍부한 여행 경험과 해박한 지리 지식을 전해 듣고, 1138년 그를 팔레르모의 궁전으로 초대해 세계 지도와 인문지리서 편찬을 의뢰했으며, 칙령을 내려 전문위원회를 설치하고 각지에 전문가를 파견해 자료 수집 및 고증을 담당하게 해 그의 저술과 연구 활동을 적극적으로 뒷받침했다.

알 이드리시는 수집된 방대한 자료를 집대성해 무려 15년에 걸쳐 아시아와 유럽, 아프리카를 망라하는 사상 초유의 가장 정확한 세계지도를 제작해 1154년 로제르 2세에게 바쳤다. 이 세계지도가 바로 《극지 횡단 모험가의 산책》으로 번역되는 아랍어판 지도이며 서양에서는 《타불라 로게리아나》로 알려졌다.

알 이드리시는 제작한 세계지도에서 당시의 세계를 기후대별로 구분

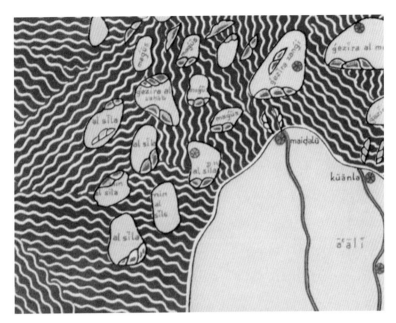

옥스퍼드대학교 보들리
언도서관에 보관 중인
알 이드리시의 원형 세
계지도 사본(지도의 위
가 남쪽)

해 약 70개의 자세한 지도로 구분해 싣고 있는데, 이것은 중세 지도 제작법 역사상 가장 위대한 업적으로 평가된다. 물론 남을 위로, 북을 아래로 하는 방위 설정이나, 대양이 육지를 에워싼 점, 그리고 지중해와 인도양의 접점을 시나이 반도로 설정한 것 등 전통적인 이슬람 지리학의 관점을 중심으로 제작되었지만 지중해의 해안선이나 서부 이슬람 세계에 관한 표기 등은 상당히 세심하고 정확하다. 특히 그는 지도의 제1구역도 제10부분도에 다섯 개의 섬으로 된 신라 지도를 실었는데, 이는 서방 세계 지도에서 한국을 묘사한 세계 최초의 지도로 평가된다.

이슬람 과학에서 빼놓을 수 없는 분야였던 천문학도 안달루시아에서 찬란한 꽃을 피웠다. 안달루시아의 천문학자이자 공학자인 알 자르칼리는 행성의 위치를 측정하거나 잔잔한 바다 위의 위도를 측정할 때 사용하는 천문학 기구 자르칼라 아스트롤라베를 개발했다. 또한 자신의 관측과 그 밖의 이슬람교도와 유대교도 천문학자들이 행성을 관측한 결과들을 모아 톨레도표라는 행성 도표를 제작했다. 그가 만든 톨레도표는 프톨레마이오스의 지리학적인 업적을 한층 더 발전시킨 형태로 폴란드의 천문학자 코페르니쿠스도 《천체 운행론》에서 알 자르칼리를 인용할 정도였다. 이런 그의 업적을 기려 달 분화구 중 하나가 알 자르칼리의 라틴어 이름을 따서 아르자첼로 명명되기도 했다.

이런 과학의 진보는 아랍의 전통 목선인 다우선이 여러 세대에 걸쳐 사용했던 삼각 항해법을 스페인도 채택하면서 15세기의 대발견을 이룩한 해상강국으로 성장하는 발판을 다지는 데 지대하게 공헌했다.

자르칼라 아스트롤라베 모형

메카 다음으로 신성한 곳

안달루시아에서 무슬림들이 이룩한 최고의 창작은 예술과 건축 분야라고 해도 과언이 아닐 것이다. 군주와 통치 계급은 늘 신앙, 부, 권력 등을 과시하기 위한 수단으로 많은 건축물을 세웠다. 13~14세기 고딕 건축 양식에서 크게 유행한 뾰족한 활 모양의 아라베스크식 창문 격자는 그보다 수백 년 전에 세워진 이슬람 사원과 궁전 양식에서 도입된 것이다. 이슬람의 예술 작업, 제작 스타일, 장식은 당대는 물론 후대 예술가와 건축가들을 매료했다. 레오나르도 다빈치도 이슬람의 문양과 장식을 연구해 그의 작품에 많은 것을 도입했을 정도로 이슬람 건축의 영향은 지대했다.

이슬람 제국의 화려한 흔적을 생생히 보여주는 코르도바 역사지구 중에서 가장 유명한 명소는 코르도바 대사원 메스키타다. 이슬람과 기독교의 건축 스타일이 섞여 있는 이 사원의 높이 솟은 종탑 겸 미나렛은 코르도바의 상징처럼 웅장하다. 메스키타가 서 있는 자리는 로마 시대에는 야누스 신전, 서고트족 통치기에는 산비센테 성당이 있던 종교적 장소로, 페르시아의 건축가들이 이 사원을 지을 때 기존 건축물의 석재를 그대로 사용해 로마, 비잔틴, 이슬람의 다양한 건축 방식들이 조화롭게 녹아 있다.

후우마이야왕조를 세운 압드 알 라흐만 1세는 바그다드의 이슬람 사원과 견줄 만한 규모의 사원을 세울 목적으로 785년 메스키타를 건설하기 시작했다. 그 뒤 코르도바의 발전과 함께 848년, 961년, 987년에 확장해 2만5천여 명의 신자를 한꺼번에 수용할 수 있는 현재의 규모가 되었다.

다주식 건축 양식으로 지어졌으며, 목조 기둥을 받치고 있는 기둥과 아치의 2단 구조가 인상적이다. 초기에는 가로세로 각각 11열씩 아치를 배열한 건물과 안뜰만 있었으나, 칼리파 알 하캄 2세 때 남쪽으로 기도실을 크게 확장했으며, 북쪽 벽을 증축하고 탑도 시리아풍으로 개축했다. 내부 장식도 대리석과 비잔틴으로부터 도입한 채색 타일 모자이크 양식으로 마무리되었다.

메스키타의 완공으로 코르도바는 이슬람 순례자들의 주요 중심지로 부상한다. 특히 이곳에 꾸란의 원본 한 부와 예언자 무함마드의 팔뼈 하나가 보존되어 있다고 알려지면서 순례자들의 방문이 끊이지 않는 도시가 된다. 심지어 한 자료에서는 '이곳은 메카 다음으로 신성한 곳이며, 이곳을 찾는 신자들은 메카를 순례할 의무를 면제받았다' 라고 기록할 정도다.

현재는 800개의 화강암과 백옥으로 만들어진 아름다운 기둥이 남아 있는 메스키타는 그리스, 로마, 카르타고, 비잔틴, 이슬람 등 이곳을 거쳐 간 지중해의 모든 문명권의 건축 양식이 표현되어 있으므로 코르도바의 역사를 전하는 중요한 건축물로 평가받는다.

1328년 알폰소 11세에 의해 건설된 요새 알카사르성은 콜럼버스가 신대륙 발견을 위한 첫 항해를 떠나기 전 이사벨 여왕과 가톨릭 양왕을 알현했던 곳이다. 밖에서 보면 견고한 요새이지만 내부는 휴양지에 온 듯 아름다운 정원이 심신의 피로를 풀어준다. 거의 정사각형 건물에 경

하늘에서 내려다본 메스키타

의의 탑, 사자의 탑, 종교재판의 탑, 비둘기의 탑 등 네 개의 탑이 장식되어 있으며, 아름답고 화려한 정원과 이슬람의 영광을 그대로 간직하고 있다. 이슬람 건축 기술의 영향으로 유럽에서 대문 위로 튀어나오는 형태의 외부 발코니가 출현했으며, 13~14세기 프랑스와 영국의 궁전과 성채에서 널리 사용되었다.

그 외에도 코르도바 외곽에 위치한 메디나 앗자하라는 이슬람식 도시 구조를 볼 수 있는 곳이다. 이곳은 후우마이야 왕조 칼리파들이 살았던 왕궁 도시로, 그라나다에 있는 알함브라 궁전과 함께 스페인-이슬람 건축을 대표한다. 메디나 앗자하라는 완공까지 25년이 걸렸고, 약 1만 명의 노동자들이 동원되었다. 당시 여자 6,300명, 아이 3,750명, 경비병과 내시 1만2천 명이 안에 거주할 정도였으며, 투명한 대리석과 금 모자이크로 장식된 벽, 1만4천 그루의 나무들이 늘어선 정원이 있었다.

메스키타 내부 기둥

아치 기둥의 장식

르네상스의 마중물

유럽 문명의 암흑기라 불리던 중세 시대에 안달루시아는 역사적으로 매우 특이한 지역이었다. 무슬림과 기독교가 직접 만날 수 있었던 문명의 경계선이었기 때문이다. 이슬람의 정복 이후 코르도바를 중심으로 발전시킨 이슬람 특유의 융합과 창조의 문화는 유럽 전체의 문예 부흥의 기초를 다지는 역할을 한다.

중세의 유럽은 교회의 권위에 눌려 자유로운 이성 학문의 연구가 억제되었다. 이에 반해 이슬람 세계는 8세기 이후부터 그리스, 페르시아, 인도 등으로부터 선진 의학, 수학, 천문학, 철학 등의 서적을 수입해 아랍어로 번역한 후 연구하기 시작했다. 당시 이슬람 세계에서 아랍어로 번역되거나 정리된 고대 학문의 양과 수준은 실로 어마어마했으며 그중에는 히포크라테스와 갈레누스의 의학서, 프톨레마이오스의 천문학서, 유클리드의 수학서, 플라톤과 아리스토텔레스의 철학서 등이 포함되어 있었다.

11세기 이후 유럽에서 서서히 고대 그리스의 이성과 지혜를 부활시키려는 움직임이 싹트기 시작했으나 유럽에서는 상당수의 그리스 원본이 유실된 상태였고 그 내용을 이해할 수 있는 학자조차 드물었다. 이와 같은 상황을 극복하기 위해 유럽인들은 무슬림 학자들이 이미 아랍어로 번역하고 주해까지 해놓은 고대 그리스 학술서에 눈을 돌리기 시작했다.

이 때문에 당시의 유럽인들에게 아랍어를 익히고 아랍어 서적을 번역하는 것은 필수적 과정이 되었다. 그 덕택에 안달루시아의 톨레도, 코르도바, 세비야 같은 대도시들은 무슬림, 기독교인, 유대인들이 함께 모여 아랍어 원전을 히브리어로 옮기고 그것을 다시 라틴어로 번역하는 릴레이식 번역 작업의 공간이 되었고 이슬람 세계의 선진 학문이 유럽으로 전파되는 교두보이자 르네상스 운동의 마중물이 되었다.

세계 지성사에 엄청난 발자취를 기록할 만한 업적들을 이룩한 아랍 학자들 중에는 알킨디, 알파라비, 이븐 시나처럼 흔히 우리가 아는 아랍 세계, 즉 바그다드나 다마스쿠스, 카이로 같은 도시에서 연구한 사람도 많지만 스페인 코르도바에도 위대한 아랍 지성들이 있었다.

대표적으로 이븐 투파일, 이븐 루시드, 이븐 밧자는 이슬람 철학의 선구자들로 인간 이성의 힘을 강조하며 이슬람 철학사에 기념비적인 발자취를 남겼으며 이들의 방대한 저작은 철학사에 전무후무하다.

이븐 루시드는 서방에서는 라틴어 이름인 아베로에스로 잘 알려져 있으며 역사상 아리스토텔레스 저서를 가장 잘 주석한 학자로 알려져 있다. 그는 합리적인 근거만으로도 신의 존재를 증명할 수 있다고 했는데, 이로써 기독교인과 유대교인들의 사고에도 뚜렷한 흔적을 남겼다.

이븐 루시드는 1126년 코르도바의 유명한 법학자 가문에서 태어나 신학, 법학, 의학, 철학 등에 깊은 교양을 쌓았다. 세비야에서 법관을 지낸 일도 있으며, 이븐 투파일의 추천을 받아 알모하드왕조의 궁중의로 일했으며, 코르도바의 법관에도 임명되었다. 그러나 그는 그의 철학 때문에 정통파 신학자들로부터 무시당했고, 말년에는 모로코 마라케시로 옮겨가 지내다가 1198년 72세로 사망했다.

코르도바에 있는 이븐 루시드 동상

이븐 루시드는 아리스토텔레스의 모든 저작의 주해를 완성했는데, 상당수의 저작이 지금까지 보존되어 있다. 아리스토텔레스의 사상의 정확한 복원이 일생의 목표였던 이븐 루시드는 저서 한 권을 상·중·하 3부로 주해서를 쓰는 경우가 있을 정도로 완벽을 추구하려 노력했다. 알 가잘리의 저작 《철학가의 모순》에 대한 반론을 담아 《모순의 모순》을 쓰기도 했는데, 이 책에서 이븐 루시드는 종교와 철학 둘 다 동일한 진리에 도달함을 목적으로 하기 때문에 상호 모순되지 않는다고 주장했다. 13세기 이탈리아의 작가 단테는 그의 저서 《신곡》 중 〈지옥편〉에서 '위대한 주해를 저술한 아베로에스'라고 이븐 루시드를 칭송했다.

이븐 밧자 역시 위대한 아리스토텔레스 주석가로 의학자, 수학자, 천문학자이며 식물학에도 정통하고 음악과 시에도 재능이 탁월한 팔방미인이었다. 서방에서 아벰파세로 불린 그는 신비주의를 배격한 합리적인 사색을 중시했고 서방에 이슬람 철학의 발판을 구축한 인물이다. 1085년 안달루시아에서 태어나 그라나다와 북아프리카 모로코에서 생활하며 논리학, 영혼, 식물, 인간 지성에 관한 수많은 논문을 썼으나 그 대부분은 전해지지 않고 있다. 미완성된 그의 저서 《고독자의 요법》에서 그는 지성을 소유한 사람은 신적인 계시가 없어도 스스로 진리에 도달할 수 있다고 주장하면서 이성과 철학의 중요성을 강조했다. 그는 후학들에게 지대한 영향을 끼쳤는데, 그의 천문학과 물리학은 마이모니데스와 이븐 루시드를 포함한 수많은 학자들과 갈릴레오 갈릴레이와 같은 르네상스 유럽의 과학자들에게도 표본이 되었다.

서양에서 아부바세르로 알려진 이븐 투파일도 인간 이성을 강조한 아랍 무슬림 철학자다. 1180년 스페인의 그라나다 근처에서 태어난 그는 철학, 신학, 물리학, 천문학을 연구한 학자이자 작가인 동시에 알모하드왕조의 칼리파 아부 야쿠브 유수프의 재상으로 이븐 루시드를 궁정에 소개한 정치가였다. 그의 저서 《리살라트 하이 이븐 야크잔》은 외딴 섬에서 고립된 채 자라난 젊은이가 어떻게 자신의 명상, 즉 그 마음의 자연적 기능으로 보통 신에 의해 계시된다고 보는 진리에 도달하는가, 그리고 그의 하등한 영혼으로부터 스스로를 어떻게 해방시키는지를 기술하고 있는 철학 소설이다. 이븐 투파일은 역시 종교를 완전히 이해하기 위해서는 철학이 필요하다는 것을 내비치며 인간의 이성을 강조했던 이슬람 철학자다.

《리살라트 하이 이븐 야크잔》은 세계 철학사와 아랍 문학사에 중요한 작품으로, 18세기 아일랜드 신학자이자 고고학자 리샤르 포코케는 《인간 이성의 발전》이라는 라틴어로 번역했으며, 다니엘 디포의 《로빈슨 크루소》에 영감을 주었으며, 라틴어와 유럽 각국어로 번역, 출판되었다.

안달루시아의 학문적이고 지성적인 분위기는 이들과 같은 걸출한 무슬림 철학자 외에도 최고의 유대교 신학자인 마이모니데스를 배출했다. 아랍어로 이븐 마이문, 히브리어로 모세 벤 마이몬이라고 불리는 마이모니데스는 철학자, 의사, 천문학자이자 물리학자로 중세에 가장 영향력을 끼친 토라 연구자이자 다작 저술가다. 그는 1135년 코르도바의 유대인 가정에서 태어났으며, 1165년경 알모하드왕조의 유대교 및

코르도바의 마이모니데스 동상

기독교 탄압을 피해 카이로에 이주했고, 유대 사회의 존경받는 랍비였다. 생계를 위해 공부한 의학으로 명성을 얻어 아이유브왕조 술탄 살라훗딘의 궁정의로 일하기도 했다.

마이모니데스는 유대교 율법과 윤리에 관해 저술했는데, 14권으로 이루어진 그의 저작 《미슈나 토라》는 지금까지도 탈무드 법을 편찬할 때 중대한 규범적 권위를 지닌다. 또한 《방황하는 사람들을 위한 안내서》는 아리스토텔레스를 연구한 당대의 이슬람 철학자들의 영향을 받아 유대교 신학을 합리적으로 해석한 것이다. 특히 신학과 철학은 필연적으로 융합되어야 하며 철학의 고유한 목적은 신학에 합리적인 확증을 주는 것이라고 주장한 이 저작은 기독교 세계의 철학자들에게 깊은 영향을 미쳤다.

저명한 의사이기도 했던 마이모니데스는 할례법을 개선했고 의학 관련 저술을 편찬했는데, 그중 가장 유명한 것은 《의학원리집》이다. 이 책에서 그는 치질은 변비에서부터 생긴다며, 이를 치료하기 위해서는 채소를 주식으로 하는 가벼운 식사를 해야 한다고 주장했다. 저술에는 아랍어를 사용했지만 이후 히브리어, 라틴어 등으로 번역되었다. 그에 대한 유대인 역사가들의 높은 평가를 차치하고서라도 이슬람의 역사와 아랍의 과학 분야에서 마이모니데스는 중대한 위치를 차지하며 자주 인용된다.

무슬림 철학자 이븐 루시드, 이븐 밧자, 이븐 투파일, 그리고 유대인 철학자 마이모니데스가 인간 이성을 통해 절대적인 진리에 도달하는 철학의 힘을 강조했다면, 이들과는 다르게 신적 계시의 힘을 강조했던 학자가 있었다. '종교의 재생자', '최고의 스승'이라고도 불리는 위대한 이슬람 신비주의 사상가 이븐 알 아라비가 바로 그다. 1165년 안달루시아 무르시아에서 태어난 그는 일찍이 여러 곳을 여행하며 신비주의자들과 교류했다. 1202년 메카를 순례하러 떠난 후 고향으로 가지 않고 이집트, 헤자즈, 이라크, 터키를 전전하다가 1240년 다마스쿠스에서 사망했다.

초기 이슬람 신비주의 사상가들이 실천 안내서나 정신적 체험을 바탕으로 한 저서에 치중한 데 비해 그는 수피즘의 이론화를 목표로 삼고 알가잘리에 의해 부정된 신플라톤주의를 도입해, '존재의 초월적 유일성', '보편적 인간' 등의 이론으로 형이상학적이며 우주론적 이론을 전개했다. 또한 신비로운 체험을 바탕으로 많은 글을 썼는데, 신비주의의 백과사전으로 일컫는 《메카 계시》와 신적 계시와 여러 선지자들의 역할에 대해 저술한 《예지의 보석》이 대표적이다. 그의 가르침은 정통파들에게 이단시되어 사후에까지 많은 논쟁을 불러일으켰으나 후대의 신비주의 교단과 페르시아제국의 시인들에게 많은 영향을 주었고, 시아파 신학에 도입되어 사파비왕조 하의 이란 신학교에서 그의 사상을 가르치기도 했다.

그는 일생 동안 800여 편이 넘는 저서를 집필했고 그중 550여 권이 현재까지 남아 있다.

유럽이 사랑한 문학과 예술

아랍 본토와 비교해볼 때 안달루시아의 자연환경은 사람들의 풍부한 감성을 자극했고 상상력은 풍부해졌다. 아랍인들이 안달루시아를 "기후는 시리아처럼 온화하고, 땅은 예멘처럼 비옥하고, 꽃과 향료는 인도처럼 풍부하고, 보석이나 귀금속은 중국처럼 넘쳐흐르고, 해안은 아덴처럼 배가 정박하기 편리하다. 비둘기가 그 목걸이를 빌려준 나라, 공작이 그 날개옷을 입혀준 나라, 강에는 포도주가 흐르고 술잔을 내밀고 있는 곳"이라고 표현할 정도로 그들에게 이곳의 자연은 쾌락의 무대이자 꿈의 표출을 제공해주었다. 이런 새로운 환경에서 뛰어난 시인들과 작가들이 탄생했고 새로운 문학 장르도 나타났다.

시문학에서는 무왓샤하와 가잘이 등장했다. 무왓샤하는 시에 운율과 리듬이 더해지고 소재도 신을 찬미하는 것에서 인간의 사랑을 노래하는 것까지 포함한 새로운 형태의 시이다. 당시 안달루시아는 노래와 음악이 널리 유행하고 있었는데, 그 노래와 운율이 자연스럽게 시에 영향을 주었다. 그 결과 히자즈나 바그다드의 시와는 다르게 운율의 종류가 다양하고 각운의 수가 여러 개로 구성된 노래시가 등장했다.

시에 운율과 리듬을 처음으로 붙인 사람은 9세기경의 무캇담 이븐 무아파 알 카브리다. 눈이 보이지 않는 그가 운율을 붙여 읊조리는 무왓샤하는 많은 사람들을 매료시켰다. 그는 코르도바의 압드 알라흐만 1세가 가장 사랑하는 시인이었으며, 그의 작품은 카스티야의 알폰소 10세, 14세기 스페인 작가 후안 루이즈를 비롯해 많은 이들에게 영향을 끼쳤다.

무왓샤하는 시에 운율과 리듬을 붙인 것이기 때문에 초기부터 표준 아랍어와 안달루시아 방언으로 작업되었다. 신나는 운율과 리듬, 친밀한 방언, 감성을 자극하는 내용의 무왓샤하는 대중적인 인기를 얻었고 안달루시아를 넘어 북아프리카 마그립 지역에 이르기까지 크게 확산되었다.

무왓샤하가 널리 보급되어 발전하면서 11세기에는 무왓샤하에서 자잘이 파생되었다. 자잘 역시 음률을 붙인 시문학이지만 방언으로 읊조리며 같은 음을 반복하는 여러 절로 되어 있는 것이 특징이며 기록되기보다는 구전을 통해 전해진다. 12세기 코르도바에 살았던 이븐 쿠즈만이 자잘의 시조로 알려져 있다.

코르도바를 중심으로 안달루시아 지방에서 생겨난 새로운 운율시 무왓샤하와 자잘은 아랍 이슬람 세계로 전해졌고, 음유시인들을 통해 프랑스 남부 시인들과 이탈리아 시인들에게도 영향을 주었다. 특히 자잘은 지금도 레바논, 시리아 등 레반트 지역에서 불리고 있다.

안달루시아의 산문은 아랍 이슬람 세계의 산문과 형식이 유사했는데, 안달루시아 산문작가들은 대체적으로 바그다드나 다마스쿠스의 산문작가들의 작품과 비슷한 내용을 다루거나 때로는 서로를 모방하기도 했다.

한편, 안달루시아가 낳은 독창적인 작가는 바로 이븐 투파일이다. 유명한 철학자 이븐 루시드에게 영감을 준 인물로 알려진 그는 철학자이자 공상 소설가다. 철학적 공상소설 《리살라트 하이 이븐 야크잔》에서 그는 이슬람 철학자 알 가잘리가 쓴 철학서 《철학가의 모순》을 정면 반박했다. 그는 이 소설을 통해 인간은 혼자서도 이성의 철학적 사고를 통해 높은 지식에 도달할 수 있다는 점을 부각했다. 《리살라트 하이 이븐 야크잔》은 중세의 가장 위대한 세계적 작품이자 르네상스의 발판을 마련한 작품으로 평가된다.

코르도바에서 꽃피운 이슬람 문화 유산은 안달루시아의 풍요로움을 만나 대중 친화적으로 변하고 아랍식 표현과 세계관은 코르도바에서 녹아들어 스페인 전역으로, 그다음 유럽으로 퍼져갔다. 스페인의 대문호 세르반테스의 명작 《돈키호테》에도 많은 아랍 속담과 아랍식 표현이 등장하는 것을 보면 아랍 문학의 영향은 의심할 여지가 없다.

인류 문명의
원형,
바그다드

아랍 이슬람 문명을 꽃피운 곳

지금으로부터 약 1만1,700년 전 마지막 빙하기가 막을 내릴 무렵 인류의 삶에는 큰 변화가 찾아왔다. 빙하가 녹자 기온이 상승하고, 그 결과 수렵과 채집으로 삶을 영위하던 인류는 야생 작물을 재배하기 시작했다. 그중 농업에 가장 유리한 지역은 서쪽의 나일강에서 동쪽의 페르시아만까지 펼쳐진 비옥한 초승달 지역이었다. 즉 오늘날의 이집트, 시리아, 레바논, 이스라엘, 팔레스타인, 요르단, 이라크, 그리고 튀르키예의 동남부와 이란의 서쪽 가장자리를 아우르는 지역이다.

이 지역에서는 각양각색의 지형과 기후 그리고 고도를 찾아볼 수 있어 특별한 생물 다양성을 띠고 있었다. 인류의 사회적 발전과 관련해 가장 중요한 점은 현대 농업의 선구자적 주역들이라 할 수 있는 에머밀, 외알밀, 보리, 아마, 병아리콩, 완두콩, 렌즈콩, 쓴살갈퀴 등과 같은 곡식류와 길들이기에 적합한 대형 포유류, 즉 소, 염소, 양, 돼지 등이 비옥한 초승달 지대에 있었다는 사실이다.

이렇게 여러 가지 음식을 먹고 이동하며 생활한 수렵 채집 부족들은 여러 세대를 거치는 동안 몇 가지의 주요 곡물과 가축을 키우는 정착형 농업 공동체들에 자리를 내주었다. 이후 불과 수천 년 만에 농업의 요람이 도시화의 요람으로 변모했다.

그중 고대도시 여리고는 수렵과 야생 곡물 재배를 병행하는 사람들이 건설한 임시 거주지의 형태로 시작되었다. 그로부터 700년이 채 지나기 전에 여리고에는 에머밀, 보리, 콩과 식물 등을 키우는 수백 명이 정착했다. 그들은 튼튼한 벽과 망루를 세워 침입에 대비했다. 오늘날의 튀르키예에 있는 차탈회위크 지역에도 사람들이 모여 군락을 이루며 살기 시작했으며 기원전 7천년 경 인구가 5천 명 내지 7천 명 정도로, 선사시대의 관점에서 보면 초대형 공동체였다. 그러나 여리고와 차탈회위크는 대규모 촌락에 머물렀을 뿐 오늘날의 도시의 형태로 발전하지는 못했다.

도시는 온화하고 풍요로운 환경의 산물이 아닌 최대한 협력하고 독창성을 발휘해야 하는, 비교적 혹독한 지대의 산물이었다. 도시의 체계가 형성된 곳은 푸르고 기름진 들판에 둘러싸여 주변에서 필요한 것을 쉽게 구할 수 있던 여리고나 차탈회위크가 아니라 두 곳보다 더 많은 도전에 맞서야 했던 메소포타미아 남부 지역에서 탄생했다.

메소포타미아 남부는 토양과 기후가 다른 지역에 비해 그리 좋지 않았다. 바그다드를 통과하는 티그리스강과 이에 비견되는 유프라테스강은 물살이 세차고 급하다. 이 두 강이 흐르는 오늘날의 이라크 지역 일

고대도시 바빌론

대의 메소포타미아는 그리스어로 '두 강 사이의 땅'을 의미한다. 강수량이 적고 땅은 메마르고 평평했으므로 유프라테스강과 티그리스강의 물을 이용해야만 불모지의 잠재력이 꽃피울 수 있었다. 사람들은 유프라테스강과 티그리스강에서 물을 끌어오기 위해 관개 사업에 서로 힘을 보탰고, 얼마 지나지 않아 황무지에서 다량의 잉여 곡물 생산이 가능해졌다.

더불어 끊임없이 침략해 오는 외부의 세력과 치열하게 싸우는 동안 내부의 단합이 강화된 것도 도시의 탄생에 크게 이바지했다. 기록으로 전해오는 역사만 놓고 볼 때 이 지역은 10여 개의 외래 민족의 침략을 받으면서도 고도의 통일된 문화를 꿋꿋하게 유지했다. 비옥한 초승달 지역은 수메르, 바빌로니아, 신바빌로니아 제국에 의해 세 차례나 인류 문명 최고의 전성기를 누렸다. 이렇듯 오랜 세월 동안 문화적 통일을 이룰 수 있었던 데는 특수한 형태의 쐐기문자가 중요한 역할을 담당했다. 세계 최초의 도시들이 이런 역경을 이겨낸 인간 승리의 결과로 메소포타미아 남부, 《천일야화》의 고향이자 아랍 이슬람 역사상 최고의 황금기를 꽃피운 바그다드 인근에서 탄생한 것이다.

인류 법문화의 토대가 된 함무라비법전

'비옥한 초승달지대'라고 불리던 오늘날의 이라크 지역에 수메르인들이 자리를 잡고 인류 최초의 메소포타미아문명을 이룩했다.

기원전 7000년경, 떠돌이 생활을 하던 수메르인들이 밀을 채집해 키우면서 떠돌이 생활을 정리하고 밀밭 주변에서 정착 생활이 시작되었다. 무엇보다 농사를 지으면서 구석기시대보다 훨씬 정교하고 세련된 돌로 된 도구를 발명해 구석기를 벗어나 신석기시대로 진입했다. 이 시기의 변화를 농업혁명 혹은 신석기혁명이라고 부를 정도로 밀이 가져온 생활의 변화는 크고 빨랐다.

그들은 홍수에 대비하기 위한 제방을 쌓고, 주변의 강물을 끌어들여 관개시설을 만들었다. 그러자 농업 생산량이 늘어 식량이 많이 증가하자 모두가 농사에 전념할 필요가 사라지면서 다른 일을 하는 사람들이 생겨났고, 이로써 직업이라는 개념 또한 생겨났다. 또한 집단 정착 생활로 규모가 급격히 성장한 공동체를 효과적으로 관리하기 위해 지도자가 필요했고, 예기치 못한 재해를 가져오는 자연에 대한 두려움으로 종교 제도 역시 탄생했다. 수많은 전쟁으로 노예가 생기고 지배계급과 피지배계급으로 명확하게 구분되는 계급사회의 모습 또한 여러 유적에서 발견되는데, 그중 가장 대표적인 것이 함무라비법전이다.

함무라비법전은 기원전 1750년경 고대 바빌로니아 제1왕조의 제6대 왕 함무라비가 중앙집권을 확립하기 위해 제정한 성문법이다. 함무라비 이전의 고대 바빌로니아는 메소포타미아 지역의 여러 도시 국가 가운데 하나에 불과했다. 함무라비는 메소포타미아 지역을 통일하고 자신의 제국을 통치하기 위해 통일된 법체계를 확립했다.

법전은 전문과 후문 이외에 282개의 조항으로 구성되었다. 법문에는 피해자가 입은 피해와 같은 정도의 손해를 가해자에게 가한다는 고대 탈리오의 법칙이 명시된 '눈에는 눈, 이에는 이'라는 보복 법칙뿐 아니라 이집트와 달리 상업과 무역이 활발했던 사회상을 반영해 금전 대여, 토지와 주택 임대, 절도나 상해 같은 형사 문제는 물론 혼인과 상속, 간음도 다루었다. 함무라비법전은 기원전 2050년쯤 만들어진 수메르 우르3왕조의 우르남무왕 법전, 기원전 1930년의 에슈눈나 법전, 기원전 1870년에 만들어진 이리프-이슈타르 법전 등이 발견되기 전까지 세계에서 가장 오래된 성문 법전이었다. 그러나 함무라비법전의 의미는 법전 내용의 대부분이 남아 있는 가장 완벽한 보존 상태의 가장 오

루브르박물관에 보관 중인 함무라비 비문

래된 법전이라는 점이며 법전 서문에서 함무라비 왕이 직접 밝힌 제정 의도를 통해 발견할 수 있는 애민정신이다.

"정의를 온 나라에 퍼뜨리고, 사악한 자들을 없애며, 강한 사람이 약한 사람을 괴롭히지 못하도록, 과부와 고아가 굶주리지 않도록, 평민이 악덕 관리에게 시달리지 않도록 하기 위해 법을 만든다."

함무라비법전은 높이 2.25미터 되는 돌기둥 위에 쐐기문자로 기록되었으며, 상부에는 정의의 신이자 모든 법의 수호자요, 압제 받는 이의 보호자를 상징하는 태양신 샤마시에게서 함무라비 왕이 법전을 수여받는 모습이 새겨져 있다. 그 아래로 전문, 후문 이외에 282조의 규정이 쐐기문자로 새겨져 있다. 1901년 말 프랑스 탐험대가 페르시아의 고대도시 수사에서 이 비문을 발견했으며 원형은 현재 프랑스의 루브르미술관에 소장되어 있고, 이스탄불 고고학박물관에는 카피본이 전시되어 있다.

쐐기문자, 〈길가메시 서사시〉, 텔 하르말

이 땅에서 인류 최초의 도시 문명인 수메르문명이 탄생했다. 1년을 열두 달, 하루를 24시간으로 하는 태음력과 1시간을 60분, 1분을 60초로 나누는 60진법, 원을 360도로 나누는 것은 모두 수메르문명에 기원을 두고 있다. 그리고 마침내 지금까지 알려진 문자 가운데 가장 오래된 '문자'인 쐐기문자가 생겨났는데, 글자의 모습이 나무를 V자 모양으로 깎아 물건의 틈새를 박아 고정하는 나무못인 쐐기와 닮아 이 명칭이 유래했다. 한자로 쐐기 모양이라는 의미의 설형(楔形)문자라고도 부른다.

고대 수메르인들은 주변에서 흔히 구할 수 있는 진흙으로 점토판을 만들어 그 위에 끝을 뾰족하게 만든 갈대 줄기나 동물의 뼈를 이용해 주로 신전에 바치는 물품이었던 곡물, 소, 양, 물고기, 노예 등을 표시한 문자기호를 새겼다. 처음에는 상형문자에 가까운 모양으로 오른쪽부터 세로로 썼다가 그 후 1세기쯤 뒤에는 왼쪽에부터 가로로 쓰기 시작했으며, 시간이 지나면서 문자기호는 조금씩 단순해져 쐐기 모양에 가까워졌다.

문자를 기록한 점토판은 햇볕에 말려 보관했으며, 중요한 것들은 가마에 구워 보관했다. 그래서 파피루스를 사용해 기록했던 이집트문명의 기록물이 쉽게 파손되어 거의 남아 있지 않은 것과는 달리 점토판에 쐐기문자로 기록된 문서들은 상당히 오랜 시간 보존할 수 있었다. 심지어 큰 화재가 나더라도 이 점토판은 불에 굳어져 더 단단해지기 때문에 오늘날까지도 수많은 쐐기문자 점토판이 남아 있다. 후대에는 석판이나 금속판이나 바위, 금속, 상아, 유리, 밀랍 등에 새긴 경우도 많이 발견된다.

이 쐐기문자는 기원전 3000년경부터 BC 1세기 무렵까지 약 3천 년간 고대 메소포타미아를 중심으로 고대 오리엔트에서 광범위하게 사용

기원전 3100∼2900년의 쐐기문자 서판

되었으나 서력기원 전후를 기점으로 그리스 문자나 아람 문자의 보급으로 인해 점차 사라졌다.

　근대에 이르러 중근동 지방을 여행하는 사람들이 고대 유적에 남아 있는 쐐기문자에 관심을 갖기 시작했다. 17세기에 유럽인이 메소포타미아와 페르시아 지역에서 쐐기문자 조각문을 재발견했고, 1802년에 독일인 G.F. 그로테펜트는 고대 페르시아 쐐기문자를 거의 해독하는 데 이르렀다. 최근의 쐐기문자 연구는 고고학적 조사와 병행되어 세계 곳곳의 박물관이나 대학이 소장하고 있는 점토판 문서들이 정리, 해독 및 출판되고 있다. 문서 내용은 경제 관계를 중심으로 정치, 종교, 문학, 외교, 천문학, 수학, 연대기 등 각 방면에 미치고 있다.

쐐기문자로 적힌 기록은 대부분 행정 기록과 상업적 목적으로 쓴 장부 기록이지만 발음, 기호 모양, 의미 등에 따라 순서대로 배열한 단어 목록을 만들기도 했는데, 이는 세계 최초의 사전이라고 할 수 있다. 특히 쐐기문자로 이루어진 작품들 중 유명한 것은 〈길가메시 서사시〉라는 시가로서, 호메로스의 서사시보다 1,500년가량 먼저 이루어진 작품이다.

〈길가메시 서사시〉는 수메르 남부의 도시국가 우르크의 강력한 왕이며 몸의 3분의 2는 신, 3분의 1은 인간의 몸을 하고 있는 길가메시의 모험 여정을 12편으로 구성한 작품으로, 피할 수 없는 죽음의 문제, 사후세계에 대한 두려움, 영생에 대한 갈망 등을 다룬 인류 최초의 서사시다. 특히 이 작품에는 먼 옛날에 신들이 대홍수로 인류를 멸망시켰지만 정직한 인물 한 명을 선택해 거대한 나무 방주를 만들게 해서 인류와 여러 종류의 동물들이 살아남았다는 내용이 들어 있다. 이 외에도 〈길가메시 서사시〉의 여러 이야기는 기독교의 성경 〈창세기〉 6~9장에 나오는 노아의 홍수 이야기는 물론 그리스 신화와도 많은 부분 유사하다는 점에서 매우 흥미로운 작품이며, 이 모든 이야기의 원형으로 여겨진다.

한편, 바그다드에서 북쪽으로 약 9킬로미터 떨어진 신바그다드 지역에는 아카드왕국 시대에 형성되어 기원전 1850년에 에시눈나왕국의 행정 중심지가 된 텔 하르말이 있다. 텔은 아랍어로 '언덕'을 의미하

하늘의 황소를 무찌르는 길가메시가 새겨진 부조(기원전 2250~1900년)

텔 하르말 점토판. 유클리드 수학 이론과 유사한 수학 이론이 새겨져 있다(기원전 2003~1595년).

고, 하르말은 향기가 나는 야생초를 뜻하는 것으로 미루어 '텔 하르말'
은 향긋한 야생초가 자생했던 언덕으로 추측된다.

이라크에는 지명에 텔이 포함된 곳이 많은데, 1877년부터 이들 지역
에서는 수많은 쐐기문자 점토판이 발굴되어 수메르 문화 연구의 좋은
자료가 되고 있다. 발굴된 점토판 중에는 함무라비법전보다 약 200년
이나 앞선 것으로 알려진 에슈눈나법전을 비롯해 복잡한 수학 이론 등
이 새겨져 있어서 당시의 법률제도와 학문 수준을 짐작하게 한다. 또한
이곳에 세계 최초로 과학원이 건립되었던 점으로 보아 과학과 수학이
크게 발달했음이 확실하다. 특히 수학 이론이 새겨진 점토판은 그리스
의 수학자 유클리드가 그의 이론을 발전시키는 데 활용되었던 것으로
전해진다.

지구라트와 공중정원

앗시리아 멸망 후 오리엔트 세계는 메디아와 신바빌로니아 외에 소
아시아에서 일어난 리디아, 그리고 다시금 독립한 이집트를 합쳐 4국
대립 시대를 맞이했다. 그중 메소포타미아 평야를 지배하던 신바빌로
니아가 가장 강대해졌다. 신바빌로니아의 수도 바빌론은 고바빌로니아
시대보다 더욱 번영했고, 웅장한 신전과 궁전 등이 하늘 높이 솟았다.
특히 바벨탑과 공중정원이 유명했다. '바벨탑' 이야기는 구약성서 창
세기 제11장에 기록되어 있다.

" '어서 도시를 세우고 그 가운데 꼭대기가 하늘에 닿게 탑을 쌓아 우리 이름을 날려 사방으로 흩어지지 않도록 하자.' (중략) 야훼께서 온 세상의 말을 거기에서 뒤섞어 놓아 사람들을 흩으셨다고 해서 그 도시의 이름을 바벨이라고 불렀다." (〈창세기〉 11장 1~9절)

바벨은 히브리어로 '혼란을 낳다'의 뜻인 bala에서 기원한다고 하다. 일부에서는 '신의 문'이라는 아카드어에서 나왔다는 주장도 있다.

이 바벨탑은 바빌론 이외에도 메소포타미아 각지에서 볼 수 있는 지구라트와 관계된 것으로 여겨진다. 고고학자들은 지구라트가 고대 바빌론의 유적지로 확인하고 있는데, 성경의 바벨탑이 지구라트를 의미하는 것으로 보고 있다. 고대 역사학자 헤로도투스에 의하면 지구라트의 꼭대기에 신전이 있었다고 한다. 성경에서 바벨탑은 신에 대적하려는 인간의 오만함을 상징한다. 그래서 완성될 수 없는 탑, 징벌 받아야 마땅한 탑으로 묘사된다. 하느님은 사람들이 같은 말을 쓰며 하늘 높이 바벨탑을 세우는 것을 싫어한 것이 아니라 다른 신을 위해 탑을 세우는 것을 경계했던 것은 아닐까.

지구라트는 메소포타미아문명의 다신 숭배 사상을 특징적으로 보여주는 유적으로 흙벽돌이나 석회석으로 지어진 피라미드 모양의 신전탑을 뜻하며, 대부분 3층으로 구성되어 있으며 전면 중앙에 계단이 있다.

현재 이라크에는 약 58개의 지구라트가 발견되었는데, 이 가운데 남부의 우르 지역에 있는 지구라트의 보전 상태가 가장 양호해 좋은 연구 자료가 되고 있다. 우르의 지구라트 기저부는 가로가 60미터, 세로가 45미터, 높이가 21미터로 매우 크다.

신화 속의 바벨탑.

우르 지역의 지구라트

또한 바그다드에서 북서쪽으로 30킬로미터 떨어진 아가르고우프에는 기원전 1500년경에 세워진 지구라트의 일부가 남아 있다. 이 지구라트는 바빌론왕국 시대의 쿠리갈주 왕 시기에 지어진 것으로 추정된다. 자연 석회석으로 되어 있으며 기저부만 온전히 보전되어 있는 상태로, 기저부의 크기는 가로가 69미터, 세로가 67미터다. 기저부 중앙에는 세 개의 계단이 있으며 양측으로 두 개씩의 계단이 있다. 일반적으로 지구라트 주변에 신전, 왕궁, 마을, 시장 등의 흔적이 남아 있는 것으로 보아 고대 메소포타미아인들은 지구라트를 구심점으로 생활한 것을 알 수 있다.

또 하나의 걸작인 공중정원은 기원전 500년경 신바빌로니아의 네부카드네자르 2세가 왕비 아미티스를 위해 건설한 정원이다. 네부카드네자르 2세는 바빌론의 왕이 되자 메디아왕국의 키아카레스 왕의 딸 아미티스를 왕비로 맞이했다. 산이 많아 과일과 꽃이 풍성한 메디아에서 자란 왕비는 평탄하고 비가 잘 오지 않는 바빌론에 마음을 두지 못한 채 항상 아름다운 고향의 푸른 언덕을 그리워했다. 이를 안타깝게 여긴 왕은 왕비를 위해 메디아에 있는 어떤 정원보다도 아름다운 정원을 바빌론에 만들기로 결심했다.

그런데 비가 거의 오지 않는 이곳에서 이렇게 큰 정원에 물을 대는 것은 여간 큰 문제가 아니었다. 이 문제를 해결하기 위해 왕은 정원의 맨 위에 커다란 수조를 만들어 유프라테스강의 물을 천여 개 넘는 수차로 길어 올리고 그 물을 수로를 통해 각 층에 대줌으로써 화단에 적당한 습기를 유지하도록 했으며, 그때그때 물뿌리개를 이용해 물을 공급하도록 했다고 한다. 실제로 이 정원은 공중에 떠 있는 것이 아니라 높이 솟아 있다는 의미로 멀리서 보았을 때 울창한 수목으로 뒤덮여 있는 작은 산처럼 보였다고 한다. 지금은 그 아름다움을 찾아볼 수 없지만, 바빌론에 폐허가 된 공중정원의 터는 오늘날까지 남아 있다.

'지혜의 집'에서 맺은 수학

근대과학의 발전을 생각하면 우리는 흔히 뉴턴의 시대를 떠올린다. 뉴턴에 의해 체계가 다져진 고전역학은 20세기 초 현대물리학이 등장하기 전까지 확고한 진리로 자리매김해왔다. 그러나 르네상스 이후의 근대과학은 중세 암흑기 속에서 갑자기 불쑥 등장한 것이 아니라 그리스 로마 시대와 르네상스 시대를 연결해주는 이슬람의 과학과 문명의 혜택이다.

《천일야화》의 도시인 바그다드는 중세의 실리콘밸리로 일컫기에 전혀 부족함이 없는 도시였다. 미국의 첨단기술을 상징하는 실리콘밸리처럼 중세의 바그다드는 온갖 신기술과 당대 최고의 인재들이 모인 곳이었다.

서기 762년 이슬람 압바스제국의 두 번째 수도로 이름을 알린 바그다드는 중앙아시아와 아라비아, 북아프리카, 그리고 오늘날의 스페인을 통치했다. 칼리파는 전 세계의 상인과 학자, 장인들을 두 팔 벌려 환영했고, 종교의 차별을 두지 않았다. 때문에 일찍이 여러 종족이 모여 사는 고대의 코스모폴리스가 되었다. 당시 중국 당나라의 장안, 콘스탄티노플과 더불어 세계 3대 도시였던 바그다드는 인구가 200만 명에 달하는 인류 문명의 중심지로 이름을 알렸다. 엄청난 부와 지식, 쾌락과 유흥이 넘치는 바그다드. 모험과 신비, 화려함과 성적 이미지로 채워진 《천일야화》는 이런 배경에서 탄생했다.

지식과 기술 문명의 수도였던 바그다드에서는 당대 가장 혁신적인 기술 문명이 꽃을 피웠다. 9세기에 아랍인들은 고대 그리스 과학 서적 뭉치를 거의 싹쓸이하다시피 사들였고, 오랫동안 읽히지 않아 하마터면 후손에게 잊힐 뻔했던 필사본을 수집하기 위해 비잔틴제국에 사절단을 보내기까지 했다. 중세 유럽인들이 12세기에 이런 고전 학문을 다시 접한 것은 대개 그리스어 원전의 아랍어 번역을 통해서였다. 의학, 수학, 천문학, 광학 분야에서 이전과는 다른 신기술이 쏟아져 나왔으며, 특히 수학 분야의 발전은 천문학, 광학을 포함한 기술 문명의 발달을 촉진했다.

뛰어난 상인이었던 아랍인들은 재산을 분배하고 사업을 계승하고 이윤을 배분하는 등의 문제를 계산하기 위해 대수, 특히 산술을 중시했다. 아라비아숫자는 인도 아라비아숫자라고 불리는데, 인도인이 발명한 수체계를 아랍인들이 받아들여 발전시킨 뒤 13세기 초 유럽에 전파했기 때문이다.

수체계가 인도에서 어떤 과정을 거쳐 발명되었는지는 알려진 바가 없다. 고고학자들이 인도의 돌기둥과 동굴 벽에서 발견한 숫자들의 흔적은 대략 기원전 250년에서 서기 200년 사이에 남긴 것으로 추정된다. 그러나 그 숫자들 어디에서도 0의 개념은 발견되지 않았다. 최초로 0의 개념이 소개된 것은 서기 825년 전후 아랍인 알 카와리즈미가 쓴 《인도의 계산법》에서다.

이 책에서 알 카와리즈미는 완벽한 인도의 수체계를 소개하면서 처음으로 0의 개념을 완벽하게 정리했다. 그는 70세 일기 동안 십진법은 물론 대표 업적인 복원과 대비의 방정식을 정립했다. 그의 연구 서적은 300년 후 라틴어로 번역되었고 유럽으로 전해져 700년 동안 대수학의 정석으로 쓰였는데, 이 과정에서 그의 이름이 지금까지 수학의 보통명사로 남은 알고리즘으로 바뀌어 불렸다.

알 카와리즈미와 비슷한 시기에 활동한 또 다른 수학 천재는 알 킨디다. 그는 압바스왕조 제7대 칼리파 알 마으문이 설립한 '지혜의 집'에서 공부했으며 왕족의 개인 교수를 역임하기도 했다. 그는 서양에서 종종 알킨더스라고 불리며 주로 철학자로 알려져 있지만, 그리스 수학 번역서들에 대한 중요하고 통찰력 있는 주석서를 여러 권 썼다. 알 킨디의 논문 〈인도 숫자의 사용에 관한 책〉은 인도 숫자에 관한 지식을 유럽으로 보급하는 데 핵심 역할을 한 저서 중 하나다. 또한 수학 지식의 중요한 응용인 암호 해독 분야에서 획기적인 발견을 거두기도 했다. 외국어로 된 책들을 번역할 때 유용한 암호 해독 방법인 빈도 분석을 개발한 것이다. 뿐만 아니라 평행선에 관한 논문 등 수학에서 그만의 고유한 연구가 이루어졌다.

그 외에도 바그다드에 자리한 '지혜의 집'에서는 유클리드의 《원론》을 포함한 다수의 수학 서적이 아랍어로 번역되어 수 세기 동안 보관되었고 다시 유럽학자들에 의해 라틴어로 번역되었다. 이 작업은 주로 아랍제국 서쪽 끝인 스페인의 도시 톨레도에서 완성되었다. 그 후 아라비아 숫자는 아랍인들이 북아프리카와 스페인의 안달루시아를 점령하면서 자연스럽게 유럽으로 전파되었다. 그 중심에는 이탈리아 수학자 피보나치가 있다. 그는 스페인의 무슬림 수학자에게 수학을 배우고 북아프리카를 여행한 뒤 이탈리아로 돌아와 1202년 수학에 관한 책을 출간했다. 그리고 이 책을 통해 아라비아 수가 유럽으로 전파될 수 있었으며, 이탈리아 르네상스 시기의 수학이 발전하는 데 촉진제 역할을 하기도 했다.

천문학에서 종이의 보급까지

아랍인들은 고대 그리스의 수학적인 연구 유산을 연구하고 발전시켜 천문학, 광학 분야를 포함한 많은 과학 분야에 적극적으로 활용했다.

이슬람 수학은 삼각법, 구면기하학과 지도 제작 분야가 크게 발전하는 데 중요한 역할을 했으며 무엇보다 천문학 분야에서 놀라운 발전을 이룩했다. 무슬림들은 전 세계 어디에 있더라도 하루 다섯 번 메카를 향해 기도한다. 메카를 향하는 방향을 키블라라고 부르며, 이슬람 사원의 벽면에는 메카 방향으로 오목하게 들어가게 만든 미흐랍이 설치되었다. 무슬림 과학자들은 수학의 원리를 이용해 세계 어디에서도 키블라를 계산하는 데 중점을 기울였다.

아랍 천문학자들은 고대 세계의 성과물을 발판삼아 항성 목록의 정확도를 개선하고, 아스트롤라베를 비롯한 천문학 기구의 설계를 개량했다. 아스트롤라베는 수평선 위에 있는 천체의 경사각을 측정하는 장치로, 지침반과 눈금으로 알아낸 정보를 경도와 위도로 변환하면 키블라와 그날의 시간을 알 수 있다. 아스트롤라베는 정교한 계산 기구이자 이론적 연구 업적을 물리적으로 구체화한 것으로, 당대 아랍인들의 최고의 지식과 기술이 결합된 결과라고 할 수 있다.

이와 맞물려 아랍인들은 엄청난 자금을 들여 천문대를 지었고 수학에 재능 있는 인재를 천문대에서 일하도록 불러들였다. 이들의 주된 업적은 천문표를 완성하고 천문 관측기구를 개량하고 관측소를 짓는 것

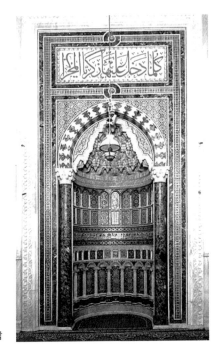

다마스쿠스 우마이야 사원의 미흐랍

아스트롤라베 (9세기)

이었다. 칼리파 알 마으문은 바그다드와 다마스쿠스 근처에 천문대를
세웠다.

번역된 그리스 문헌들에 관한 활발한 연구가 이루어진 9세기의 바그
다드는 곧 화려하게 꽃을 피울 이슬람 문화와 과학의 전초기지나 다름
없었다. 그중 광학 분야에서는 유클리드의 저서가 가장 먼저 번역되고
분석되었다. 유클리드가 집필한 광학, 음악, 천문학 등에 관한 약 10여
권의 저서 중 다섯 권이 아랍어로 번역되어 오늘날까지 전해지고 있다.
'지혜의 집'에서 고대 그리스 문헌들을 자세히 분석하던 아랍 학자들
은 자연스럽게 그리스의 시각 이론과 빛에 대해 다양하게 논의했다. 이

들 중에는 삼각함수를 이용해 빛의 굴절각을 계산한 사람도 있었고, 빛이 가지는 유한한 속도를 고민한 학자도 있었다고 한다.

9세기 바그다드에서 살았던 알 킨디는 이슬람 초기 광학 연구의 선구자였다. 그는 다양한 과학 분야에서 활약했는데, 특히 유클리드의 광학에 관한 내용을 정리해 《양태들에 관하여》라는 저술을 발표했는데, 이는 아랍 세계뿐 아니라 라틴어로 번역되어 유럽에서도 읽혔다.

알 킨디의 시각 이론은 눈에서 방출되는 시각 광선의 작용으로 시각을 이해하려 한 고대 그리스인들의 시각 이해와 비슷했다. 그는 광학 연구 논문인 〈별들의 광선으로부터〉에서 "세상의 모든 물체는 사방으로 광선을 방출해 온 세상을 가득 채운다"라는 빛의 이론을 체계화했다. 이를 통해 그는 눈에서 나온 빛이 물체, 혹은 물체에서 방출된 빛과 만나 "빛나는 숨"을 형성하고 이를 눈이 자각한다는 시각 이론을 확립했다.

컴퓨터의 발달로 비중이 많이 줄기는 했지만 지금도 여전히 많이 쓰이는 기록 매체가 종이다. 종이가 지식 전달에 매우 중요한 도구라는 사실은 인터넷의 발달에도 불구하고 종이로 만든 신문과 책이 여전히 중요한 역할을 하는 것만 봐도 알 수 있다. 종이는 수많은 책과 서류, 문서 등의 형태로 보관된다.

종이의 발명과 보급으로 인류는 후손들에게 온전하게 남겨주기 위한 역사를 본격적으로 이룰 수 있었고, 세상 모든 것에 관해 안전하고 상세하면서도 명백한 기록을 할 수 있었다. 이렇게 종이의 발명은 문자, 인쇄의 발명과 함께 인류의 생활을 바꾼 3대 발명으로 일컫고, 이 종이

الجمهورية العراقية
REPUBLIC OF IRAQ

POSTAGE 6 FILS

1962년 이라크에서 발행한 알 킨디 기념 우표

로 인류는 크나큰 혁명을 겪는다. 수천 년간 인류가 쌓아온 지식은 문자를 통해 저장되고 종이를 통해 기록, 전달되었으며 인쇄를 통해 대량 전달되어 오늘의 인류 문명을 이루었다.

종이를 가장 먼저 발명한 곳은 중국이었다. 서기 105년, 후한의 궁중에서 수공품을 원활하게 조달하던 업무를 맡은 채륜이 나무껍질이나 마 등을 절구통에 짓이긴 후 물을 이용해 종이를 만드는 원리를 개발해 황제에게 보고했다. 이렇게 중국에서 발명된 제지술이 서쪽으로 전해진 계기는 바로 전쟁이다. 당시 아라비아반도에서 시작한 이슬람 국가는 무서운 속도로 그 세력을 확장했는데, 급기야 강자 페르시아를 점령하고 아시아까지 팽창한다. 그리고 8세기 당시 당나라가 지배하던 탈라스, 오늘날의 키르기스스탄에서 당나라와 격돌했다. 탈라스전투에서 이슬람군이 승리하고 당나라의 군사 약 2만 명이 포로로 끌려갔는데, 이들 중에 당나라의 제지술을 보유한 사람이 있었다고 한다. 이들이 포로로 끌려간 바그다드에서 제지술을 전파하는 계기를 마련했다.

당시 바그다드에서는 주로 양피지를 이용해 이슬람의 경전 꾸란 및 서적을 기록했는데, 양피지는 가격이 너무 비싸 왕족과 일부 귀족만의 전유물이었다. 하지만 종이가 들어오면서 9세기경 처음으로 종이 위에 꾸란이 기록되었으며 값싼 종이 덕에 꾸란은 여러 사람들에 의해 다양한 형태로 기록되어 10세기 전 세계로 퍼져 나갔다. 또한 9세기 바그다드 '지혜의 집'에서는 로마시대를 거치며 유럽에서 잊힌 소크라테스, 플라톤 등 그리스 학자들의 사상이 아랍어로 번역되어 축적되었다. 더 나아가 아랍 학자들의 지적 호기심은 종교와 국가를 넘어 고대 이집트, 중국, 인도의 지식까지 이곳에서 논쟁되고 발전되어 후대에 계승되었다. 당시 약 200년 동안 200만 권의 방대한 서적이 만들어졌다고 한다.

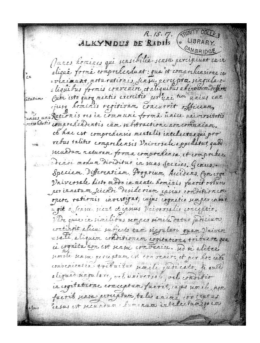

알 킨디의 광학 논문 17세기 사본

#5

베두윈의 꿈을 미래로

고대문명이 초기 인류 삶의 시발점이었다면 인공지능으로 대변되는 과학기술 혁명은 인류의 미래를 창조할 것이다. 인류가 과거 1만 년 동안 경험했던 변화보다 더 큰 변화가 엄청난 폭발력으로 수십 년 안에 펼쳐질 것이다. 그 변화의 중심에 네옴시티가 선두하는 중동이 있다. '보라 내가 새 일을 행하리니. 광야에 길을 내고 사막에 강을 내리니.'

사막 위에 펼쳐진 스마트 시티, 두바이

아랍에미리트의 메인 브랜드

아랍에미리트는 아라비아 반도 동쪽에 위치한 연방국이다. 아랍어로 군주를 의미하는 아미르(Amir) 혹은 에미르(Emir)가 다스리는 영역을 에미리트(Emirate)라고 하는데, 아랍에미리트는 총 일곱 개의 에미리트가 하나의 연방을 구성하고 있다. 이 가운데 영토 규모와 경제력이 가장 큰 아부다비가 수도의 역할을 수행하고 있는데, 이에 따라 아부다비의 아미르가 아랍에미리트의 대통령을 겸임하고 있고, 아랍에미리트 내에서 두 번째로 서열이 높은 두바이의 아미르가 부통령 겸 총리를 겸하고 있다. 아랍에미리트를 구성하는 각 에미리트는 자치권을 누리며, 각 에미리트의 아미르가 중앙정부의 각료가 되어 국정을 운영하는 방식이다.

아랍에미리트의 면적은 대한민국의 약 5분의 4 정도로 국토의 80퍼센트가 평평한 사막이다.

두바이는 아랍에미리트의 최대 도시로 남쪽으로는 아부다비, 북동쪽으로는 샤르자, 남동쪽으로는 오만과 국경을 맞대고 있다. 해안은 걸프만과 맞닿아 있다.

막대한 오일 달러를 앞세워 적극적으로 투자하면서 중동의 금융 중심지로 발전했고, 세계 각 대륙과 나라를 연결하는 허브 공항으로 중요한 위치를 차지하고 있다. 바다를 매립해 인공 섬을 만들어 새로운 개념의 인공 도시인 팜 아일랜드를 건설하기도 했다. 팜 아일랜드 인공 도시는 팜 데이라, 팜 자발 알리, 팜 주메이라 등 세 개 섬으로 이루어져 있으며 야자수 모양의 타운을 형성한다. 세계적인 부호와 유명인들이 두바이의 호화 부동산을 분양받으면서 새로운 기적을 이루어 낸 도시로 주목받고 있다.

아랍에미리트는 산유량이 세계 5위권에 꼽히는 산유 부국이지만 아랍에미리트 석유 매장량의 95퍼센트는 아부다비에 집중되어 있다. 따라서 1966년 유전이 발견되었을 당시부터 두바이는 석유의 부존량이 바닥을 드러낼 머지않은 미래에 대비해야 했다. 아라비아만의 작은 항구도시였던 두바이는 석유 수출에서 발생하는 오일 달러를 기반으로 물류 허브, 나아가 비즈니스와 관광 허브로 발돋움하기 시작했다. 아랍에미리트의 최대 도시 두바이는 얼마 남지 않은 석유의 채굴 연한에 대비해 지난 2006년부터 미래전략을 수립하고 외국인 투자를 적극적으로 받아들여 관광, 금융이 중심인 신도시를 사막 위에 성공적으로 건설했다.

하지만 자체 산업 기반이 취약하고 부동산 개발을 중심으로 단기간

팜 주메이라, 두바이

에 과도하게 진행된 투자와 개발로 2008년 미국발 금융위기 후 투자 자본이 빠져나가면서 2009년 국영기업 두바이월드가 모라토리엄(채무 지급유예)을 선언했을 정도로 크게 주춤하기도 했으나 이후 전열을 가 다듬은 두바이의 성장은 계속되고 있다.

두바이는 많은 사람들이 찾는 비즈니스와 휴양을 겸하는 도시이며 세계 최고 수준의 호텔이 운영되는 매력적인 도시다. 그러나 최근 수년 간 진행되어 온 스마트시티 조성에 대한 두바이의 열정은 더 뜨겁다. 두바이는 현재 3D 프린팅 건물, 무인 경찰 서비스, 드론 택시, 자율주 행 버스 등 스마트시티의 요소를 직접 실험하고 있고 일부는 이미 도입했거나 도입을 추진 중이며, 700메가와트급 세계 최대 태양광발전소도 2020년부터 전력을 생산해 공급하고 있다. 사우디아라비아, 쿠웨이트, 오만, 바레인, 카타르 등 다른 아랍 왕정 산유국들이 두바이의 성공을 모델로 삼아 미래도시를 설계할 정도다.

두바이가 성공한 배경에는 '오아시스 싱크탱크'로 불리는 2천여 명의 글로벌 브레인이 창안해내는 탁월한 콘텐츠도 있지만, 불가능을 가능으로 바꾸는 매직 리더십의 주인공 셰이크 빈 무함마드 알 마크툼 부총리의 역할을 눈여겨봐야 한다. 2021년 아랍에미리트 부총리로 임명된 그는 명석한 두뇌와 추진력으로 두바이의 새로운 창조를 기획하고 있다.

두바이에는 '세계 최고', '세계 최대', '세계 최초'라는 세 개의 브랜드만이 존재한다. 이들 브랜드만으로 지구촌이 부러워하는 21세기 개혁 도시 모델을 창출해냈다.

아랍에미리트의 국가로서의 역사는 불과 50년이 조금 넘을 정도로 짧다. 국가 수립 이전의 기록은 아랍에미리트의 문화사와 전해지는 구비로만 몇 개의 기록이 남아 있을 뿐 민속과 신화에 대한 기록은 남아 있지 않다. 아랍에미리트의 문화 · 역사연구원 페델 한달에 따르면 두바이라는 명칭은 '천천히 흐르다' 또는 '살금살금 움직이다'라는 뜻을 지닌 아랍어 동사 다바(daba)에서 유래했는데, 이는 두바이 중심부를 세로로 관통하는 두바이 수로가 천천히 흐르는 모습을 빗대어 표현한 것이라고 주장한다. 반면에 시인이자 학자 아흐마드 무함마드 우바이드 역시 같은 동사에서 파생된 것은 맞지만 두바이 수로가 아닌 예전에 두바이 지역에 많이 있었던 어린 메뚜기들이 이동하는 모습을 빗댄 것이라고 주장한다.

두바이가 새롭게 변모하면서 예전의 모습은 대부분 사라졌는데, 그나마 바스타키아에 두바이의 역사와 전통이 남아 있어서 두바이 역사를 체험할 수 있다. 두바이는 2020년 세계엑스포대회를 개최했고 랜드마크인 세계 최고 빌딩 부르즈 칼리파와 세계적인 테마공원들도 건설했다.

작은 어촌에서 세계적인 대도시로

지금의 두바이가 자리 잡은 터전은 예전에는 거대한 맹그로브 늪지대였다. 기원전 3000년경 늪이 서서히 마르면서 사람이 거주할 수 있는 육지로 변했고 그 후 이 땅에 제일 먼저 정착한 사람들은 청동기시대 유목민으로, 기원전 2500년경 유목 생활을 버리고 이곳에 정착해 대추야자를 재배하기 시작했다. 서기 240년부터 걸프 지역을 지배한 아르다시르 1세가 세운 사산왕조의 지배를 받았다. 이후 이슬람이 확산되고 우마이야왕조의 통치하에 놓인다.

두바이가 역사에 처음 등장한 것은 1095년 안달루시아 아랍 지리학자인 아부 압둘라 알 바크리가 쓴 아라비아반도의 지리서다. 16세기 후반의 베네치아 진주 상인이자 작가 가스페로 발비의 일기에도 두바이에 관한 기록이 있다. 그는 1580년 진주 무역을 위해 두바이에 왔는데, 당시 두바이 사람들은 대부분 진주 채취와 어업, 조선업을 주로 했으며 금, 향신료, 직물을 팔러 온 상인들을 위한 숙박업을 운영하기도 했다고 기록했다.

석유 이전의 아랍에미리트의 경제활동은 진주잡이와 어업이었다. 두바이산 진주는 로마, 베네치아, 인도, 스리랑카까지 널리 거래되었고 부족의 가장 큰 수입원이었다. 진주잡이는 두바이뿐만 아니라 아부다비에도 큰 인기를 끌어, 대부분의 진주잡이들이 두바이와 아부다비 해안가에 자리한 마을로 이사해 모여 살기 시작한 것이 오늘날 두바이와 아부다비의 시초가 되었다. 진주잡이 외에도 두바이에 거주했던 부족들은 아랍 목선인 다우선을 이용해 인근 중동 지역과 유럽 시장에 생선, 실크, 도자기 등을 거래하는 무역업을 했다.

16세기 후반 포르투갈과 네덜란드, 영국 등이 무역로를 장악하고 통제하려 했으나 두바이가 다시 지배권을 되찾았다. 1793년 바니야스 부족의 마크툼 빈 알 부티가 두바이와 아부다비를 점령하고 통치자가 되었다.

1820년 두바이의 부족 지도자들은 다른 부족 지도자들과 함께 영국 정부와 해상무역에 관한 평화협정을 체결하기도 했으나 1892년부터는 오스만제국의 공격에 저항해 두바이를 보호하는 독점계약을 영국과 체결하고 이때부터 영국의 지배 아래 놓인다. 1894년 외국인에 대한 세금 면제법 도입으로 지역경제가 활기를 띠었고 이를 통해 두바이에 들어오는 외국인 노동자 수가 급증했으며 인도와 파키스탄의 무역상들이 두바이로 건너와 뛰어난 사업 환경의 혜택을 누렸다.

두바이의 지리적 환경은 계속해서 상업과 무역이 발달하는 계기로 작용했다. 특히 인도와 지리적으로 가깝다는 장점은 두바이를 중요한 무역지대로 부각시켰다. 당시 진주 수출로 유명했던 두바이는 외국 무역상들의 중요한 거점이 되었고 점차 많은 사람들이 거주하면서 발전했다.

제1차 세계대전과 이후 발생한 1920년 세계 대공황, 1930년대 인공 진주의 개발로 인한 천연 진주 시장의 붕괴로 큰 경제적 피해를 이은 두바이는 경제구조를 재편해야만 했다. 1963년 두바이석유공사가 설립되었고 3년 뒤인 1966년에는 두바이 파테 오일 필드에서 석유가 발견되었다. 두바이 석유 총매장량은 약 40억 배럴 수준으로 걸프협력기구의 다른 산유국들에 비해 현저히 낮은 편이다.

아라비아만에서 석유가 발견된 무렵부터 영국은 거점을 사하라에서 두바이로 옮겼고, 두바이에는 전기, 전화 서비스가 개설되고 공항도 들어섰다. 자본의 유입과 함께 인도인과 파키스탄인들이 주축이 된 외국인 노동자의 유입도 시작되었다. 이들로 인해 결과적으로 1968년부터 1975년까지의 인구성장률이 다른 에미리트에 비해 세 배가 넘었다.

1971년 영국이 아라비안반도에서 철수한 후 같은 해에 두바이와 아부다비를 비롯한 다른 다섯 에미리트가 아랍에미리트연방을 결성하면서 지금의 모습을 갖춘다. 1970년대 두바이는 석유와 무역으로 이익을 창출했고, 세계에서 가장 큰 무역항인 자발 알리 자유무역 지대가 설립되었다.

1990년 발발한 걸프전의 영향은 두바이도 예외는 아니었다. 전쟁으로 인한 불안정으로 두바이의 은행들은 막대한 자금 유출을 경험해야 했다. 그러나 쿠웨이트의 회사를 시작으로 바레인에서의 불안을 겪던 많은 외국 회사들이 두바이로 이전하면서 상황이 진전된다.

이후 두바이 인터넷시티, 두바이 미디어시티, 두바이 해상 무역도시를 포함한 자발 알리 자유무역 지대의 성공은 새로운 자유무역 지대를 통한 발전을 준비하는 인근 다른 아랍국가들의 모델이 되었다. '세계 유일의 7성급 호텔'이라 불리는 세계 최고급 호텔 부르즈 알 아랍의 건축은 새로운 주거 발전의 창조였고 두바이를 유명한 관광도시로 만들었다. 인공 섬 팜 주메이라와 세계 최고층 빌딩인 부르즈 칼리파와 같은 스카이라인의 재창조를 통해 사막의 기적이라 불리는 현재의 두바이가 탄생했다.

가장 높고 가장 크게

사막 위에 세워진 두바이는 세계적인 인공물들로 유명하다. 세계 최대 쇼핑몰 두바이몰, 세계 최고층 건물 부르즈 칼리파, 세계 최대 인공 섬 팜 주메이라, 세계 최고급 호텔 부르즈 알 아랍, 세계 최대 실내 스키장 스키 두바이, 세계 최대 화원 두바이 미라클 가든 등 열 손가락이 모자랄 정도다. 다른 어디에서도 볼 수 없는 이 구경거리들은 두바이에 막대한 관광 수입을 안겨준다.

국제공항협회가 조사한 2022년 두바이국제공항 여객 수는 전년 대

두바이 미라클 가든

비 13퍼센트 증가한 2,911만 명을 기록해 전 세계 1위를 차지했다. 같은 해 전 세계의 가장 바쁜 공항 순위에서는 두바이 공항이 3위를 차지했다. 아랍 특산물과 명품숍들이 줄지어 있는 화려하고 넓은 면세점과, 대륙을 넘나들며 경유하는 이용객의 비율이 높은 점이 우수한 평가를 받았다. 이용객의 수가 많다는 것은 그만큼 경제 효과가 높다는 의미다. 1985년 설립된 에미레이트항공사는 매주 3,400편 이상의 항공편을 두바이에서 전 세계로 운항한다. 우수한 기내 서비스, 빠른 성장세,

부르즈 칼리파, 두바이

지속적인 흑자 경영으로 항공업계를 선도하는 에미레이트항공사를 바탕으로 두바이 당국은 향후 훨씬 많은 관광객과 이용객을 유치할 것으로 전망하고 있다.

지구상에서 인간이 만든 가장 높은 구조물이 두바이의 부르즈 칼리파다. 163층에 전체 높이 829.8미터인 이 건물은 개장되기 전까지 부르즈 두바이 혹은 영어식으로 버즈 두바이로 불렸다. 이름이 바뀐 것은 채무 상환 압박에 시달리던 두바이를 지원한 아부다비 통치자 겸 아랍에미리트연방 대통령인 칼리파 빈 자이드 나히얀에 대한 감사의 표시라고 한다.

이 프로젝트는 석유를 기반으로 한 경제에서 서비스 및 관광 기반 경제로 다각화하려는 아랍에미리트 정부의 결정에 근거한 것으로, 애초부터 세계에서 가장 높은 건축물로 계획되었다. 건축 디자인과 구조 설계는 한때 세계 최고층 빌딩이었던 시카고의 시어스 타워와 원 월드트레이드센터를 설계한 미국의 SOM이 맡았으며 우리나라의 삼성물산이 시공사로 참여했다.

'수직 도시'라고 불릴 만큼 사무실과 주거, 호텔 등이 들어선 대규모 복합용도의 건축물인 부르즈 칼리파에는 패션 거장 조르지오 아르마니가 직접 인테리어를 총괄 감독한 아르마니 호텔과 레지던스가 있다. 122층에는 세계에서 가장 높은 레스토랑 앳모스피어가 최고의 전망을 자랑하고, 43층, 76층, 123층에 마련된 스카이 로비에는 스파, 수영장, 야외 선데크, 체육관, 음료 바 등의 편의시설이 제공되며 124층과 148층에는 전망대를 두었다. 삼성동 코엑스몰의 약 네 배 수준인 총 면적에 5만여 명을 수용할 수 있는 세계 최대의 쇼핑몰과 3개 층으로 이뤄진 세계 최대 규모 실내 수족관, 올림픽 대회장 수준의 아이스링크 등이 복합단지 내에 들어서 있다. 부르즈 칼리파는 최고층 외에도 여러 세계 기록을 갖고 있다. 세계에서 가장 층수가 많은 163층 건물이다. 세계에서 가장 높은 거주 공간, 세계에서 가장 높은 나이트 클럽(144층)과 레스토랑(122층)이 있다. 또한 세계에서 가장 높은 신년 불꽃놀이와 가장 큰 빛과 소리쇼를 시연하고 있다. 부르즈 칼리파는 두바이의 대표적 랜드마크로 아랍에미리트 방문객의 필수 코스다.

부르즈 칼리파의 Y자형 평면은 사막에 피는 거미백합 모양에서 영감을 얻었고, 여기에 계단형 외관을 따라 기하학적인 모양의 패턴을 반복하는 이슬람의 전통 건축양식이 접목되었다. 타워는 아래에서 위로 올라감에 따라 나선형을 그리며 면적이 16회에 걸쳐 단계적으로 축소된다. 이는 바람을 혼동시켜 소용돌이를 최소화하고 안정성을 부여하기 위해서다.

구조적으로는 부벽식 코어를 적용했는데, 콘크리트 복도 벽과 수직 전단 벽, 외곽 기둥으로 이루어진 세 개의 날개가 버팀목이 되어 삼각대처럼 건물 중심에 놓인 육각형 코어를 효율적으로 지지하도록 설계되었다.

부르즈 칼리파에는 삼성물산이 개발한 세계 최고 강도 수준인 800kg/㎤의 콘크리트가 투입되었다. 이뿐만 아니라 콘크리트 타설 후 굳으면 자동으로 거푸집이 올라가는 자동 상승 시스템으로 사흘에 1개 층을 건설하는 신기원을 달성했으며 최고 콘크리트 수직 압송 기술로 신

밖에서 본 스키 두바이

기록을 세우기도 했다.

　불가능을 거부하는 도시, 반드시 해내고야 마는 사람들, 두바이의 기발함, 그리고 막대한 스케일의 상상력을 드러내는 또 하나의 랜드마크는 사막 속에 자리잡은 거대한 실내 스키장인 스키 두바이다. 2005년 11월 에미리트 쇼핑몰 내에 개장한 스키 두바이는 축구장 세 개 크기인 2만2,500평방미터의 인공 산악 지형이 펼쳐져 있고 최고 1,500명을 수용할 수 있다. 85미터 높이의 인공 산 밑으로 다섯 개의 슬로프가 갖춰져 있는데, 가장 긴 것은 400미터에 달한다. 세계에서 세 번째로 큰 실내 스키장으로 겨울 스포츠 마니아들이 열광할 역동적인 공간이며,

하늘에서 내려다본 팜 아일랜드

얼음 동굴, 3D 극장 등을 갖춘 스노우 파크로 가족 단위의 손님들을 유혹하고 있기도 하다. 일 년 내내 문을 여는 이 스키장 건설의 가장 큰 어려움은 더위였다. 일 년의 반은 50도가 넘는 불볕더위 속에서 영하 7도의 스키장을 유지하는 것이 관건이었다. 이를 위해 외부 온도를 막아줄 특수 벽을 제작하는 것에 엄청난 노력과 신기술이 동원되었다. 건설비만 3억 달러를 쏟아부은 스키 두바이는 막대한 운영비로 큰 돈을 벌기는 어렵지만 '사막에서 스키를'이라는 홍보 효과와 함께 두바이에서는 모든 것을 즐길 수 있다는 상징성을 부여한다.

두바이의 또 다른 랜드마크는 바다를 매립해 조성한 인공 도시 '더 팜'이다. 야자수 모양의 인공 섬에는 종합 관광 레저타운이 들어서고, 두바이 해안선의 길이는 72킬로미터에서 두 배 이상 늘어난다. '세계 8대 불가사의'라는 찬사를 받을 만한 대규모 공사다.

팜 아일랜드로도 불리는 바다 위 인공 도시 더 팜은 섬 전체가 야자나무 모양으로 하나의 굵은 나무줄기와 17개의 가지로 구성되었으며, 11킬로미터의 긴 방파제로 이루어진 초승달 형태의 섬으로 둘러싸여 있다. 나무줄기 부분에는 아파트와 상가가 들어섰고, 가지 부분에는 고급 주택과 빌라 등의 거주 단지, 초승달 부분에는 초호화 호텔과 휴양 시설이 들어섰으며, 모노레일이 놓여 있다.

더 팜은 이미 완공된 팜 주메이라와 아직 개발 중인 팜 자발 알리 그리고 데이라 총 세 개의 인공 섬으로 구성되어 있다. 인공 섬 건설에 모래가 9,400세제곱미터, 바위가 700만 톤이 들어갔으며, 준설기를 이용해 10.5미터 깊이의 해저면에 모래를 부어 해수면 위 3미터까지 올라가도록 매립하는 방식으로 이루어졌다. 인공 섬 크기는 가로세로 5×5 킬로미터이고 총면적은 560만제곱미터다. 총비용은 123억 달러(약 14조3천억 원)가 들었고, 근로자 4만 명이 투입되었다. 고급 빌라를 분양할 때는 매우 높은 분양가에도 불구하고 세계적인 유명인사들이 몰려들어 화제가 되기도 했다.

세계는 이곳에서 미래와 만난다

오일달러를 바탕 삼아 대형 건설 프로젝트 중심으로 성장가도를 달리던 두바이경제는 2008년 글로벌 금융위기를 계기로 한때 위기를 맞았다. '최대' '최고'에 치중하던 두바이는 이후 성장 전략에 변화를 주었다. 그 핵심은 도시 전체를 미래 전시장 내지는 실험장으로 바꾸는 것이다. 그래서 두바이 사회의 최근 화두는 '최초'와 '미래'다. 세계의 첨단 과학기술들로 미래도시의 모델을 구현해 한편으론 미래 성장 동력을 확보하는 명분도 취하고, 다른 한편으론 미래를 상품화해 관광객을 유치하는 실리도 취한다는 영리한 계산이다. 두바이관광청은 두바이를 구경해야 하는 다섯 가지 이유 가운데 하나로 '미래의 도시를 보여주는 곳'이라는 점을 든다.

두바이가 이처럼 미래 실험에 적극적으로 나서는 이유는 가시화하고 있는 석유 시대 이후를 대비하기 위해서다. 아부다비는 아랍에미리트 전체 석유 매장량의 94퍼센트를, 전 세계 6위의 석유매장량을 보유하고 있지만 두바이는 겨우 4퍼센트의 석유자원을 보유하고 있다. 석유로부터 벌어들이는 수입은 전체 수입의 5퍼센트도 채 되지 않는다. 과거 석유자원에 모두 들떠 있을 때 전 두바이의 통치자였던 라시드 빈 사이드 알 마크툼은 일찌감치 석유 시대의 한계를 읽었다.

"나의 할아버지는 낙타를 탔다. 나의 아버지도 낙타를 탔다. 나는 메르세데스를 탄다. 내 아들은 랜드로버를 탄다. 그의 아들도 랜드로버를 탈 것이다. 그러나 그 아들의 아들은 다시 낙타를 탈 것이다."

오일 달러가 넘쳐나던 시절에 더 먼 미래를 내다보며 한 그의 말은 석유 기반 경제의 유한성을 미리 내다본 현자의 명언으로 회자되곤 한다.

전통 에너지를 근간으로 한 산업에서 전환해야 할 필요는 중동의 지도자들에게도 이제 절실한 화두가 되었다. 일반인에게도 일상의 표현이 된 친환

무함마드 빈 라시드 알 마크툼 (MBRM) 솔라 파크

경 문제는 기존의 화석연료 문명으로부터의 탈피와 함께 온 인류가 함께 고민해야 하는 문제이기도 하다.

이번에도 역시 두바이는 발 빠르게 움직이고 있다. 석유가 초래하는 기후변화로 중동 지역의 사막은 더 뜨거워지고 물은 더 고갈되고 있다. 가뭄은 실제로 시리아 내전을 촉발시킨 요인 가운데 하나로 꼽힌다.

2017년 두바이 정부는 '두바이 클린 에너지 전략 2050'을 발표하고 친환경 에너지 생산 증가 및 이산화탄소 배출 최소화에 심혈을 기울이고 있다. 두바이 클린 에너지 전략의 목표는 2030년까지 전체 전력의 25퍼센트를 친환경에너지로 대체하고 2050년에는 75퍼센트로 확대한다는 것이다.

두바이의 최대 친환경에너지는 사막에 쏟아지는 뜨거운 햇빛이다. 이에 두바이 정부는 4단계에 걸쳐 세계 최대 태양광 발전소를 사막 위에 건립한다는 구상이다. 두바이 남부 사막 한가운데에 자리잡은 '무함마드 빈 라시드 알 마크툼 솔라파크'는 44평방 킬로미터 규모의 부지에 약 600만 개의 태양광 패널이 열과 오를 맞춰 지평선까지 뻗어 있다. 세계 최대 태양광발전 시설의 위용이다. 무함마드 빈 라시드 알 마크툼 솔라파크는 두바이의 에너지 전환 전략을 상징적으로 보여주는 메가 프로젝트로 두바이의 미래를 위한 지속 가능한 에너지를 뒷받침할 청정 기술 혁신의 허브다. 두바이는 지금껏 발전량 가운데 80퍼센트 이상을 천연가스에 의존해 왔다. 자체 생산량만으로 전력 수요를 감당하기 어려워 인근 카타르에서 꾸준히 천연가스를 수입하고 있다. '두바이 클린 에너지 전략 2050'을 수립한 것도 이런 해외 의존도를

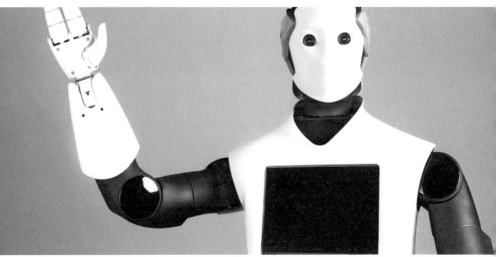
두바이 로보캅 림

최소화하기 위해서다. 이를 통해 에너지 생산에서 탄소 배출량을 70퍼센트까지 줄이는 것을 목표로 하고 있다.

두바이 도로교통국은 2008년부터 이산화탄소 배출량을 줄이기 위해 공공사업 부문 차량에 유로 4엔진을 의무화하고, 2018년부터는 보다 친환경적인 유로 6엔진을 버스에 도입했으며, 2021년까지 전체 택시의 50퍼센트를 하이브리드 차량으로 대체했다. 또한 향후 2030년까지 관광 차량의 25퍼센트를 자율주행 차량으로 대체한다는 계획을 세우고 추진 중이다. 이런 노력의 결과 2018년 세계녹색경제총회에서 두바이는 우수 그린 도시 사례로 선정되었다.

AI 상용화도 두바이의 미래도시화를 이끄는 한 축이다. 2017년 8월에 개봉한 영화 〈스타트랙 비욘드〉의 도입부에서 우주 함선 엔터프라

이즈호가 정박하는 우주정거장 요크타운이 두바이다. 영화에서 등장하는 미래도시처럼 두바이도 일상에서 다른 어느 국가보다도 빠르게 AI 기술을 상용화하고 있다. 가장 눈길을 끄는 것으로는 세계 최초의 인공지능 담당 장관을 임명한 것이다. 아랍에미리트 정부는 인공지능 기술을 운송, 관광, 보건, 교육 부문은 물론 정부의 고객서비스 및 정부 평가에 활용하는 장기 인공지능 국가전략을 수립하고 인공지능부 특임장관에 오마르 빈 술탄 알 올라마를 임명했다.

두바이 정부는 스마트 도시화를 목표로 스마트 두바이라는 정부 기관을 설립하고 정부 행정의 디지털 전환, AI산업 육성 등 다양한 이니셔티브를 시행하고 있다. 이런 정부의 주도 하에 두바이에서는 2021년 9월 중동 최초의 체크아웃 프리 매장 카르푸 시티 플러스를 두바이의 유명 쇼핑몰 중 하나인 에미레이트 몰에 개점했고 바리스타나 서빙 직원 대신 로봇이 커피를 만들고 직접 서빙까지 하는 로보카페도 두바이 페스티벌 시티 몰에 등장했다.

두바이 경찰은 지난해 로봇 경찰 시스템 도입 계획을 발표하고 경찰관 없이 24시간 이용할 수 있는 시범 스마트 경찰서까지 운영하고 있다. 스페인의 로봇 제작업체 팔로보틱스가 개발한 휴머노이드 형태의 로보캅 '림'은 가슴에 달린 태블릿을 통해 범죄를 신고하거나 길을 조회할 수 있는 기능을 갖추고 있다. 싱가포르 오트쏘 디지털과 함께 개발한 자율주행 로봇 순찰차 O-R3는 범죄 용의자를 발견하면 영상을 본부로 보내 안면 인식 기술로 신원을 확인하고 장착된 드론을 띄워 공동으로 감시, 추적 활동을 할 수도 있다.

스콜피온-3(영상 캡쳐)

　두바이는 2030년까지 경찰 업무의 25퍼센트를 이들 무인 경찰 서비스로 대체한다는 계획이다. 고도 5미터 높이에서 공중 순찰을 하는 러시아제 호버 바이크 스콜피온-3, 초고층빌딩 화재 진압을 위한 소방관용 제트팩도 미래도시 안전을 위한 장비들로 들여왔다. 공항에서는 안면인식 출입국 시스템을 가동할 예정인데, 카메라 80대가 숨어 있는 터널 모양의 수족관 통로를 걷는 동안 안면 인식 기술을 이용해 출입국 심사를 대신할 계획이다.

　현대 도시의 가장 큰 골칫거리는 교통문제다. 이에 대해서도 두바이

하이퍼루프

는 과감하게 접근하고 있다. 우선 드론 기술을 이용한 항공택시를 세계 최초로 시도할 계획이다. 독일산 2인승 볼로콥터로 2020년 1차 시험비행을 마쳤으며 앞으로 5년 내 상용화할 예정이다. 테슬라의 회장 일론 머스크가 제안한 초음속 수준의 진공튜브형 수송 수단 하이퍼루프 건설에도 앞장섰다. 개발 초기 단계임에도 일찌감치 개발 업체인 하이퍼루프원과 계약을 맺었다. 완공되면 현재 자동차로 2시간 걸리는 160킬로미터 거리의 두바이와 아부다비를 12분 만에 오갈 수 있다고 한다.

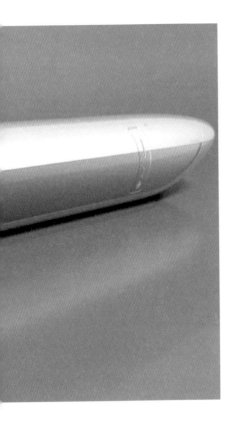

또한 두바이는 2030년까지 두바이 교통의 25퍼센트를 전철을 포함한 친환경 자율주행 운송수단이 떠맡도록 할 계획이다.

두바이에는 세계 최초의 3D 프린팅 사무용 건물도 있다. 250제곱미터의 이 단층 건물을 짓는 데 겨우 17일의 기간과 18명의 인력이 투입되었다. 기존 건물을 짓는 데 투입되는 인력의 절반이었다. 이 건물은 두바이 미래전략 수립의 본부 역할을 하는 두바이 미래재단 사무실로 쓰이고 있는데, 두바이 당국은 2030년까지 두바이 건물의 25퍼센트를 이 방식으로 짓겠다고 말한다.

미래전략에 우주개발이 빠질 수 없다. 2006년 두바이 통치를 시작한 무함마드 빈 라시드 알 마크툼 두바이 통치자는 원유 수입과 관광업 등에만 의존하는 국가경제 구조의 대전환의 필요성을 실감하고 우주로 눈을 돌렸다. 같은 해 무함마드 빈 라시드 우주 센터를 설립하고 첫 번째로 추진한 프로젝트가 위성 개발이었다. 한국의 민간 위성 스마트 기업인 쎄트렉아이가 전수한 위성 시스템 개발 기술을 근간으로 미국 콜로라도대학교, 애리조나주립대학교, UC 버클리대학교 등의 지원을 받

두바이 미래재단 3D 프린팅 건물

아 희망을 뜻하는 아랍어인 화성 탐사선 '아말'을 개발했고 2020년 7월 19일 드디어 발사에 성공해 화성 궤도에 안착했다. 이로써 아랍에미리트는 미국, 러시아, 유럽, 인도에 이어 세계에서 다섯 번째로 화성 궤도에 진입한 나라가 되었다. 이에 그치지 않고 무함마드 빈 라시드 우주 센터는 장기 계획으로 2117년 화성에 인류 정착촌 건설을 목표로 '에미리트 화성'이라는 이름의 화성 정착촌 건설 청사진을 세웠다. 대장정의 첫발로 1억3,600만 달러를 들여 아라비아사막에 17만7천 제곱미터 규모의 화성과학도시를 건설한다. 이 도시는 덴마크 건축가 비야케 잉겔스가 설계한 돔형 건물들로 구성되는데, 화성에 갈 우주인들이 화성과 같은 조건에서 1년 동안 거주하는 실험 프로젝트를 진행할 예정이다.

미래도시를 향해 가는 두바이 정부의 초기 성과들을 집약한 모든 최초 프로젝트들은 '미래박물관' 건설로 응축된다. 2019년에 정식 개장한 미래박물관은 수십 년 후의 건강, 과학, 교육, 에너지 및 기술 등의 미래상을 보여줄 예정이다. 미래박물관은 세계의 혁신가들을 초청해 미래 콘셉트 계발에 활용한다는 두바이 미래 엑셀러레이터 프로그램의 일환이다. 이 프로그램에 따라 두바이는 2016년부터 인공지능, 로봇공학, 유전공학, 3D 프린팅, 블록체인, 생물 모방 및 생체공학 분야의 신생 기술 기업들을 두바이로 끌어들이는 1억 달러 프로젝트를 시작했다. 이들에게 두바이를 테스트베드로 내주고 그 성과를 두바이의 미래 성장 동력으로 쓰겠다는 것이다.

두바이 붐의 근간인 초고층 건설 프로젝트도 계속 진행형이다. 부동산과 건설 부문은 두바이 경제에서 차지하는 비중이 20퍼센트를 넘는 최대 경제 부문이다. 2년 후 완공을 목표로 부르즈 칼리파보다 100미터 더 높은 세계 최고층 더 타워 공사가 한창이다. 100미터 높이의 계단식 구조물 두바이 스텝도 모습을 갖춰 가고 있다. 500개 계단으로 이루어지는 이 구조물은 기본적으로 관광용이지만, 시민들의 레크리에이션 장소로도 활용할 계획이다. 한편, 높이 210미터인 세계 최대 대관람차 아인 두바이, 높이 150미터인 액자형 건물 두바이 프레임, 《천일야

미래박물관

대관람차 아인 두바이

무함마드 빈 라시드 알 마크툼 아랍에미리트 부통령 겸 총리(두바이 통치자)

화)의 〈알라딘과 신밧드 모험〉에서 영감을 얻은 세 개의 램프형 타워 알라딘 시티 등 또 다른 명물 건축들이 완공될 예정이다.

두바이가 장기 미래전략 수립에 본격적으로 나선 것은 2007년 '두바이 전략 2015'라는 이름으로 7개년 발전계획을 만든 이후부터다. 이후 두바이플랜 2021, 두바이 산업전략 2030, 두바이 클린 에너지전략 2050 등 잇따라 장기 청사진들이 추가되었다.

두바이의 미래전략을 이끄는 인물은 아랍에미리트 부통령 겸 총리이자 두바이 통치자인 무함마드 빈 라시드 알 마크툼이다. 알 마크툼 가문이 이끄는 두바이 왕국의 13번째 통치자인 그는 자신의 두바이 미래전략에 대해 "미래를 구체화하고 만들어가는 것은 더 이상 이론적 개념이 아니라 국제무대에서 경쟁력을 확보하는 핵심 요소"라고 밝혔다.

두바이가 세계를 놀라게 하는 경제성장의 모델로 떠오르고 사막을 첨단 빌딩과 인공 관광지의 낙원으로 바꾸는 프로젝트의 중심에 서게 된 것은 바로 무함마드 빈 라시드 알 마크툼과 같은 위대한 통치자의 리더십과 혜안의 결과라 할 수 있다.

혁신과
지속가능성으로 여는 미래,
네옴시티

역대 최대의 도시개발 프로젝트

100년이 넘는 기간 동안 중동 산유국들은 석유를 중심으로 경제가 움직이던 나라들이었다. 그러나 21세기에 들어서면서 중동 산유국들은 서서히 여러 도전에 직면해야 했다. 석유 매장량 감소라는 자연적인 사실은 접어두고서라도 역내 갈등과 추락한 유가, 그리고 최근에는 전쟁과 환경 파괴까지 더해져 더는 가만히 앉아 기다릴 수 없는 결단의 시간이 도래한 것이다.

가장 먼저 도전의 손을 든 것은 두바이였다. 2006년부터 본격적으로 탈석유 경제를 이끌어온 두바이를 비롯해 최근 사우디 비전 2030 프로젝트를 내세운 최대 산유국 사우디아라비아까지 새로운 경제 구조 구축을 위한 시도가 곳곳에서 이어지고 있다. 석유 이후의 시대를 대비해야 하는 경제적인 이유와 더불어 환경 문제는 이미 모든 국가의 생존 문제가 되었다. 석유를 포함한 화석연료가 초래하는 기후변화로 중동의 사막은 더 뜨거워지고 물은 더 고갈되고 있다. 가뭄은 실제로 시리아 내전을 촉발한 주요 요인 중 하나로 꼽는다.

사우디아라비아에서 이 도전장을 받아 든 인물은 젊은 왕자 무함마드 빈 살만이었다. 2015년 부왕세자로 등극한 그는 이슬람의 성지 메카와 메디나 수호 왕국이 석유 없이도 살아남을 길을 모색했지만 경험 부족과 개혁 방안을 수립할 인력의 절대적인 부족으로 고민해야 했다. 간절히 변화를 원했던 무함마드 빈 살만은 외부자적 시선으로 사우디아라비아의 문제점을 냉철히 지적하고 미래의 변화를 기획할 지원자가 절실히 필요했다. 그래서 그는 연 10억 달러 이상을 쏟아 서구 컨설턴트 기업의 문을 두드렸다.

그가 쏟아부은 노력의 결과물이 2016년 드디어 세상에 나오게 되었다. 국제 정세에 따라 갈팡질팡하는 유가에 좌지우지되는 석유 왕국의 경제를 석유에 의존하지 않고도 강하게 만들어 줄 수 있는 전략, '사우디 비전 2030'이다. 2016년 4월, 그는 부왕세자 자격으로 사우디 국가 개혁 프로젝트 '사우디 비전 2030'을 발표했다.

2017년 10월 24일, 사우디아라비아의 수도 리야드에서 열린 미래 투자 이니셔티브 콘퍼런스에서 이번에는 왕세자가 되어 사우디아라비아의 실권자로 단 위에 오른 무함마드 빈 살만은 세상이 깜짝 놀랄 만한 미래 도시 건설 프로젝트를 발표한다. 서울시 면적의 44배 규모에 달하는 미래형 신도시 네옴시티 메가 프로젝트가 그것이다. 그는 네옴시티를 "아부다비보다 큰 도시로 만들 것"이며 "네옴시티를 통해 사우디아라비아의 주식 시장 가치가 1조 달러 이상 증가할 것"으로 기대했다.

네옴시티 더라인의 조감도(홍보 영상)

'새로운 미래'라는 의미처럼 젊은 왕세자가 그린 미래도시 네옴은 이전에 본 적이 없는 획기적인 도시의 모습이었다. 자동차와 탄소 배출이 없으며, 100퍼센트 재생에너지를 사용하는 친환경 스마트 도시, 네옴의 청사진이다. 그러나 너무나 공상과학적인 구상이라서 실현 가능성에 의구심을 표명하는 전문가들과 일반인들의 우려에도 불구하고 네옴시티 홍보 영상에는 히잡을 쓰지 않고 일하는 여성, 풍력발전소, 태양광발전소, 첨단 연구 단지, 쾌적한 아파트, 레저를 즐기는 관광객, 파티 장면 등이 담겼고, 해상 위로 놓은 다리로 이집트, 요르단 등 주변 아랍국들과 연결되는 '초국경지대'를 선보였다.

무함마드 빈 살만의 미래 도시계획에 대해 두바이나 미국을 따라 하려는 무모하고 비현실적인 계획이라는 주변의 반응에 대해 그는 미국의 한 언론과의 인터뷰에서 이렇게 말했다.

"우리는 두바이처럼 되거나 미국처럼 되려는 게 아닙니다. 우리는 경제적인 자산, 사우디아라비아 국민의 잠재력, 사우디아라비아 문화와 배경 등 우리가 가진 모든 것을 살리고 이를 더 발전시키려는 것입니다. 우리는 이런 방식으로 진화할 것입니다. (중략) 우리 프로젝트는 세상 어딘가 있는 것을 모방하는 것이 아니라 과거에 그 누구도 하지 않았던 방식을 발전시키고 또 새로운 것을 창조해나가는 중입니다."(알 아라비야 2022년 3월 3일 보도 인용)

사우디아라비아는 아라비아반도에 위치한 인구 약 3,640만 명(2022년 기준)의 절대왕정 국가다. 국토는 215만 제곱킬로미터로 한반도의 10배 면적으로 아랍국가 중 최대 크기이며, 그 가운데 90퍼센트 이상이 사막이다. 세계 최대 자원 부국 중 하나인 사우디아라비아는 세계 원유 매장량의 21퍼센트, 세계 천연가스 매장량의 4.1퍼센트를 차지하고 있다. 특히 동부 지역에 위치한 가와르 유전은 단일 유전으로는 세계 최대 규모로 사우디아라비아 석유 생산량의 절반 이상을 차지하고 있다. 사우디아라비아는 석유산업이 국내총생산의 45퍼센트, 재정수입의 약 75퍼센트, 수출의 90퍼센트를 차지하고 있어 경제 동향은 국제 유가의 등락과 원유 생산량의 증감에 크게 좌우되고 있다.

사우디 비전 2030

2014년 중반부터 시작된 저유가 추세가 지속되자 국가 경제가 원유 판매에 크게 의존하는 사우디아라비아는 큰 어려움에 직면했다. 문제 해결을 위해 2016년 4월에 발표한 사우디 비전 2030은 살만 국왕의 지시로 당시 무함마드 빈 살만 왕세자가 위원장으로 있던 경제개발위원회(CEDA)가 기획한 향후 15년 국가 종합 개혁안으로 사회문화, 경제구조 개혁을 포괄하는 내용을 담고 있다.

한마디로 석유 의존도가 높은 사우디아라비아의 경제를 다각화하기 위해 보건, 교육, 인프라, 엔터테인먼트, 관광과 같은 공공서비스 부문을 개발하기 위한 전략적 프레임워크로, 주요 목표는 경제 및 투자 활동 강화, 비석유 국제 무역 증대, 그리고 사우디아라비아의 기존 이미지에서 탈피해 부드럽고 대중적인 이미지를 만드는 것이다.

비전 2030을 세부 계획을 추진하기 위해 필요한 자금은 석유 기업인 사우디 아람코의 주식을 일부 상장해 매각하고, 현재 1만6천억 달러 규모의 공공 개발펀드를 2조 달러로 확대하는 등의 조치를 통해 마련한다는 구체적인 필요 자금 조달 계획도 포함하고 있다.

사우디 비전 2030의 세 가지 주요 키워드는 활기찬 사회, 번영하는 경제, 야심 찬 국가다. 사회와 경제 그리고 국가 차원에서 어떤 방향성을 향해 구체적으로 어떻게 실천해야 하는지 제시하고 있는데, 상세한 사항은 다음과 같다.

■ 사우디 비전 2030의 영역별 주요 목표

3대 영역	주요 목표
활기찬 사회	연간 수용 가능 순례객 수: 800만 명→3천만 명 유네스코에 등재된 사우디아라비아 문화유산을 현 수준의 두 배로 확대 세계 100대 도시 안에 세 개의 사우디아라비아 도시 진입 가구 소비 중 문화생활 및 여가비 지출 비중: 2.9%→6% 주 1회 이상 운동하는 개인의 비중: 13%→40% 사회적 자본 지수 순위: 26위→10위 평균 기대수명: 74세→80세
번영하는 경제	사우디아라비아 전체 실업률: 11.6%→7% 중소기업의 GDP 비중: 20퍼센트→35% 여성의 노동력 참여: 22퍼센트→30% 세계 경제 규모 순위: 19위→15위 석유와 천연가스 부문 자국화 비중: 40%→75% 국부펀드(PIF) 자산: 6천억 리얄→7조 리얄 국제경쟁력지수: 세계 25위→10위 외국인 직접투자의 GDP 비중: 3.8%→5.7% 민간 부문의 GDP 비중: 40%→65% 물류성과지수: 49위→25위, 역내 1위 비석유 부문 GDP 비중: 16%→50%
야심 찬 국가	비석유 부문 정부 재정수입: 1,630억 리얄→1조 리얄 정부효율성지수: 80위→20위 전자정부 평가: 36위→세계 5위권 가계소득 중 저축 비중: 6%→10% 비영리 부문의 GDP 비중: 1% 미만→5% 자원봉사자 결집: 1만1천 명→100만 명

자료: Saudi Vision 2030. Vision. Goals / https://www.vision2030.gov.sa/v2030/overview/

이를 분야별로 요약해보면 다음과 같다.

(1) 도시화, 문화 엔터테인먼트, 스포츠 유네스코 문화유산을 증진해 활기찬 사회를 만든다.
(2) 고용, 여성 인력, 국제 경쟁력, 공공 투자 기금, 외국인 직접투자, 비석유 수출을 늘려 경제를 일으킨다.
(3) 비석유 수입, 전자정부 전환을 통한 정부 효율성 제고, 가계 저축을 늘려 미래 성장 동력을 보유하는 국가로 발돋움한다.

이를 통해 사우디아라비아는 자국의 '아랍과 이슬람 세계의 심장'으로 만들고 글로벌 투자 강국이 되어 아프리카—유라시아를 연결하는 허브로 발전시키고자 한다.

사우디아라비아 정부는 사우디 비전 2030 계획을 보다 구체화한 12개의 세부 프로그램을 기획하고, 그중 국가개혁, 국가산업 발전 및 물류, 금융 분야 발전, 삶의 질 프로그램, 민영화, 균형재정, 국부펀드(PIF) 등 프로그램의 구체안을 발표했다. 또한 사우디아라비아 정부는 효과적인 비전 실현을 위해 주요 국가들과 전략적 협력 관계를 구축했으며, 한국도 전략적 협력 대상 국가 중 하나로서 장관급 한—사우디 비전 2030 위원회 등을 정례로 개최하고 있다.

사우디 비전 2030은 미국의 셰일 가스 개발 이후 석유 패권이 사라진 사우디아라비아가 석유 없는 미래의 청사진을 담은 계획이다. 제1의 중동 특수가 건설 붐이었다면, 무함마드 빈 살만 왕세자가 이끄는 '제

2의 중동 특수'는 문화, 관광, 금융, 신재생에너지 등에 집중되었다고 할 수 있다. 네옴 프로젝트 외에도 리야드 시내의 중동 최대의 금융도시를 표방하는 킹 압둘라 금융지구를 비롯해 해양 리조트를 짓는 홍해 프로젝트, 할리우드 10배 규모의 엔터테인먼트 산업도시 낏디야 프로젝트 등 사막과 해안에 엄청난 신도시를 짓느라 전 국토가 공사 중이라고 해도 과언이 아니다.

무엇보다 사우디 비전 2030이 추진하는 개혁의 핵심은 두 개의 축을 이룬다. 하나의 축은 석유산업 의존도를 낮추는 것이고, 다른 하나의 축은 민간 부문의 경제 기여도를 높이는 것이다. 대외적으로는 국제 유가 하락으로 인한 사우디아라비아의 경제위기에 대처하고 이란이 패권 국가로 부상하는 것을 견제하는 데 목적이 있다고 하지만, 대내적으로는 27.8퍼센트에 달하는 청년실업을 해결하고 경제 성장의 동력을 확보하려는 것이다.

민간 주도의 경제가 되려면 무엇보다 자유경쟁이 보장되어야 한다. 즉 자유로운 사회 분위기가 필수조건으로 선행되어야만 한다. 특히 앞으로 왕국을 이끌어 갈 미래의 주역이자 국민의 70퍼센트를 차지하는 35세 이하 젊은 인구가 활발하게 움직여야만 석유 없는 경제 강국을 만들 수 있다.

무함마드 빈 살만 왕세자는 사우디 비전 2030을 발표하는 자리에서 "극단주의자들 때문에 우리의 30년을 망칠 수 없다"라며 자유로운 사회 분위기를 짓눌러 온 이슬람 근본주의를 "지금 당장" 없애겠다고 공언했다. 그의 이런 선언을 특히 보수적인 분위기에 숨막혀 했던 여성들에게 더 넓은 활동 공간을 열어주었다. 15~34세 노동 가능 인구 중 절반을 차지하는 여성을 외면하고 민간 경쟁력이 생길 수 없다는 것은 너무나 명백한 사실이기 때문이다. 무함마드 빈 살만 왕세자는 그동안 집에만 머물러 있던 여성들이 다양한 분야로 진출할 수 있도록 길을 열었고, 후견인 제도 철폐 등을 통해 여성들에 대한 사회적 규제 및 제한을 완화하는 정책을 발표했다. 실제로 여성 취업률은 사우디 비전 2030 발표 전의 19퍼센트에서 33퍼센트로 14퍼센트나 성장하며 거의 두 배 가까이 높아졌고, 창업률도 22퍼센트에서 38퍼센트까지 증가한 것으로 집계되었다.

이슬람 순니파의 종주국인 사우디아라비아는 그동안 여성 인권 최하위 국가라는 오명에서 벗어나지 못했다. 그러나 최근 몇 년간 변화 움직임은 거세다. 2015년에 여성의 선거권과 피선거권을 허용하고, 2017년 5월 여성이 남편이나 아버지 등 남성 보호자 동반 없이 공공 서비스를 이용할 수 있도록 했고 같은 해 여성 운전을 허용하는 칙령을 발표했다. 1979년에 문을 닫은 영화관이 다시 개장해 상업영화를 상영하고, 여성의 운동경기장 입장도 허용되었고, 관광비자 발급 등 다른 나라에서는

여성 운전 허용을 요구하는 스티커

당연하지만 사우디아라비아로서는 파격적인 개혁 정책들이 추진되고 있다. 사우디아라비아에서는 자동차 경주, 외국 가수 공연 허용 등도 불과 얼마 전까지만 해도 상상조차 하지 못한 일들이었다.

물론 사우디아라비아 경제 수입의 대부분은 석유 부문에서 창출되지만 사우디아라비아는 세계 10위의 관광 대국 자리를 차지할 정로도 전 세계 무슬림들의 메카 순례로 매년 상당한 국가 수입을 올린다. 종교적 목적의 입국 외에 그동안 외국인에게 폐쇄적이었던 사우디아라비아는 무함마드 빈 살만 왕세자의 네옴시티 계획 발표 이후 2019년 처음으로 단순 관광 목적의 관광비자를 발급하기 시작하면서 2020년 6월 관광청을 신설하는 등 공격적으로 관광에 대한 투자와 홍보에 나섰다. 2021년에는 브랜드 인지도 캠페인의 하나로 26개국에 13개 언어로 광고를 시작했고, 전 세계 국가에 관광청을 세웠다. 한국에도 2020년 10월 사우디아라비아 관광청이 진출했다. 사우디아라비아는 관광객들의 편의를 위해 49개국 관광객을 대상으로 E-비자를 도입했고, 공항에서부터 관광객들의 빠르고 편리한 입국을 위해 패스트 트랙을 따로 만들었다. 이로 인해 사우디아라비아를 찾는 유럽 선진국 관광객의 관광 열풍이 뜨겁게 불고 있다. 비즈니스 업무 관련 비자나 성지순례 목적의 종교 비자 외에는 좀처럼 관광 비자를 발급하지 않던 사우디아라비아 정부가 전 세계에 관광의 문호를 활짝 열기 시작했다. 사우디아라비아는 그동안 이슬람 신자들에게만 허용되었던 성지 메디나 방문을 외국인 관광객들에게도 개방했다. 다만 메카는 아직 이슬람 신자인 무슬림에게만 방문이 허용된다.

하일 지역의 암각화

알 투라이프 지역 성

알 아흐사 지역의 자발 아카라 사원

　사우디아라비아 정부는 관광산업 진흥을 위해 사우디아라비아 전역
을 13개 구역으로 나누어 관광지로 개발하는 정책을 추진 중이다. 사
우디아라비아에는 그간 관광지로 개발되거나 공개되지 않았던 다양한
유적이 그대로 남아 있기 때문에 사우디아라비아 정부는 더욱 자신감
을 갖고 전통과 현대의 조화에 집중하며 자국 내 관광자원 개발에 힘쓰
고 있다. 현재 사우디아라비아 내 유네스코 세계 문화유산으로 지정된

곳은 알 히즈르 고고 유적(2008년), 알 디리야 지역의 알 투라이프 지구(2010년), 역사 도시 제다(2014년), 하일 암각화(2015년), 알 아흐사 오아시스(2018년), 히마 문화지구(2021년) 등 총 여섯 곳인데, 사우디아라비아는 향후 유네스코 세계 문화유산을 30곳으로 늘린다는 계획이다.

관광을 비롯한 문화콘텐츠는 사우디아라비아에서 가장 관심 깊게 투자하려는 부분이다. 최근 사우디아라비아의 왕세자 무함마드 빈 살만이 이끄는 사우디 국부펀드 PIF가 대한민국 게임사인 엔씨소프트와 넥슨의 지분을 각각 9.26퍼센트, 9.14퍼센트 매입하고, K-팝을 비롯한 K-콘텐츠 협업에 지대한 관심을 기울이고 있는 이유이기도 하다.

같은 맥락에서 사우디아라비아는 최근 정보기술(IT) 강국으로 도약하기 위한 작업에도 박차를 가하고 있다. 전 세계 IT 기업에 450억 달러를 투자한 바 있는 사우디아라비아는 이제 외국 기업의 국내 진출 장벽을 낮추면서 스타트업의 성장을 독려하고 나섰다. 사우디아라비아는 외국 기업들이 스타트업을 세울 수 있도록 인허가 장벽을 낮출 계획이라고 이미 밝힌 바 있으며 이 같은 노력으로 비석유 부문의 성장을 촉진하고 경제 개방을 가속화하겠다는 계획이다.

그러나 무엇보다 전 세계의 관심이 사우디아라비아로 집중되게 만든 것은 북서부 홍해 연안 타북 지역에 건설될 신도시 네옴이다. 최첨단 시설과 어마어마한 투자 규모 등 많은 이들이 불가능을 예측하지만 '모든 것을 할 수 있는 남자', '미스터 에브리팅'이라고 불리는 무함마드 빈 살만 왕세자는 굳건하다.

사우디아라비아의 미래도시 네옴시티

　스마트시티 관련 프로젝트는 세계 각국에서 논의되고 있지만 사우디 아라비아에서 진행 중인 네옴시티는 규모나 예산, 관심도에 있어서 타의 추종을 불허하는 메가 프로젝트다. '새로운 미래'를 의미하는 그리스어 neo와 아랍어로 미래를 뜻하는 무스타크발(Mustaqbal)의 M을 조합한 단어인 NEOM(시티) 프로젝트는 홍해와 아카바만의 해안 468킬로미터를 따라 서울의 44배 면적인 2만6,500제곱킬로미터 부지에 개발되는 초기 비용 5천억 달러라는 천문학적인 자금으로 개발되는 미래도시다. 100퍼센트 친환경도시를 표방한 네옴시티는 태양열과 풍력 등의 신재생에너지를 통해 전력이 공급되며, 담수화 플랜트를 통해 식수가 공급되고, 로봇이 물류와 보안, 가사노동 서비스를 담당한다.

　혁신적인 메가 프로젝트를 추진하는 배경에는 젊고 개혁적인 성향의 무함마드 빈 살만 왕세자의 리더십이 있다. 전통적인 사우디 왕정에서는 국왕이 왕실 사람들과 협의하고 결정하는 과정에서 국가적 사업을 실행하는 속도가 상대적으로 느렸던 반면, 네옴시티 프로젝트를 진두지휘하는 무함마드 빈 살만 왕세자는 신속하고 과감하게 사업을 추진해가고 있다. 우선 사업을 주관하는 사우디 국부펀드 PIF는 2017년 말 네옴 프로젝트 매니저로 영국의 뷰로 해폴드 엔지니어링을 선정하고, 2018년 2월 현지 건설사들과 인프라 시설 구축, 궁전과 골프장 건립 등에 대한 40억 달러 규모의 계약을 체결했다.

　사우디아라비아 투자청 역시 투자 면허 발급 시간을 대폭 단축하는 등 외국 자본 유치에 심혈을 기울이고 있으며 관광 인프라 구축, 첨단 산업 유치를 통해 자급자족할 수 있는 친환경 신도시를 만들어 가기 시작한 것이다.

천문학적인 투자 금액은 국영 석유회사 아람코 상장을 적극적으로 활용할 방침이다. 2019년 아람코는 사우디 타다울 증시에 전체 지분의 1.5퍼센트를 공모해 294억 달러를 조달한 바 있으며 향후 최대 500억 달러 규모의 지분을 추가 상장하는 방안을 검토하고 있다. 나머지 금액은 공익실체인 PIE와 민간투자로 충당할 계획이다.

스마트시티의 주목적은 에너지와 교통 분야의 효율성으로 네옴시티 역시 프로젝트 주요 아홉 가지 분야 가운데 첫 번째가 에너지와 물, 두 번째가 운송수단일 정도로 석유와 가스에 의존하는 발전 구조를 신재생에너지로 전환해 지속 가능한 도시를 만들고, 100퍼센트 자율주행을 통한 효율적인 교통 시스템을 구축하려는 사우디아라비아 정부의 결연한 의지가 엿보인다.

더불어 사우디아라비아 자국민에게도 2018년부터 휘발유 가격과 전기료를 인상하고 부가가치세를 신설해 4조 원 이상의 세수를 확보하는 등 재원 확대 정책을 펼쳤다. 일본 태양광발전의 80퍼센트를 담당하는 소프트뱅크의 투자, 주요국과의 사우디 비전 2030 위원회 신설 등을 통해 스마트시티를 위한 기술 협력도 강화하는 등 무함마드 빈 살만 왕세자의 적극적인 정책을 통해 네옴 프로젝트는 생각보다 빠르게 추진될 것으로 보인다.

리야드 시내 외곽과 사우디아라비아 북서부 사막지대인 알울라 지역

더라인 도시 내부

에 네옴시티 체험관을 마련하고 홍해 연안의 요트 계류장부터 3차원 미로처럼 복잡하게 얽혀 있는 건물 내부 모습, 거울처럼 반짝이는 외양, 인근 산맥의 트로제나 스키장까지 실물처럼 꾸며 네옴시티를 미리 경험할 수 있게 했다. 또한 다양한 언어로 네옴시티 홍보 및 투자 상담 웹사이트를 만들어 적극적인 투자 유치에 나서는 중이다.

네옴시티 메가 프로젝트로는 현재까지 자급형 직선 도시 더라인, 해상 부유식 첨단 물류산업 도시 옥사곤, 친환경 산악 관광 스포츠 단지 트로제나, 홍해 호화 리조트섬 신달라 등 네 개의 개발 계획이 발표되었다.

네옴의 친환경 신도시 더라인

2017년 10월 네옴시티 계획 발표 후 3년 3개월이 지난 2021년 1월 10일, 무함마드 빈 살만 왕세자는 사우디아라비아 국영 TV에 출연해 네옴시티 메가 프로젝트의 제1차 사업인 더라인에 관해 발표했다. 그 자리에서 그는 구형 폴더폰과 신형 스마트폰을 차례로 꺼내면서 이렇게 말했다.

"새로운 도시는 마치 이 폴더폰과 이 스마트폰의 차이와 같을 것이다. 이런 차이가 바로 우리가 네옴을 통해 구현하려는 것이다."

이 말처럼 초대형 스마트시티 더라인은 지금까지와는 차원이 전혀 다른 혁신적인 도시였다. 네옴시티의 핵심 사업인 더라인(The Line)은

500미터 높이의 초고층 건물 두 개가 사막과 산악 지형 170킬로미터를 직선으로 가로지르는 형태로, 사우디아라비아 북서부에 위치한 타북의 경계 지역에서 사막과 협곡, 산악지대를 지나 사우디아라비아, 이집트, 요르단 국경이 한데 모이는 홍해 아카바만까지 이어진다. 더라인의 외부벽은 거대한 거울로 조성되어 주변 사막을 비추면서 도시가 자연에 숨은 것 같은 모습을 연출한다.

두 건물 사이에는 인공 숲과 강이 흐르고 하늘에는 에어택시가 다닌다. 사무실, 상점, 병원, 학교, 문화시설, 스포츠 경기장 등의 모든 생활 편의시설은 거주 지역에서 5분 거리 내에 있다. 더라인은 보행자용 지상층, 기반시설용 지하 1층, 교통용 지하 2층으로 구성된다. 교통용 지하 2층에는 시속 512킬로미터로 달리는 고속철도가 설치되어 완공 시 도시의 한쪽에서 반대편으로 20분만에 이동할 수 있다. 더라인의 핵심은 오직 재생 가능 에너지로만 전력을 공급받는 탄소제로 도시로 건설된다는 점이다.

네옴 프로젝트 실무는 주로 미국 대형 건설사 벡텔과 인프라 컨설팅사 에이콤이 주도하고, 기본 도시계획은 미국 건축회사 모포시스가 맡고 있다. 초기 토목공사는 2021년 10월에 시작되었는데, 지하철도용 터널 공사는 2022년 말까지 26킬로미터 구간이 발주되었고 이 중 12킬로미터 구간을 삼성물산과 현대건설 컨소시엄이 수주했고 나머지는 스페인 컨소시엄이 수주했다.

더라인 프로젝트를 공개하며 무함마드 빈 살만 왕세자는 수직적으로 확대된 기존 도시 성장 모델을 대체하는 수평적 성장 모델을 통해 네옴이 인류가 도시 생활에서 직면하는 환경과 거주 적합성 문제에 대한 해결책을 제시할 것이라고 강조했다. 더라인 건설을 통해 사우디아라비아 정부는 38만 개의 일자리를 창출하고 국가 GDP에 480억 달러를 추가할 것을 기대하고 있다.

바다 위의 첨단산업단지 옥사곤

2020년 11월에 발표된 네옴 메가 프로젝트 두 번째 사업은 바다 위에 떠 있는 지름 7킬로미터 규모의 팔각형 복합 첨단산업단지 옥사곤이다. 시설의 형태가 하늘에서 내려다보면 팔각형이기 때문에 팔각형을 의미하는 라틴어 옥사곤(Oxagon)으로 이름을 지었다.

옥사곤은 전 세계 무역의 약 13퍼센트가 통과하는 수에즈운하가 인접한 홍해에 위치한다. 이 점을 감안해 항만, 철도, 공항 등의 운송 시설을 통합해 전 세계 물류의 40퍼센트가 6시간 이내의 비행으로 도달 가능하게 하는 물류 허브로 자리매김한다는 전략이다. 연간 170만 TEU(1TEU는 20피트 컨테이너 1개) 규모의 컨테이너 터미널과 홍해에서 가장 큰 크루즈 터미널이 도입될 예정이다.

더불어 미래형 복합 산업단지를 건설해 다양한 글로벌 기업들의 연구소와 공장 등을 유치할 계획이다. 옥사곤은 사물인터넷, 인간-기계 융합, 인공지능과 예측지능, 로봇공학과 같은 첨단기술 기업을 채택해 해외 기업들이 기술 이전을 조건으로 계약을 체결하는 방침을 세웠다.

더라인 조감도

옥사곤 조감도(홈페이지)

이는 사우디 비전 2030의 석유 대체 산업 활성화를 위한 대안으로 사우디아라비아의 경제성장과 다양성을 위한 촉매제로 삼으려는 방침이다. 네옴 이사회 의장인 무함마드 빈 살만 왕세자 역시 이곳의 건설 계획을 발표하면서 옥사곤을 통해 사우디아라비아가 세계 재화 유통의 새로운 중심 허브로 부상할 뿐만 아니라 사우디아라비아의 산업 다각화에도 크게 이바지할 것이라고 말했다.

복합단지에는 담수화 플랜트, 수소 플랜트, 해양 연구 센터, 다국적인지 기업 토노머스의 본사가 함께 자리한다. 옥사곤에는 이미 대형 제조회사를 비롯해 여러 기업이 입주를 시작했다. 사우디아라비아 정부는 옥사곤을 통해 7만 개의 일자리를 창출하고 친환경 에너지 활용으로 환경보호에도 도움이 될 것으로 전망하고 있다.

친환경 산악 관광단지 트로제나

2022년 3월 3일, 무함마드 빈 살만 왕세자가 "전 세계에 산악 관광지에 대한 개념을 재정의하겠다"라며 야심 차게 발표한 네옴의 세 번째 사업은 친환경 산악 관광단지 트로제나(Trojena)다.

트로제나는 시나이반도와 사우디아라비아를 가로지르는 아카바만에서 50킬로미터 떨어진 네옴의 산악지대를 초대형 산악 관광지로 개발하는 계획이다. 사우디아라비아는 남한 면적의 약 20배 정도로 큰 나라로 일 년 내내 더운 지역도 있지만, 북쪽의 요르단, 이라크 국경지대인 타북 지방과 남쪽 예멘과 가까운 아시르 고원지대에는 겨울에 0도로 떨어지기도 한다. 이런 지형적 이점을 잘 살려 해발 1,600~2,500미터 높이의 산에 60평방킬로미터 일대를 개발해 일 년 내내 야외 스키와 각종 스포츠 활동이 가능한 친환경 산악 관광단을 건설하겠다는 계획이다. 산등성이 위에는 더 레이크라는 인공 담수호를 파고 그 주위 산을 타고 고급 맨션과 숙박시설이 가득한 거주 지역을 형성하게 된다.

호수에서는 다이빙을 비롯한 온갖 수상 레저스포츠를 즐길 수 있고 강어귀에는 전망대와 기타 편의시설들이 들어서게 되는데, 2026년까지 야외 스키 리조트, 인공호수, 호텔 완공을 목표로 삼았고 2029년에는 이곳에서 2029 동계아시안게임이 개최될 예정이다.

영국의 자하 하디드 아키텍츠, 네덜란드의 UN스튜디오, 독일의 라바 등 굴지의 건축회사들이 설계에 참여하는 것으로 알려져 벌써부터 세간의 이목이 집중되고 있다.

인공 담수호

호숫가의 호화 빌라

산 정상의 스키장

홍해의 휴양단지 신달라

2022년 12월 5일, 무함마드 빈 살만 왕세자는 네옴시티의 네 번째 사업으로 럭셔리 해양 리조트인 신달라 아일랜드를 2024년 초에 개장한다고 발표했다. 세계에서 가장 아름다운 산호 보호구역 중 하나인 홍해의 자연경관을 살려 신달라는 이용객들의 오감을 만족시키는 프리미엄 관광지가 될 것으로 기대된다.

네옴 해변에서 5킬로미터 남쪽에 있으며 면적 84만 제곱킬로미터의 신달라 아일랜드에는 요트 클럽과 세 곳의 고급 리조트, 스파, 51개의 고급 상점과 요트 86척이 정박할 수 있는 마리나가 들어선다. 숙박시설로는 88채의 빌라, 333개의 콘도, 413개 객실을 보유한 고급 호텔 세 채가 마련되어 하루 최대 2,400명의 방문객을 수용할 수 있다

신달라 아일랜드의 개발로 새로운 해양 관광 루트가 만들어질 예정이다. 신달라 아일랜드는 시나이반도와 아라비아반도 사이를 가로지르는 아카바만과 홍해 경계 지역에 위치하며, 이집트의 대표적인 휴양 도시인 샤름 알 셰이크와도 마주한다. 이곳은 유럽에서 유람선을 타고 내려와 수에즈운하, 홍해, 이집트의 샤름 알 셰이크를 지나 요르단의 아카바로 가거나, 동쪽으로 방향을 틀어 신달라 아일랜드를 통해 네옴으로 바로 들어올 수도 있으며, 네옴에 가지 않고 아라비아반도의 서해안을 타고 남하해 사우디아라비아가 개발 중인 홍해 일대의 섬을 지나 인도양으로 빠져나갈 수 있는 여러 가지 옵션이 가능한 새로운 관광 루트가 만들어진다. 2016년 이집트로부터 양국 사이에 있는 티란섬과 사나

피르섬을 사우디아라비아가 되돌려 받은 것도 이를 위한 사전 계획의 일환이었던 셈이다.

사우디 정부는 천혜의 경관을 지닌 홍해의 아름다운 자연과 신달라 아일랜드의 호화롭고 안락한 편의시설 및 서비스가 만나 관광객의 오감을 만족시키는 최상의 서비스를 구상하고 국제 요트 경기를 유치하며 다양한 시즌별, 테마별 축제도 기획하고 있다.

이 개발로 관광업과 접객 및 레저 서비스 분야에서 3,500개의 일자리 창출이 예상되며, 개발로 인해 초래되는 환경오염으로부터 해양자원을 보호하기 위한 다양한 환경 보호책 및 친환경 건설 방법 등이 도입될 예정이다.

신달라 아일랜드를 사우디 비전 2030에서 관광도시를 실현하는 중요한 단계라고 강조하는 무함마드 빈 살만 왕세자는 신달라 아일랜드를 시작으로 그 일대의 다른 섬들도 조금씩 개발하며 확장할 계획이다.

흥미롭게도 신달라 아일랜드 계획이 발표되자 사우디아라비아의 엄격한 주류법 때문에 과연 신달라 아일랜드에 주점이 허용될지 많은 사람들이 궁금해했다. 엄격한 이슬람 국가인 사우디아라비아에서는 음주 적발 시 벌금, 구금, 공개 채찍질 혹은 추방 등의 처벌을 받을 수 있다. 그러나 《월스트리트저널》에 따르면 네옴시티 신달라섬이 고급 리조트로 개발되면 그곳에서 프리미엄 와인바, 칵테일바, 샴페인과 디저트를 위한 바가 들어설 예정이라고 한다.

네옴시티에서 술을 허용하는 것은 최근 나라를 개방하고 국제적인 중심지가 되고자 하는 사우디아라비아의 의지와 열망을 나타낸다.

신달라 아일랜드

2019년 처음으로 관광객들에게 관광비자를 발급한 이후 사우디아라비아로 선진국의 부유층들의 유입이 시작되었다. 2019년 9월 초에는 영국, 미국, EU 출신 여행객의 사우디아라비아 방문을 좀 더 편리하게 하기 위한 새로운 비자 관련법을 발표했는데, 사우디아라비아 정부는 경제 다각화를 위한 노력의 일환으로 관광산업을 장려하며 2030년까지 약 1억 명의 방문객을 목표로 노력하고 있다.

길은 하나로
모인다,
쿠알라룸푸르

다양함과 공존의 도시

말레이시아는 다양한 인구 구성을 가진 나라다. 그중 아시아 문화의 용광로라 불리며 인종, 민족, 종교, 문화의 다양성을 상징하는 도시가 쿠알라룸푸르다. 말레이계, 중국계, 인도계 인종에 국교는 이슬람이지만 종교의 자유가 보장되는 자유로움이 있고, 도시 블록마다 다른 나라의 이색적인 문화를 경험할 수 있는 다채로움이 넘쳐난다. 다문화 사회답게 이방인에게 관용적이고 친절한 도시, 할랄, 채식, 중식, 인도식 등 미각의 향연을 경험할 수 있는 도시, 쿠알라룸푸르는 언제나 방문객을 사로잡는 무지개 같은 매력을 지닌 도시다.

쿠알라룸푸르는 말레이시아의 연방 수도이자 말레이시아 내에서 가장 큰 도시로 교역, 상업, 금융, 제조, 교통, 정보 산업 및 관광의 중추적 역할을 하고 있다. 쿠알라룸푸르의 공식 명칭은 '윌라야 퍼르스쿠투안 쿠알라룸푸르'이며 '쿠알라룸푸르 연방령 지역'이라는 의미다.

말레이어로 쿠알라(Kuala)는 '두 강의 합류점', 룸푸르(Lumpur)는 '진흙'이라는 뜻으로 '두 개의 진흙강이 만나는 지점'이라는 뜻을 담고 있으며, 통상 KL로 표기한다. 두 개의 물줄기가 합쳐지는 곳이라는 수도의 상징성 때문인지 이민족과 타종교를 인정하는 관용적이고 융합적인 문화의 도시다.

말레이반도의 서부 해안에 위치하며, 인근의 클랑, 프탈링자야와 함께 클랑 협곡에 위치해 있다. 티티왕사산맥이 둘러싼 협곡을 따라 클랑강과 곰박강이 흐르는데, 이 두 강이 만나는 곳에 자리 잡은 쿠알라룸푸르는 동부의 산지와 서부의 해안이 만나는 지형으로 거주지로서 큰 장점을 갖고 있다.

19세기 후반 주석광산 개발로 발전하기 시작한 신생 도시 쿠알라룸푸르는 제2차 세계대전 전에는 인구가 10만 정도였으나 1957년 신흥독립국의 수도로 지정된 후부터 발전했다. 말레이 민족국가의 수도임에도 불구하고 주민의 3분의 2가 중국계이며, 말레이계는 15퍼센트, 인도계 10퍼센트이고, 그 밖에 유럽인들이 있다. 이들은 저마다 역사적으로 거주 구역을 달리하고 종교, 언어, 직업, 생활수준 등에서도 뚜렷하게 구별되고 있다.

경제적으로는 말레이시아 금융의 중심지이자 전 세계 이슬람 투자 자본이 몰려드는 이슬람 금융의 중심지이기도 하다. 〈이슬람 금융개발지수 리포트(IFDI) 2022〉는 말레이시아를 136개 국가 중 1위로 평가했다. 순위에 걸맞게 다수의 이슬람 은행과 투자기관, 금융 및 투자 관련 이슬람 율법 연구 대학교와 연구소가 있다.

쿠알라룸푸르의 스카이라인

관광 역시 도시의 중요한 경제활동으로, 2022년 전 세계에서 관광객이 가장 많이 방문한 세계 관광 도시 6위를 차지했다. 관광객 중에는 말레이시아의 우수한 보건 서비스 이용객이 상당할 정도로 쿠알라룸푸르는 동남아 의료관광의 허브다. 해외 유수 대학교와 연계된 우수한 프로그램이나 국제 명문 사립학교를 통한 교육 사업도 도시 수입의 큰 부분을 차지한다. 문화의 용광로라는 별명답게 다양한 문화와 종교가 공존하는 쿠알라룸푸르에서는 종교, 쇼핑, 물, 자동차 경주 등을 테마로 축제가 1년 내내 진행된다. 메가 세일 카니발은 특히나 많은 관광객이 찾는 기간으로 최대 70퍼센트까지 할인된 비용으로 쇼핑을 즐길 수 있어 전 세계 관광객들의 발길이 계속 이어지고 있다. 국제회의나 컨벤션 등과 관광을 결합한 MICE 산업도 쿠알라룸푸르의 경제 자원이다.

열대우림 기후이지만 동쪽의 티티왕사산맥과 서쪽의 인도네시아 수마트라섬의 바리산산맥의 영향으로 강한 기류의 영향을 덜 받는 편이다. 적도 근방에 위치했기 때문에 평균 기온은 28.2도로 다소 더우며 연교차가 심하지 않고 연중 고르게 유지된다. 연 강수량 평균은 2,628밀리미터로 높은 편이며, 비가 적게 내리는 기간의 강수량도 130밀리미터를 넘는다. 북동 계절풍이 불어오는 10월부터 3월 사이의 강수량은 월 300밀리미터 내외다.

역사적으로 말레이시아는 한때 영국 연방에 속했으며, 무슬림과 힌두교, 기독교, 불교, 시크교도까지 평화롭게 공존하고 있다. 시대적, 문화적으로 다양한 문화가 어우러져 도시 내에는 영국식 건축물, 이슬람 건축물, 그리고 현대 건축물이 다양한 스카이라인을 형성하고 있다.

다민족, 다문화, 다종교가 자신들의 본연의 색깔과 형태를 지키되 서로의 존재를 인정하며 평화롭게 공존하는 모자이크 도시가 바로 쿠알라룸푸르다.

두 개의 강이 모이는 곳

쿠알라룸푸르는 지금은 말레이시아의 최대 도시이지만 말라카, 페낭, 조호르 등 역사가 오래된 다른 도시에 비하면 그 역사는 그리 길지 않다. 말레이시아는 오랫동안 슬랑오르주의 왕이 지배했던 지역으로, 슬랑오르 행정과 무역의 중심지였다. 19세기 중엽까지는 쿠알라룸푸르 지역은 밀림에 뒤덮인 곳이었다.

1857년 슬랑오르주 왕이던 라자 압둘라가 클랑 밸리 지역을 주석 채굴꾼들에게 개방하면서 중국인 87명이 클랑강을 거슬러 올라와 암팡 지역에서 주석을 채굴하기 시작하면서 오늘날의 쿠알라룸푸르를 형성했다.

클랑강과 곰박강 합류 지점에 주석을 찾아 올라온 광산업자들과 상인들이 거주지를 개설하고, 이 지역을 '두 개의 진흙 강이 만나는 지점'이라는 뜻을 가진 '쿠알라룸푸르'로 부르기 시작했다. 강물의 합류뿐만 아니라 고지대와 저지대의 접점이라는 지리적 이점 덕택에 쿠알라룸푸르는 상거래가 활발해졌고 점차 주석 생산의 중심지가 되었다. 그래서 현재도 이 도시는 페낭이나 조호르 등과 함께 중국계 말레이인 비중이 상당히 높다.

1860년대부터 본격적인 도시로 발전했으나 이후 광산 개발권과 물 사용권을 놓고 지속적인 분쟁이 생겨나자 세 번째 중국인 지도자로 선출된 얍 아 로이가 이 분쟁을 종식시키고 총독 프랭크 스웨테넘과 함께 도시 건설과 정비에 힘쓰면서 쿠알라룸푸르가 급격하게 성장하기 시작해 슬랑오르주의 가장 큰 도시로 발전했다

1880년 3월 영국이 행정 중심지를 클랑에서 쿠알라룸푸르로 옮기면서 쿠알라룸푸르가 슬랑오르주의 주도가 되었고, 1886년에는 쿠알라룸푸르와 인근 항구도시인 포트 클랑을 연결하는 말레이시아 최초의 철도가 건설되자 접근성이 좋아지면서 인구가 늘고 도시는 더욱 빠르게 발전했다. 그 결과 1884년 쿠알라룸푸르의 인구는 4천5백 명에서 1890년에는 2만 명으로 증가했다.

쿠알라룸푸르는 1946년에 말라야연방의 수도가 되었다. 제2차 세계대전 직후 농촌 지역 공산주의자들의 반란과 불안한 치안 때문에 도시 지역으로의 이주가 증가했는데, 이런 인구의 대도시 집중 현상으로 쿠알라룸푸르는 과밀화와 슬럼화 등의 문제를 겪었다. 밀려드는 거주민들을 위한 주거 단지 개발이 필요해지면서 1950년대부터 수도 주변에 퍼탈링자야, 샤알람, 수방자야 등 신도시가 세워졌고, 시 외곽으로 새로운 공업지대도 조성했다. 도시계획에 따라 개발된 신도시들은 클랑밸리라 불리며 쿠알라룸푸르를 둘러싸고 있고 육상교통과 전철 등으로 도심과 연결되어 메가시티를 형성했다.

1957년 영국으로부터 독립한 말레이시아는 쿠알라룸푸르를 말레이

연합주의 수도로 삼았다. 말레이시아의 수도가 된 후로 시내에 국회의
사당, 국가 원수의 궁전, 모스크, 스타디움, 대학교, 박물관 등이 건설
되며 근대화를 이루었다. 제2차 세계대전 전에는 인구가 10만 정도였
으나 말레이 연합주의 수도로 지정된 후 발전을 거듭했고, 1972년 2월
1일 쿠알라룸푸르는 공식적으로 도시 지위를 획득하고 첫 번째 시장이
임명되었다. 1974년에는 말레이시아 연방부가 직접 관할하는 연방 직
할구로 지정되어 오늘날에 이르렀다.

생동감 넘치는 문화의 모자이크

  말레이시아인은 말레이계, 중국계, 인도계, 기타 종족 등으로 구성된
다. 말레이시아 인구 약 3,300만여 명 중 '부미푸뜨라'(Bumiputra)는
약 69퍼센트에 달하며, 그중 다수는 총인구의 55퍼센트를 차지하는 말
레이계다. 중국계는 약 23퍼센트, 인도계는 약 7퍼센트 정도를 차지한
다. 국교는 이슬람교다. 다종족 사회인 말레이시아에서 말레이계는 원
주민, 소수 종족과 함께 '땅의 자녀'라는 뜻의 부미푸뜨라로 불린다.
다른 동남아시아 국가에서 강력한 동화 정책으로 화교들이 이름마저
현지인 방식으로 사용하는 것에 비하면 말레이시아의 다문화 정책은
포용적이다.
  다종족 사회 구조는 식민 지배의 유산이다. 영국은 말레이시아를 식
민지로 통치하면서 주석 광산과 고무 농장에 집중했다. 현재 말레이시

아 수도인 쿠알라룸푸르는 주석광산의 역사와 함께 시작되었다. 말레이시아 인구가 증가한 시기도 식민지 경제 수탈을 위해 적극적으로 이민을 허용한 시기와 맞물린다. 영국은 말레이계 원주민들이 살고 있던 땅에 중국계와 인도계를 대거 유입시켰다. 1911년 반도 말레이시아의 총인구는 230만 명에 불과했으나 이후 약 30년 만에 인구는 500만 명으로 거의 두 배 가까이 증가했다. 1947년 말레이계는 총인구의 49퍼센트, 중국계는 38퍼센트, 인도계는 11퍼센트를 각각 차지했다.

이민 초기, 어마어마한 수의 이민자는 주로 일을 하기 위해 가족을 고국에 남겨두고 떠나 온 남성이었다. 남성이 대부분이다 보니 이민자 공동체의 자연 증가율인 출산율도 자연히 낮았다. 반면에 말레이계의 출산율은 상대적으로 높았다. 남성이 주를 이루던 중국계와 인도계의 남녀 성비가 어느 정도 균형을 이룬 것은 1970년 이후다. 그리고 이즈음 출산율이 높았던 말레이계는 인구 절반을 넘으며 수적 우위를 차지했다. 영국 식민 정부의 분할 통치 정책은 사회통합에는 관심이 없었던 탓에 식민 지배 동안 중국계, 인도계 이주자와 말레이계는 거주지, 직장, 언어, 사회활동에서 서로 분리되어 있었다. 말레이계는 주로 농촌에서 농업에 종사했다.

1957년 말레이시아 독립 당시 인구의 다수를 이루던 중국계와 인도계는 말레이시아에서 출생한 이민 2세들이었다. 독립 협상 과정에서 영국은 이 이민자들에게 시민권을 부여할 것을 조건으로 내걸었고 협상을 주도한 말레이계는 독립을 위해 이를 받아들였다. 근대 주권 국가 말레이시아가 역사 속에 탄생하는 순간부터 말레이시아계, 중국계, 인도계에 같은 국적을 부여해 하나의 국가 운명 공동체로 엮였다.

물론 기존 사회구조나 여러 가지 역동으로 인한 계급의 차별이나 인종적 배경에 따른 사회 인식이나 처우도 다른 것은 사실이지만, 국가의 헌법이 규정하는 다양성은 상징의 범위를 뛰어넘어 중요한 의미를 지닌다. 말레이시아의 각종 양식에는 종교와 종족에 관한 정보를 표시하는 공간이 있다. 외국인의 경우는 '기타'에 해당한다. 종족과 종교에 따라 개인은 특정 '그룹'의 일원이 된다.

2022년 기준 쿠알라룸푸르의 총 거주 인구는 842만 명으로 45.9퍼센트가 말레이계, 43.2퍼센트가 중국계, 10.3퍼센트가 인도계이며, 나머지는 오랑아슬리로 불리는 말레이 원주민과 유럽인들이 차지한다. 각 민족 집단마다 역사적으로 거주지가 다르고 각각의 풍습과 문화적 관습을 유지하며 종교, 언어, 직업, 생활 수준 등에서도 뚜렷하게 구별된다. 신기하게도 여러 민족 집단이 각각의 고유하면서도 독특한 문화적 전통을 유지한 채 서로 동화되거나 섞이지 않고 각기 다른 문화와 생활 방식에 따라 살아가는 특성을 보여준다. 인구의 다수를 차지하는 말레이인들은 이슬람문화와 말레이 전통문화, 중국계는 도교와 불교의 혼합 문화, 인도계는 힌두교와 이슬람교의 혼합 문화, 오랑아슬리라 불리는 원주민들은 애니미즘 문화, 그리고 서구 식민지 경험의 유산으로 널리 퍼진 서구 문화 등이 공존하는 한편, 말레이시아반도 고대의 전통 문화 역시 전승되고 있다. 이처럼 쿠알라룸푸르는 다민족이 만들어내는 다채로운 문화를 특징으로 고유하면서도 독자적인 말레이시만의 특수한 문화를 유지하고 발전시키고 있다.

이런 역사적 배경 덕분에 쿠알라룸푸르는 이슬람, 불교, 힌두교 문화가 어우러져 있는 복합 문화의 도시다. 19세기 영국 식민지 시절 이주한 화교와 인도계의 가족사에 가슴 저미는 인생사의 스토리 하나쯤은 누구나 간직하고 있다. 이슬람은 이곳에서 국교의 위치를 점한다. 이슬람 예법이 바탕을 이루고, 국왕은 무슬림의 가치를 수호하고 있다. 무슬림이 대세이지만 불교와 힌두교, 기독교도 공존의 법칙을 설명하는 종교다. 기독교와 도교 등 다른 문화도 부분적으로 문화 다양성의 자양분이 되고 있다. 이곳은 이슬람권 중동 지역과 달리 비교적 종교적 자유가 확보되어 있다. 이것이 말레이시아의 매력이다. 주축인 이슬람교를 중심으로 다른 종교가 보완하며 이루는 조화로운 모습은 세계 문화사에서 흔하지 않은 사례다.

그러나 종교적 조화로움 속에서도 개별 종교에 대한 믿음이 각별하다는 점은 택시를 몇 차례만 타도 알 수 있다. 무슬림 기사들은 이슬람 경전인 꾸란 구절을 적은 스티커를 붙여 놓는다. 반면에 화교도는 불상이나 거북이 등 십장생 상징물에 애착을 드러내고, 타밀 출신 인도계 주민들은 시바신 등의 조각물을 차 내에 비치해 놓는다.

쿠알라룸푸르는 다양한 종교 문화의 매력이 가득한 곳이다. 먼저, 쿠알라룸푸르 도심에는 고층 빌딩 사이로 이국적인 정취를 자아내는 이슬람식 건물이 즐비하다. 중앙 역사나 왕궁, 연방 사무국, 국립 이슬람 사원 등 예스러운 이슬람풍 건물과 현대식 건물, 푸른 숲이 적절히 조화를 이룬다.

국립 이슬람 사원은 동남아시아 최대의 이슬람 사원으로 1965년에

국립 이슬람 사원의 미나렛

프탈링 거리의 차이나타운 입구

완공했다. 중앙역과 그 북서쪽에 위치한 레이크가든 사이에 있으며, 높이 73미터의 미나렛과 18각의 돔이 있는 현대적인 건물이다. 18각은 말레이시아의 13개 주와 이슬람교의 다섯 가지 계율을 상징하며, 8천명을 동시에 수용할 수 있는 대예배당과 영묘, 도서관, 회의실 등이 있다. 말레이시아 이슬람의 중심지로 해마다 열리는 꾸란 암송 대회에는 세계 각지의 무슬림들이 모여드는데, 꾸란 암송이 전해주는 이국적 정취 때문에 이 대회는 무슬림뿐만 아니라 외국인 방문객들에게도 인기가 많다.

쿠알라룸푸르 시내에서 역사적으로나 문화적으로 의미 있는 또 하나

스리 마하마리아만 힌두 사원

의 장소는 중국계 말레이시아인들이 모여 사는 차이나타운이다. 차이나타운은 유서 깊은 말라야 호텔을 중심으로 프탈링 거리, 반다 거리, 술탄 이스마일 거리 일대에 걸쳐 있다. 중국계가 몰려 사는 지역이므로 특유의 중국적인 분위기가 조성되어 있으며, 거리에는 잡화점과 음식점, 식료품 가게, 저렴한 숙박 시설 등이 줄지어 있고, 차도까지 늘어선 노점상으로 늘 북적인다.

말라야 호텔 뒤쪽에는 중국인들의 사원인 진씨서원이 있는데, 진씨 일가의 조상들을 모시는 상당으로 1897년에 건립했다. 외관이나 내부 모두 광동식의 조각으로 장식되어 있다. 서원 부지 내의 집회소에서는 주말마다 무도회나 노래대회, 서예전 등이 개최된다. 이 외에도 흰색 회벽으로 지어진 관음사가 있다. 이곳은 진씨서원에 비해 작지만 주로 복건성 출신의 중국계 말레이인들이나 그 자손들이 많이 찾아와 향을 피우고 소원을 빈다.

세인트 메리 대성당

힌두교들이 의식을 거행하는 스리 마하마리아만 사원은 말레이, 중국, 인도를 바탕으로 하는 복합 사회 말레이시아의 문화를 완성하는 마지막 면이다. 1873년에 건축한 이 사원에는 다신교를 믿는 종교답게 힌두신 수백 개가 조각되어 있다. 내벽에는 이탈리아와 스페인 타일을 깔아 독특한 힌두 양식을 잘 표현한다. 이 사원에는 거대한 전차가 있는데, 이 전차는 매년 타이푸삼 축제 기간 중 힌두신을 말레이시아 유일의 힌두 성지인 바투 동굴에 운반하는 데 사용된다. 사원에서 가장 높은 탑은 누워 있는 사람의 발처럼 생겼는데, 이 탑은 하늘과 땅 사이의 연결고리를 상징한다.

그 외에도 머르데카 광장에 있는 세인트 메리 대성당은 말레이시아가 자랑하는 카톨릭 공간이다. 영국의 영향력 아래 있던 1894년 말에 지은 영국식 고딕 양식의 건물로, 내부에는 영국의 유명한 오르간 연주자 겸 제작자 헨리 윌리스가 1985년 제작한 파이프 오르간이 있다. 일요일에는 영어 외에 사바, 사라왁 등 이주민들을 위한 미사가 열린다.

더불어 다문화, 다민족의 도시답게 연중 내내 다양한 축제와 행사가 열리는 생동감 넘치는 도시가 쿠알라룸푸르다.

이슬람 금융의 허브

동남아시아에서 가장 선진화되고 발전 가능성이 크며 정책 유연성도 뚜렷해서 선진국들로부터 가장 주목받는 나라 중 하나가 말레이시아다. 관광지로도 유명한 88층의 페트로나스 트윈타워와 KL타워 등도 화려하지만, 최근 랜드마크로 눈길을 사로잡는 것은 도심 곳곳을 장악하고 있는 CIMB, 메이뱅크 등 이슬람 금융기관의 간판이 자리 잡은 빌딩들이다. 이슬람 금융 발전을 선도하는 말레이시아의 위용을 거리에서도 한눈에 들여다볼 수 있는 셈이다. 한국에서는 다소 생소하게 느껴지는 이슬람 금융은 동남아시아국가연합ASEAN 내 말레이시아를 대표하는 산업이다.

이슬람 금융 원칙을 따르는 샤리아 펀드는 2008년 전 세계를 강타한 금융위기에도 끄떡없었다. 이자놀이를 금지하는 샤리아 원칙에 따라 샤리아 펀드는 일반 금융사에 투자하지 않기 때문이다. 2019년 7월에는 미국 주식시장에 직상장한 이슬람 상장지수펀드(ETF)도 나왔기 때문에 이제 누구나 손쉽게 사고팔 수 있다.

전 세계 20억 무슬림을 보유한 이슬람 금융은 이미 오래전부터 전 세계에서 주목하는 금융의 핵심으로 올라섰다. 새로 발행하는 이슬람 채권 수쿠크나 샤리아 펀드는 곳곳에서 화제를 몰고 다닌다. 이슬람 금융은 이슬람 율법인 샤리아에 입각한 금융 시스템으로 금융거래에서 이자 및 이자로 판단되는 모든 종류의 추가적인 이익을 허용하지 않는다. 또 기업 지분 등을 담보로 하는 투기 행위가 불가능하고 도박, 마약, 술 등을 다루는 기업에 투자하지 않는다. 기존 금융 시스템으로 설명하기 어려운 부분이 많지만 대신 파트너십 형태로 이익을 공유하는 것은 허용된다. 대표적인 이슬람 금융상품인 수쿠크는 이슬람 채권으로 이자를 현금으로 지급하는 대신 채권 소유로 발생하는 이득을 지분에 맞쳐 부동산 등으로 지급한다.

말레이시아는 2020년 기준으로 656억 달러(한화 약 81조6천억 원) 규모의 수쿠크를 발행해, 전 세계 수쿠크 발행량의 32퍼센트를 차지하는 최대 발행 국가로 이슬람 금융의 선두주자다. 세계 이슬람 금융 자산 중 말레이시아가 보유한 비율이 20퍼센트로 전 세계 3위이며, 아시아에서는 1위다. 말레이시아는 1960년대부터 정부 주도 하에 이슬람 금융을 발전시키기 위한 노력을 꾸준히 이어 왔다. 특히 이슬람 금융 발전을 위해 이슬람 율법인 샤리아를 유연하게 해석하는 방식으로 새로운 금융 상품을 개발하고 관련 제도를 정비해온 것이 말레이시아 이슬람 금융산업의 성공 비결로 손꼽힌다. 2022년 기준 말레이시아가 보유한 샤리아 학자는 192명으로 전 세계 1위다. 향후 국가 경제 변혁 프로그램 및 주요 경제 성장 목표를 제시한 정부 계획 중에 이슬람 금융 허브 구축을 제1의 목표로 명시할 만큼 말레이시아 정부는 이슬람 금융을 중요 국가 전략 산업으로 인식하고 있다.

쿠알라룸푸르에 본사를 둔 말레이시아 중앙은행(BNM)은 2005년 글로벌 이슬람 금융대학(INCEIF)을 설립하고 이슬람 금융산업에 종사할 전문 인력 양성에 나서고 있다. INCEIF의 교육 과정은 업계의 수요와 이슬람 금융학자들의 의견이 반영되어 편성되고 있으며, 교수진은 학생들에게 밀착 멘토링과 전문 직능인으로서 역량을 개발할 기회를 제공한다. 2021년 기준 70개국 출신 1,881명의 학생이 INCEIF를 졸업했으며, 이슬람 금융 분야의 전방위에 걸쳐 활동하고 있다.

2021년 국제 금융 정보 기업인 디나르 스탠더드가 집계한 글로벌 이

페트로나스 트윈타워의 야경

INCEIF®

THE GLOBAL UNIVERSITY OF ISLAMIC FINANCE

글로벌 이슬람 금융대학교 로고

슬람경제지표(GIEI)에서 말레이시아는 조사 대상 81개국 및 지역 가운데 9년 연속 1위를 차지했다. 디나르 스탠더드는 시장 규모, 혁신, 이슬람 율법과 관련한 규제 활동 영역 등을 종합적으로 평가해 글로벌 이슬람 경제지표를 매년 작성, 발표한다. 특히 무슬림 친화 관광, 미디어, 레크리에이션 분야에서 말레이시아가 독보적인 위치를 차지하며, 제약과 패션 및 화장품 분야에서도 10위권에 이름을 올렸다.

전 세계적으로 IT와 금융의 융합 트렌드가 확산되고 국경 간 상거래가 급증하고 온라인과 모바일을 통한 금융거래도 늘고 있다. 특히 코로나19를 계기로 비현금 결제, 전자결제로의 전환이 가속화를 넘어 일상으로 자리를 잡았다. 핀테크(FinTech)는 이름 그대로 금융(Finance)과 기술(Technology)의 합성어로, 주변에서 쉽게 찾을 수 있는 실례로는 모바일 뱅킹과 앱카드 등이 있다.

최근에는 말레이시아 정부가 이슬람 핀테크 육성에 적극적으로 나서면서 쿠알라룸푸르는 이슬람 핀테크의 허브로 부상하고 있다. 이슬람 핀테크는 이슬람 윤리 강령인 샤리아 원칙에 따라 금융 서비스를 IT, 모바일 기술 등과 결합한 서비스를 뜻한다.

말레이시아에서는 국내 및 글로벌 이슬람 금융 핀테크 기업 30여 개가 활동하고 있다. 그중에서도 헬로 골드, 와헤드 인베스트 등은 핵심 디지털 서비스 제공자로 자리매김했다.

헬로 골드는 실리콘밸리의 투자를 받아 2018년 금을 디지털화하고 헬로 골드 플랫폼 밖에서도 금 거래가 가능해지도록 스마트 계약을 활용해 골드엑스(GOLDX)를 출시했다. 2019년에는 아프리카 디지털 금융 선두주자인 바오밥과 손을 잡고 아프리카 시장을 공략해 이용자들이 직접 모바일 앱을 이용해서 손쉽게 금으로 구매, 예금, 투자를 수행할 수 있는 서비스를 제공한다.

와헤드 인베스트는 영국 시장을 위한 투자 모바일 앱을 출시해 투자자들이 이슬람 율법을 준수하도록 고안된 할랄 투자 계정을 개설할 수 있는 서비스를 제공한다. 자산 관리 기업 벨류 파트너스와 손잡고 세계 최초 이슬람 상장지수 펀드 서비스를 제공한다. 와헤드 인베스트는 2019년에 말레이시아 정부로부터 인가받은 디지털 이슬람 투자관리 기업으로 2021년 기준 전 세계에 걸쳐 20만 명의 개인 투자자를 보유하고 있다.

중앙은행과 증권위원회는 말레이시아 디지털경제공사(MDEC)를 통해 국내 핀테크 산업 성장을 지원하고 있다. 일례로 디지털 금융 포용 정책을 들 수 있는데, 소득수준 하위 40퍼센트 계층과 영세, 중소기업이 핀테크를 이용한 금융서비스에 접근할 수 있도록 각종 정보와 지식을 제공한다.

MRT 카장 라인

말레이시아가 꿈꾸는 미래

현재 말레이시아의 도시화율은 80 퍼센트에 육박하며 이에 따른 환경 문제 및 사회문제가 대두되고 있다. 특히 2025년 수도 쿠알라룸푸르에만 약 870만 명이 거주할 것으로 추정되어 심각한 교통체증, 환경 공해, 생활폐기물 증가, 비효율적인 도시 행정 시스템 등의 다양한 도시 문제가 더욱 가중될 것이다.

말레이시아 정부는 이미 1990년대 후반부터 도시화에 따른 부작용을 해결하기 위해 스마트시티 구축 프로젝트를 건축 환경, 건강, 에너지, 교육, 수송, 통신(디지털미디어)의 여섯 개 세부 분야로 분류해 활발히 추진해온 결과 현재 말레이시아는 스마트시티 분야의 ASEAN 역내 선두주자로 자리매김했다.

쿠알라룸푸르는 말레이반도의 교통 시스템의 중심지이자 국제도시

이층 버스

시내 택시

로 철도와 주요 도로들이 쿠알라룸푸르에서 뻗어 나온다. 항공 서비스는 두 개의 쿠알라룸푸르 국제공항 KLIA1과 KLIA2를 통해 제공되고 공항에서 도심 센트럴역까지 고속철도인 ERL로 연결되어 있다.

도시 자체는 다차선 도로와 고속도로를 포함한 광범위한 도로 네트워크를 가지고 있지만, 자동차와 트럭의 증가세를 따라가지 못하고 있다. 쿠알라룸푸르 도심 내부는 MRT, LRT, 모노레일, KTM 커뮤터 등 대중교통 시스템이 상호 연결되는 노선 구성으로 교통 혼잡이 가중되었다. 이런 교통 문제를 해결하기 위해 대표적인 계획도시인 쿠알라룸푸르는 최첨단 교통 통제 시스템을 구축했다.

2018년 2월, 중국의 ICT 대기업 알리바바는 쿠알라룸푸르에 클라우드 컴퓨팅 인프라를 바탕으로 빅데이터와 인공지능을 활용해 운영되는 말레이시아 시티브레인(MCB)이라는 AI 기반 플랫폼을 개발해 실행 가능하게 했다. 그리고 그 첫 적용 단계에서 쿠알라룸푸르 내 교통 효율성 향상과 도시 내 이동성 개선을 목표로 도시 내 교통 관리에 시티브레인을 사용하고 있다.

시티브레인은 AI 시스템을 통해 교통량 및 특정 차선 속도 같은 요약 데이터베이스를 만들고, 교통국, 관측소, 대중교통 시설, 지도 앱 등에서 영상 및 이미지, 음성 인식과 같은 대량의 데이터를 추출 분석한 뒤 머신러닝을 사용해 공무원이 관련 시스템 운영 효율을 개선하고 보안 위험을 모니터할 수 있도록 상황을 제시하는 메커니즘을 제공해준다.

이런 플랫폼을 통해 도시에서 제공하는 실시간 데이터 분석이 가능하며 이는 응급 출동, 구급차 요청, 교통 통제, 교통신호 제어를 포함

하늘에서 내려다본 사이버자야 스마트시티

해 여타 도시 관리시스템과 연결되어 응급 차량 출동을 위한 가장 빠른 노선 확인, 신속한 사고 발견 및 처리를 가능하게 해서 도시 내 차량 흐름을 최적화함으로써 시간을 최대 12퍼센트까지 단축시킬 수 있다.

말레이시아는 현재 자동화와 빅데이터 분석을 통한 최적화 시스템 인프라를 다른 도시들로 확대해 도시의 효율성을 높이는 데 주력하고 있다.

쿠알라룸푸르에서 남서쪽으로 30여 킬로미터, 차로 40분 거리에 위치한 '말레이시아의 실리콘밸리' 사이버자야는 IT 인프라를 기반으로

한 인구 저밀도 자립 도시다. 1997년부터 말레이시아 정부는 스마트시티를 만들겠다는 목표를 세우고 미래형 도시 사이버자야 구축에 투자를 시작했으며, 1997년 5월 당시 수상이었던 마하티르 빈 모하마드가 공식 개막식을 진행했다.

말레이시아의 신행정수도인 푸트라자야에 인접한 데다 영어가 상용어라는 점, 우수한 인력이 풍부하다는 점, 지리적으로 동남아시아의 중심에 있다는 점 등이 장점으로 작용해 사이버자야는 현재 전 세계 IT 기업들이 둥지를 틀고 있는 첨단산업 및 SSO 산업의 거점 역할을 하고

사이버자야에 위치한 MaGic 건물

사이버자야에 있는 사원

있다.

　사이버자야가 다른 국가 스마트시티와 차별화되는 것은 단순한 IT 인프라 구축을 넘어 스타트업들의 인큐베이팅 역할과 기업들이 도시 환경 구축에 필요한 새로운 아이디어를 시현하는 테스트베드(test bed)로 활용되고 있다는 점이다. 사이버자야 내 인구 중 20퍼센트는 기술 분야의 젊은 얼리어답터들로 구성되어 있으며 40퍼센트는 지식수준이 높은 고학력 전문직, 특히 STEM(과학, 미래기술, 공학, 수학) 전공자들이다.

 말레이시아 재무부가 2014년 설립한 스타트업 육성 기관인 글로벌 혁신 창조센터 MaGIC는 사이버자야에서 스타트업 인큐베이터 역할을 하고 있다. MaGIC에 입주한 스타트업들은 정부 지원으로 제공되는 업무 공간, 강당, 회의실 등을 활용할 수 있을 뿐 아니라 스마트자야에 입주해 있는 다국적 기업들과 공동 프로젝트 진행, 스마트시티 구축에 참여하는 정부기관들이 제공하는 각종 프로그램 참여, 멘토−멘티 결연을 통한 인적자원 교류 및 개발 등의 혜택을 누릴 수 있다.

 2018년 기준 1431개 기업이 입주해 있는데, 이 중 484곳은 HP, 델, IBM, 화웨이, BMW 등 다국적 기업들이다. 첨단기술 분야의 말레이시아 대기업 및 다국적 기업들이 많이 입주해 있다는 점은 이곳에 입주한 스타트업, 중소기업들에도 기회로 작용하고 있다. 대기업들은 자원이 풍부하고 젊은 스타트업들은 최신 기술에 더 민첩하게 움직이고 있어 사이버자야 내 다양한 규모의 기업들이 시너지를 내고 있다는 평가를 받고 있다.

 사이버자야에 소재하는 멀티미디어대학교는 말레이시아에서 가장 오래되고 최초의 본격적인 사립 연구 대학교이자 텔레콤 말레이시아(TM)가 소유한 정부 연계 대학교다. 그 외에도 말레이시아 멀티미디어대학교, 림콕윙 창조기술대학교, 말레이시아 컴퓨터공학대학교, 사이버자야대학교, 말레이시아 이슬람대학교, 푸트라 사이버대학교, 국제 커크비대학교가 자리하고 있으며, 쿠알라룸푸르 지역의 한국 교민 자녀를 위한 말레이시아 한국학교도 이곳에 있다.

멀티미디어대학교

참고문헌

▶ 국내 자료

고야마 시게키, 《지도로 보는 중동 이야기》, 박소영 옮김, 이다미디어, 2008.
고홍일 외, 《동서양의 접점》, 서울대학교출판문화원, 2017.
공일주, 《이라크의 역사》, 살림출판사, 2013.
노은주 · 임형남, 《도시 인문학》, 인물과사상, 2021.
누카야 히데키, 《이슬람 금융》, 박미옥 옮김, 살림Biz, 2009.
다이애나 프레스턴 · 마이클 프레스턴, 《시간의 뺨에 맺힌 눈물 한 방울》, 안수철 옮김, 탐구사, 2016.
데이비드 웨인스, 《이븐 바투타의 오디세이》, 이정명 옮김, 도서출판 산처럼, 2002.
맥스 로덴벡, 《카이로》, 하연희 옮김, 루비박스, 2010.
벤 윌슨, 《메트로폴리스》, 박수철 옮김, 매일경제신문사, 2020.
서정민, 《두바이》, 글로연, 2006.
성동기, 《우즈베키스탄의 역사》, 우물이있는집, 2021.
시몬 몬테피오리, 《예루살렘 전기》, 유달승 옮김, 시공사, 2012.
앨버트 후라니, 《아랍인의 역사》, 김정명 · 홍미정 옮김, 심산, 2010.
오명석, 《이자 없는 금융은 가능한가?》, 명인문화사, 2022.
유달승, 《시아파의 부활과 중동정치의 지각변동》, 한울아카데미, 2018.
유흥태, 《시아이슬람》, 살림출판사, 2017.
유흥태, 《에스파한 제국의 흥망성쇠를 담고 있는 이란의 진주》, 살림출판사, 2008.
유흥태, 《이란의 역사》, 살림출판사, 2008.
이동은, 《바그다드 천일야화의 고장》, 살림출판사, 2005.
이희수, 《도시로 보는 이슬람 문화》, 서우, 2014.
이희수, 《이스탄불》, 살림출판사, 2013.
이희수, 《터키사 100》, 청아출판사, 2017.
이희철, 《문명의 교차로 터키의 오늘》, 문학과지성사, 2012.
전완경, 《이슬람 예술》, 살림출판사, 2010.
정성호, 《유대인》, 살림출판사, 2003.
정세진, 《쉽게 읽는 중앙아시아 이야기》, 민속원, 2022.
정수일, 《실크로드 문명 기행》(오아시스로 편), 한겨레출판사, 2006.
정수일, 《실크로드 사전》, 창비, 2013.

정수일, 《중앙아시아 속의 고구려인 발자취》, 동북아역사재단, 2008.
정영규, 《이슬람 경제의 이해 1》, 한국외국어대학교 중동연구서 HK사업단 연구총서, 연경문화사, 2008.
제리 벤틀리, 《고대 세계의 만남》, 김병화 옮김, 학고재.
조길태, 《인도사》, 민음사, 2012.
조너선 라이언스, 《지혜의 집 이슬람은 어떻게 유럽 문명을 바꾸었는가》, 책과함께, 2013.
찰스 피츠로이, 《18세기 오스만 제국의 수도 이스탄불을 가다》, 시그마북스, 2014.
최창모, 《예루살렘 순례자의 도시》, 살림출판사, 2004.
최창모, 《이스라엘사》, 대한교과서, 2005.
카렌 라드너, 《바빌론의 역사》, 서경의 옮김, 더숲, 2021.

▶ 국외 자료

Algar, Ayla Esen. The Dervish Lodge: Architecture, Art, and Sufism in Ottoman Turkey. United Kingdom: University of California Press, 1992.

Al-Hassani, Salim T. S.. 1001 Inventions: The Enduring Legacy of Muslim Civilization. United States: National Geographic, 2012.

Al-Khalili, Jim. The House of Wisdom: How Arabic Science Saved Ancient Knowledge and Gave Us the Renaissance. United States: Penguin Publishing Group, 2011.

AlSayyad, Nezar. Cairo: Histories of a City. United Kingdom: Harvard University Press, 2011.

Assouline, Yaffa. Uzbekistan: The Road to Samarkand. United States: Assouline, 2020.

Babaie, Sussan. Isfahan and Its Palaces: Statecraft, Shi'ism and the Architecture of Conviviality in Early Modern Iran. United Kingdom: Edinburgh University Press, 2008.

Blunt, Wilfrid. The Golden Road to Samarkand. United States: Viking Press, 1973.

Bosworth, C. Edmund. (C. Edmund Bosworth) ed. Historic Cities of the Islamic World. Netherlands: Brill, 2007.

Ettinghausen, Richard., Jenkins, Marilyn., Grabar, Oleg. Islamic Art and Architecture 650-1250. United Kingdom: Yale University Press, 2001.

Faster, Norman. NEOM: 33 Facts about the Tech Metropolis in the Saudi Arabian Desert. N.p.: Independently Published, 2019.

Fattah, Hala & Caso, Frank. A Brief History of Iraq. New York: Checkmark Books, 2009.

Grabar, Oleg. Islamic visual culture, 1100-1800. United Kingdom: Ashgate, 2006.

Grabar, Oleg. *The Great Mosque of Isfahan*. United Kingdom: New York University Press, 1990.

Hambly, Gavin. *Cities of Mughul India: Delhi, Agra, and Fatehpur Sikri*. United Kingdom: Putnam, 1968.

History, Hourly. *Taj Mahal: A History From Beginning to Present*. N.p.: CreateSpace Independent Publishing Platform, 2018.

Ibrahim, Asmaa ed. *Cities of the Future: Challenges and Opportunities*. Germany: Springer International Publishing, 2023.

Joris, Lieve. *The Gates of Damascus*. Lonely Planet Publications, 1996.

Joudallh, Fatima. *Syria Source of Civilization*. Damascus: Dar al-Hassad, 2004.

Kheirandish, Elaheh. *Baghdad and Isfahan: A Dialogue of Two Cities in an Age of Science CA. 750−1750*. United Kingdom: Bloomsbury Publishing, 2021.

Kozłowski, Marek., Mehan, Asma., Nawratek, *Krzysztof. Kuala Lumpur: Community, Infrastructure and Urban Inclusivity*. United Kingdom: Routledge, 2020.

Krane, Jim. *Dubai: The Story of the World's Fastest City*. United Kingdom: Atlantic Books, 2009.

Livingston, John W.. *The Rise of Science in Islam and the West: From Shared Heritage to Parting of The Ways, 8th to 19th Centuries*. United Kingdom: Taylor & Francis, 2017.

Marozzi, Justin. Baghdad: *City of Peace, City of Blood*. United Kingdom: Penguin Books Limited, 2014.

Marozzi, Justin. *Islamic Empires: Fifteen Cities that Define a Civilization*. United Kingdom: Penguin Books Limited, 2019.

Masood, Ehsan. *Science & Islam: A History*. United Kingdom: Icon Books, 2009.

Maxwell, Virginia., Ham, Anthony., Sattin, Anthony., Elliott, Mark., Lee, Jessica., Robinson, Daniel., Savery Raz, Dan., Waters, Steve., Clammer, Paul., Planet, Lonely., Symington, Andy., Walker, Jenny., Crowcroft, Orlando., Isalska, Anita., Richmond, Simon. *Lonely Planet Middle East*. Ireland: Lonely Planet Global Limited, 2018.

Nash, Elizabeth. Seville, *Cordoba, and Granada: A Cultural History*. Ukraine: Oxford University Press, 2005.

Naşīrī, Alī Naqī. *Titles & emoluments in Safavid Iran: a third manual of Safavid administration*. United Kingdom: Mage Publishers, 2008.

Ollivier, Bernard. *Walking to Samarkand: The Great Silk Road from Persia to Central Asia*. United States: Skyhorse, 2020.

Ottaway, David. *Mohammed Bin Salman: The Icarus of Saudi Arabia?*. United Kingdom: Lynne Rienner Publishers, 2021.

Pamuk, Orhan. *Istanbul*. United Kingdom: Faber & Faber, 2011.

Qubain, Fahim Issa. *Education and Science in the Arab World*. United States: Johns Hopkins Press, 1966.

Raji, Rajaq ed. *Islamic Tourism: Management of Travel Destinations*. United Kingdom: CABI, 2019.

Raymond, André. Petruccioli, Antillio. Holod, Renata. Jayyusi, K Salma. *The City in the Islamic World*(2 Vols.). Netherlands: Brill, 2008.

Richardson, Terry., Dubin, Marc. *The Rough Guide to Turkey*. United Kingdom: Rough Guides Limited, 2013.

Richmond, Simon., Albiston, Isabel., Planet, Lonely. *Lonely Planet Kuala Lumpur, Melaka & Penang*. Ireland: Lonely Planet Global Limited, 2017.

Rocco, Roberto ed. *The Routledge Handbook on Informal Urbanization*. United Kingdom: Taylor & Francis, 2019.

Rodenbeck, Max. *Cairo: The City Victorious*. United Kingdom: Knopf Doubleday Publishing Group, 2017.

S. Blair, Sheila. M.Bloom, Jonathan. *The Arts and Architecture of Islam 1250-1800*. Penguin Books, 1994.

Sanders, Paula. *Creating Medieval Cairo: Empire, Religion, and Architectural Preservation in Nineteenth-century Egypt*. Egypt: American University in Cairo Press, 2008.

Sela Ron ed. *Islamic Central Asia: An Anthology of Historical Sources*. United States: Indiana University Press, 2010.

Sinclair, Susan ed. *Bibliography of Art and Architecture in the Islamic World*(2 Vols.). Netherlands: Brill, 2012.

Snir, Reuven ed. *Baghdad*. Germany: Harvard University Press, 2013.

Stewart, Desmond. *Great Cairo, mother of the world*. Egypt: American University in Cairo Press, 1981.

Tillotson, Giles. *Taj Mahal*. United Kingdom: Profile, 2010.

Wiet, Gaston. *The Mosques of Cairo*. France: Librairie Hachette, 1966.

Zabeth, Hyder Reza. *Landmarks of Mashhad*. Iran: Islamic Research Foundation, 1999.

▶ 디지털 자료

https://whc.unesco.org/en/list/

https://www.cia.gov/the-world-factbook/references/guide-to-country-profiles/

https://www.neom.com/en-us
https://www.oecd.org/regional/regional-policy/country-profiles.htm
https://www.vision2030.gov.sa/